HAJO G. MEYER

Das Ende des Judentums

PERSÖNLICHE BETRACHTUNGEN
ÜBER JUDENTUM,
HOLOCAUST UND ISRAEL

Aus dem Niederländischen von
Christiane Kuby und Herbert Post

MELZER VERLAG

Die Herausgabe dieses Buches wurde ermöglicht
durch die finanzielle Unterstützung der
Foundation for the Production
and Translation of Dutch Literature.

Titel der Originalausgabe:
Het einde van het jodendom:
persoonlijke beschouwingen over
jodendom, holocaust en Israel.
Erschienen 2004 bei Vassalucci, Amsterdam

2., vorbesserte Auflage 2006

Satz & Layout: Bernhard Heun, Rüssingen
Umschlagentwurf: Publikations Atelier, Dreieich
Druck und Bindung: Ma-Tisk, Slowenien

ISBN 3-937389-58-x

Printed in Slovenia

Für Chris

Was dir nicht lieb ist,
das tue auch deinem Nächsten nicht –
dieses ist die ganze Thora.

Rabbi Hillel (1. Jahrhundert v. Chr.)

Inhaltsverzeichnis

Dankwort 19
Vorwort 21

EINS
Autobiografischer Hintergrund
Was meine Jugend erzählt

1. Geschichtsschreibung und Trauma 33
   Gehirnwäsche 33
   Über Geschichtsschreibung 34
   Geschichte als Modell für heutige Ereignisse 35
2. Eine untergegangene Welt, das deutsche Judentum 37
   Einleitung 37
   Soziale Umwelt 37
   Großeltern, Eltern und Verwandtschaft 38
   Das Judentum in meiner Familie 41
   Zufriedene, erfolgreiche jüdische Bürger 43
3. Das Ende einer Welt, Hitler an der Macht 44
   Einleitung 44
   Auswirkungen auf meine Familie 44
   Jude in der Schule mit Nazis 46
   Zu spät … keine Hoffnung mehr 48

4. Flüchtling in den Niederlanden 51
Einleitung 51
Wieder ohne Hoffnung, ohne Zukunft 51
Hurra, Arbeitsdorf Wieringen 53
Doch wieder zur Schule 54
Reifeprüfung und Leben im Versteck 54

5. Beinahe Endstation Auschwitz 57

ZWEI

Déjà-vu, die Albträume eines
in Deutschland geborenen Juden

Was die Lage in den besetzten
palästinensischen Gebieten erzählt

1. Einleitung 63
Über die Schwierigkeit der Kommunikation 63
Mein eigener Filter 64
Die Filter des Lesers 64
Der Kurzschluss näher untersucht 67
Jede Diskriminierung auf Grund der ethnischen Herkunft ist verwerflich 68

2. Warum dann doch dieser Vergleich? 71
Ähnliche Signale auch aus Israel 71
Die Unterschiede zwischen beiden Situationen 75
Gibt es auch Parallelen? 76
Ein traumatisiertes Volk kommt an die Macht 77
Einkreisungskomplex und heiliger Boden 78
Die Übertreibung der Bedrohung 80
Kollektive Verantwortung und kollektive Strafen 82
Kollektive Verantwortung und Kollektivschuld 83

Entmenschlichung des Gegners 85
Verrat von innen 86
Drohende Deportation 87
Erniedrigung 90
Epilog 90

DREI

Lehren aus Auschwitz

Was die Hölle mir erzählt

1. Entstehungsgeschichte des Holocaust 95
Einleitung 95
Auschwitz und Xenophobie 97
Hass 98
Deutschland 99
Antisemitismus 100
Hitlers Erfolg 102
Unmerklich zunehmende Diskriminierung 104
Verrat am kulturellen Erbe 105
Lehre aus der Entstehungsgeschichte 106
2. Meine Lagererfahrung und ihre Folgen 108
Lernen in Auschwitz 108
Lehren aus persönlichen Erfahrungen 110
Leiden und seine Folgen 112
Folgen für den Einzelnen 112
Folgen für das jüdische Volk insgesamt 114
Lehren aus Auschwitz 117
Ethische Sinngebung 118

VIER
Allgemeine Begriffsverwirrung
Was nachlässige Denker und Betrüger uns zu erzählen versuchen

1. Sorgfältige Begriffsbestimmung als Korrektiv gegen trügerischen und manipulativen Wortgebrauch 123
Missbrauch der Vieldeutigkeit 123
Euphemismen und übertriebene Anschuldigungen . . 125

2. Der Zweite Weltkrieg als moralischer Bezugspunkt 127
Leichtfertiger Wortgebrauch 127
Von der Herkunft abhängige Bedeutungszuweisung . 128
Darf man den Holocaust heranziehen? 129

3. Jüdischer Selbsthass 132
Einleitung 132
Antisemitismus 133
Jüdischer Selbsthass als Folge des Ghettos und der Emanzipation 134
Ein radikales Heilmittel: der Revisionismus 135
‚Eine andere jüdische Stimme' 138
Vorwurf an die falsche Adresse 139

4. Zionismus, Rassismus, Rassendiskriminierung, Antisemitismus und die israelische Politik 140
Zionismus und Rassismus 140
Der Zionismus ist ein Anachronismus 143
Demokratischer jüdischer Staat 145
Arabischer Antisemitismus 148

5. Kritik an Israel 153
Paranoide Angst 153
Warum steht Israel im Brennpunkt? 154
Identifikation mit jüdischen Mitbürgern 156
Keine andere saudi-arabische Stimme 158

FÜNF
Die Antisemitismuskeule
Was ein Spuk erzählt

1. Antisemitismus vor 1967 161
Einleitung 161
Definition des Spuks 162
Wurzeln des Antisemitismus 162
Das auserwählte Volk 163
Das hässliche Entlein 164
Die selbstgewählte Absonderung in der Diaspora ... 165
Die christliche Kirche als treibende Kraft des Antisemitismus 166
Der komplexe Charakter des Antisemitismus 167
Verschiedene Grade der Virulenz 168
Antisemitismus als Problem des Antisemiten 169
Die Juden, beinahe zweitausend Jahre lang hilflose Opfer 171
2. Antisemitismus nach 1967 173
Der Staat Israel im antisemitischen Kräftefeld 173
Israel im Kreuzfeuer 174
Haben die Juden ein Monopol auf Leiden? 177
Latenter und virulenter Antisemitismus 177

Ist der Antisemitismus manchen Juden (unbewusst) willkommen? . . . 179
Antisemitismus als Deus ex machina . . . 181
Ist Kritik an Israel gleichbedeutend mit Antisemitismus? . . . 183
Epilog . . . 185

SECHS
Das Ende des Judentums, das Ende einer Geschichte
Was die Zukunft Ihnen erzählen könnte

1. Ein persönlicher Abriss des klassischen Judentums . . 189
Einleitung – Demographie versus Ethik . . . 189
Die zwei Seiten des Judentums . . . 192
Die Schattenseiten des klassischen Judentums . . . 193
Die positiven Leistungen des klassischen Judentums – Sabbat und soziale Ethik . . . 195
Intellektuelle Tradition . . . 197
2. Überleben . . . 201
Einleitung . . . 201
Das Festhalten an den religiösen Vorschriften war sinnvoll . . . 202
Reformation . . . 202
Folgen des Dreißigjährigen Krieges . . . 203
Die Hofjuden . . . 204
Aufklärung . . . 205
Moses Mendelssohn . . . 206
Mendelssohns Schüler . . . 207
3. Herausforderungen der Emanzipation und neuer Antisemitismus . . . 209

Eine Schockwelle in der Geschichte – ein Überblick 209
Eine detailliertere Betrachtung 211

4. Die erste Reaktion auf die Emanzipation 215
Bildungs- und Glaubensreform 215
Die Wissenschaft des Judentums 216
Unerwartete Herausforderungen, der Vorwurf des Legalismus 217
Ethik als die Essenz des modernen Judentums 218
Das Erbe des amerikanischen Judentums 220

5. Die andere Antwort auf den neuen Antisemitismus: Zionismus 222
Nationalismus in Europa 222
Der ‚Bindestrich-Jude' 223
Die Geburt des neuen jüdischen Nationalismus 224
Die Ereignisse in Russland 224
Die ersten Pioniere, die erste Alija 226
Herzl als Katalysator 228
Die Braut ist schon vergeben 230
Jüdischer Sozialismus 232
Widerlegung von Vorurteilen und Pervertierung guter Eigenschaften 233

6. Der Holocaust 238
Einleitung 238
Fast zwei Jahrtausende tat das jüdische Volk nichts Falsches 238
Die verheerenden Folgen des Holocaust 239
Irrationale Ängste 240
Gedenken und sequentielle Traumatisierung 241
Eine mögliche Ergänzung zur Theorie von Keilson . . 243
Paranoia und Macht 245

7. Israel – Eine Desillusion 247
Nur wenige Zionisten vor 1933 247
Massenhafte Bekehrung zum Zionismus 247
Nicht eingelöstes Versprechen 248

8. Schlussfolgerung: völliges Scheitern 250
Die Juden 250
Zionismus 252
Gott hat versagt 257

9. Das Ende des Judentums, das Ende einer
Geschichte 262
Die Bedeutung des bisherigen Überlebens 262
Der Untergang Israels als jüdischer Staat 263

10. Einige Szenarien für die kommenden Jahrzehnte ... 265
Groß-Israel ohne Palästinenser 265
Verbessertes Oslo-Abkommen 267
Zweivölkerstaat 268
Und die Roadmap? 269
Das Ende des Judentums in der Diaspora 271
Mehr Macht – eine gefährliche Entwicklung 274
Epilog 278

SIEBEN
Gedanken über das Wesen des Bösen
Was Goethe, Hannah Arendt und andere Philosophen, wie auch mein Leben, erzählen

1. Einführung 283
Polyinterpretabilität und klassische Größe 284
Nötige Neudeutung 285

2. Weltumfassendes Werk mit Lücke 287
Aufklärung im Kantschen Sinne 287
Theodizee 288
Das zwischenmenschliche Böse 289
Am Anfang war die Tat 291
3. Substitution zwischenmenschlicher Grundethik 292
Eichmann und die Banalität des Bösen 292
Substitution des Guten 293
4. Mephisto als erster Repräsentant des Bösen im Faust 296
5. Das radikal Böse bei Arendt 298
Arendts Kampf mit dem Begriff 298
Mein Versuch es zu fassen: „Die Substitution des Guten" 299
Kann die Gefahr der Substitution eingeschränkt werden? 300
Gottesglaube und Gleichwertigkeit aller Menschen . 301
Humanitäre Werte als Bastard von Bibel und Aufklärung 302
6. Das radikal Böse im Faust 304
7. Das Böse in der Person des Dr. Faust 306
8. Faustischer Drang und Ahrendt's Wissenschaftsbesessenheit 308
9. Epilog, Aspekte des Bösen in der heutigen Welt 310

ANHANG

Anmerkungen 317
Namensregister 331

Dankwort

Gefühle der Dankbarkeit haben, wenn sie nicht eine bestimmte Person betreffen, sondern allgemeiner Art sind, etwas mit religiösen Empfindungen zu tun. Wäre ich gläubig – quod non –, würde ich in diesem Moment dazu neigen, das einzige Gebet des Judentums aufzusagen, das ich bewundere: das so genannte *Sche hechajanu*, mit dem man zu besonderen Gelegenheiten seinen Dank dafür ausspricht, dass man es bis zu diesem Augenblick geschafft hat und dass man ihn bewusst erlebt.

Mein Dank gilt zuerst Oscar van Gelderen, meinem holländischen Verleger, der mich aufgrund einiger Zeitungsartikel dazu aufforderte, dieses Buch zu schreiben. Meine Ehefrau, Christiane Tilanus, die nach vielen Jahren als Chefin der Entbindungsstation eines großen Krankenhauses alles von der Geburt von Menschenkindern weiß, erwies sich als ideale Helferin bei der Geburt meines Geisteskindes. Ohne ihre unablässige Kritik, ohne ihre Inventivität und Kreativität hätte das Buch, wenn es denn überhaupt das Licht der Welt erblickt hätte, anders ausgesehen. Mein Dank geht weiterhin an den Kunsthistoriker Louk Tilanus, der den Text kritisch durchgesehen und hilfreiche Verbesserungsvorschläge gemacht hat. Sein Rat: Schreiben heißt Weglassen. Auch einem anderen Historiker, Wicbe Brouwer, möchte ich danken für die Lektüre der ersten Fassung und für seine Hinweise zur Struktur des Buches. Wie viel Dank ich dem Journalisten Peter Day vom BBC-Rundfunk schulde, kann nur ermessen, wer die von ihm korrigierte, von mir in Englisch geschriebene erste Fassung des 6. Kapitels einsehen konnte. Schließlich schulde ich dem Rundfunk-Journalisten Job de Haan Dank, der mich nach der Lektüre einer frühen Fassung ermutigte weiterzumachen. Meine beiden Redakteure, Adriaan Krabbendam und Maarten van der Werf, hatten einen unentbehrlichen Anteil am Zustandekommen des Buches. Last but not least danke ich meinem Sohn Leo Meyer, der in einem späten Stadium den Text sehr genau durchgearbeitet hat. Auch seine zahlreichen Vorschläge waren sehr hilfreich beim Suchen nach klaren und sorgfältigen Formulierungen.

Meinem deutschen Verleger, Abraham Melzer, danke ich für den Mut, ein so kontroverses Buch zu veröffentlichen, und zwar ausschliesslich auf Grund eines Telefongesprächs und von ein paar kurzen Artikeln, die ich in deutscher Sprache vorliegen hatte. Wir waren uns allerdings schnell darüber einig, dass unsere Einstellung zu den in diesem Buch berührten Themen und Problemen sich erstaunlich ähnelt.

Meinen beiden Übersetzern danke ich für das zügige Tempo der Arbeit, ihr sich Einleben in meine Gedankenwelt und die höchst angenehme Zusammenarbeit.

Für die Redaktion des von mir auf Deutsch verfassten siebten Kapitels danke ich meiner Lektorin beim Melzer Verlag, Frau Heike Simon.

Selbstverständlich bin ich allein für den Inhalt des Buches verantwortlich.

Vorwort

Dies ist ein Essay-Band. Essays, in denen eine ganze Reihe von Themen behandelt werden, vom Leben in einer deutsch-jüdischen Familie vor dem Zweiten Weltkrieg bis hin zum Tod von Palästinensern an den von israelischen Soldaten bewachten Checkpoints; Überlegungen zur historischen Betrachtungsweise überhaupt, sowie Betrachtungen über das Wesen des Judentums, über den Antisemitismus von der Antike bis zum Anti-Israelismus heute; über den Judenhass, aber auch über den Selbsthass und den Hass gegen alles, was nicht jüdisch ist; ja, auch über die Apotheose allen Hasses, die systematische, industrialiserte Vernichtung eines ganzen Volkes, den Holocaust, und schließlich auch über den verantwortungsvollen Gebrauch von Begriffen und über die Sinngebung des Leidens. Speziell für die vorliegende deutsche Übersetzung ist eine philosophische Betrachtung über das Wesen des Bösen als siebtes Kapitel angefügt. Die übrigen Kapitel sind zwischen Ende 2000 und Mitte 2003 als Essays entstanden und wurden zum Teil, meist in gekürzter Form, in Zeitungen veröffentlicht. Sie lassen sich daher auch als selbstständige Artikel lesen.

Was all diese Essays miteinander verbindet, ist an erster Stelle die Person ihres Autors. Es sind Essays, persönliche Betrachtungen. Aber von einer höheren Warte aus ist ihnen noch mehr gemeinsam. Sie alle umkreisen die Themen Judentum, Holocaust und Israel. Dies gilt auch für die Betrachtung über das Böse. Die Entstehungsgeschichte der einzelnen Kapitel bringt es mit sich, dass Wiederholungen nicht ganz zu vermeiden waren.

Aber ich habe versucht, ein Thema möglichst aus verschiedenen Blickwinkeln zu betrachten. Da man dieses Buch nicht unbedingt von Anfang bis zum Ende lesen muss, enthält es eine ausführliche Inhaltsübersicht.

Noch etwas zur Anordnung des Stoffs. Wie gesagt, es handelt sich um eine Anzahl subjektiv gefärbter Betrachtungen über objektive Ereignisse, wie bereits aus der Wahl der Titel und Untertitel hervorgeht. Darin folge ich dem Beispiel Gustav Mahlers, der den einzelnen Sätzen seiner Dritten Symphonie in seiner handschriftlichen Partitur solche Überschriften voranstellte, die widerspiegeln, was ihn zu seinen musikalischen ‚Beschreibungen' inspirierte.

Nur das erste Kapitel, *Was meine Jugend erzählt*, ist rein autobiographisch. In ihm versuche ich zunächst deutlich zu machen, wie sehr das Erleben zeitgenössischer historischer Ereignisse durch die eigenen Jugendeindrücke beeinflusst wird. So wird der Leser, der die wichtigsten Fakten meiner Kindheit zur Kenntnis nimmt, dieses Buch, in dem ich klar profilierte Standpunkte zu kontroversen Themen einnehme, vielleicht besser verstehen. Für einen in Deutschland heranwachsenden jüdischen Jungen konnten die Ereignisse in den dreißiger Jahren des vorigen Jahrhunderts nicht dramatischer sein. Sie haben meine Persönlichkeit stark geprägt, und dies findet seinen Niederschlag in meinen Anschauungen.

Die Welt des deutschen Judentums vor der NS-Zeit – so verschieden von der in den Niederlanden – wird im zweiten Abschnitt dieses Kapitels kurz geschildert, wobei mein Elternhaus im Mittelpunkt steht. Den Schock, den Hitlers Machtergreifung in meiner Familie auslöste, könnte nur ein literarisch Begabterer als ich anschaulich vermitteln. Daher sei hier – neben vielen anderen – das Meisterwerk des deutsch-jüdischen Schriftstellers Lion Feuchtwanger empfohlen, *Die Geschwister Oppermann.*

Für mich persönlich wurde die Lage erst richtig kritisch, als ich nach der ‚Kristallnacht' nicht mehr zur Schule gehen durfte. Tatsächlich habe ich dies als äußerst bedrohlich, sowohl für meine Zukunft als auch für mein ganzes weiteres Leben empfunden. Es war daher nur ein logischer Schritt, als ich mich entschloss, allein, als vierzehnjähriger Junge, in die Niederlande zu fliehen. Der vierte Abschnitt beschreibt meine schließlich erfolgreichen Bemühungen um eine weitere Ausbildung. Das Kapitel endet mit einem kurzen Bericht über die Zeit im Versteck und das bemerkenswerte Verhör beim deutschen Sicherheitsdienst in Den Haag nach meiner Verhaftung. Ganz bewusst habe ich in dieser autobiographischen Skizze meinen Erlebnissen in Auschwitz wenig Platz eingeräumt, zum einen, weil es bereits so viele Bücher darüber gibt, zum anderen, weil es mir unmöglich schien, etwas von dem zu vermitteln, was ich in dieser absurden Welt erlebt habe.

Der Rest des Stoffs folgt im Großen und Ganzen dem Verlauf meines Lebens, nicht im strikt autobiographischen Sinne, sondern indem ich wichtige Ereignisse und Erlebnisse in chronologischer Reihenfolge auf objektivierbare Fragen projiziere, die mit den Hauptthemen dieses Buches zusammenhängen. Man muss dies aber nicht zu eng auffassen. Ich kam ja sehr jung nach Auschwitz, und das Kapitel, das ganz diesem Thema gewidmet ist, erscheint zwar an der, chronologisch gesehen, entsprechenden Stelle, das Thema jedoch spielt eine dermaßen wichtige Rolle, das es in allen Kapiteln zur Sprache kommt.

Das zweite Kapitel, *Déjà-vu, die Albträume eines in Deutschland geborenen Juden*, steht an dieser Stelle, weil es direkt auf die Kindheitserlebnisse in Hitler-Deutschland zurückgreift. Es beschreibt eine Anzahl der restriktiven und erniedrigenden Maßnahmen, mit denen das NS-Regime die Juden zu Parias machte, um sie dann leichter aus Deutschland vertreiben zu können. Eine der Zielsetzungen dieses Buches ist es, deutlich zu machen, dass die Juden in den Jahren, bevor der Holocaust geplant und durchgeführt wurde, bereits unter vielfältigen Formen der Unterdrückung zu leiden hatten. Angesichts des übermächtigen Eindrucks, den der fabrikmäßig ausgeführte Völkermord hinterlassen hat, wird die vorausgegangene, etwa acht Jahre umfassende Periode sowohl im Denken als auch in der Literatur häufig vernachlässigt.

Das geht sogar so weit, dass bei der Erwähnung von Hitlers Diktatur sofort und ausschließlich an Gaskammern gedacht wird. Dass dem systematischen Mord Jahre vorausgingen, in denen das deutsche Volk durch Propaganda, fortschreitende diskriminierende Maßnahmen und antijüdische Gesetze mental darauf vorbereitet wurde, wird kaum noch erwähnt. Aber gerade dieses Vorstadium vor der schließlichen Katastrophe ist so bedeutsam. Denn bei ausreichender Wachsamkeit der demokratischen Länder hätten damals noch Maßnahmen ergriffen werden können, die Katastrophe wenn nicht zu verhindern, so doch zu beschränken. Denn man kann das Leben der Menschen auf vielfältige Weise zerstören. Etwa, indem man jungen Leuten den Zugang zur Bildung versperrt und sie daran hindert, ihre Talente zu entfalten und ihre Ambitionen zu verwirklichen. Ihr Leben bleibt dadurch unfertig und oft unerfüllt. Oder man entzieht Menschen, die sich eine Existenz aufgebaut haben, die Lebensgrundlage und treibt sie in die Verzweiflung oder in den Selbstmord.

Dies alles geschah in Deutschland zwischen 1933 und 1941. Bis zum Januar 1939 habe ich es am eigenen Leib erfahren. Das Intermezzo zwischen Anfang 1939 und der Besetzung der Niederlande im Mai 1940 war kaum mehr als eine Atempause. Das Leben als Paria hat mich ein für alle Mal gelehrt, wie unheilvoll Diskriminierung aufgrund von Herkunft oder Abstammung sein kann. Aus dieser Erkenntnis heraus halte ich es für meine Pflicht, die Behandlung der Palästinenser in den von Israel besetzten Gebieten äußerst kritisch zu beobachten. Und zu meinem Entsetzen stelle ich viele Übereinstimmungen fest. Hierauf gehe ich im zweiten Kapitel näher ein. Da dieser Vergleich unweigerlich auf starken Widerstand stoßen wird, habe ich versucht, sowohl die Gegenargumente als auch meine eigene Motivation zu analysieren.

Parallel zu den Ereignissen in meinem Leben ist das dritte Kapitel, *Lehren aus Auschwitz*, ganz dem Holocaust, der industriemäßigen Vernichtung von Millionen Juden, gewidmet, der letzten Phase meines Lebens unter der NS-Herrschaft. Im ersten Abschnitt wird die Entstehung der Todesmaschinerie skizziert. Es ist eines der Rätsel der modernen Geschichte, wie ein Volk, das einen so wertvollen Beitrag zur westlichen Kultur geleistet hat, sich einem Regime unterwerfen konnte, das sich innerhalb einer Zeitspanne von zwölf Jahren derartiger Verbrechen schuldig machte. Im zweiten Abschnitt gehe ich auf die Lehren ein, die vor allem wir Juden aus dem Holocaust ziehen sollten. Leider kommen die meisten Juden, die sich öffentlich hierzu äußern, nach meinem Dafürhalten zu falschen, beziehungsweise kontraproduktiven Schlussfolgerungen.

Im vierten Kapitel, *Allgemeine Begriffsverwirrung*, findet ein Teil meines Lebens nach dem Krieg seinen Niederschlag. Nach meiner Rückkehr in die Niederlande studierte ich Theoretische Physik. Nebenbei belegte ich Vorlesungen über Philosophie, namentlich über den Neopositivismus des Wiener Kreises. Der betreffende Ordinarius, Professor Beth, sowie einer der Mathematik-Professoren, van Dantzig, waren beide Anhänger der niederländischen Entsprechung dieser Schule, die sich ‚Significa' nannte. Seitdem bin ich durchdrungen von der Wichtigkeit sprachlicher Klarheit. Ein erster Schritt besteht darin, sich möglichst eindeutig definierter Begriffe zu bedienen. Hierzu gehört natürlich auch die Wachsamkeit vor dem Gegenteil, vor – oft unbewusst angewandten – Scheinbegriffen, die zu Verwirrung und Missverständnissen führen, bis hin zur bewussten Manipulation zum Zweck der Täuschung und der Propaganda. Darauf gehe ich in fünf Abschnitten ein.

Auf kaum einem anderen Gebiet herrscht größere Begriffsverwirrung als auf dem des Antisemitismus. Das bekommen all diejenigen zu spüren, die es wagen, die israelische Politik zu kritisieren. Dieser, sowohl für die Beschuldigten, wie für alle Juden in der Welt gefährlichen Missbrauch einer Waffe, an der für immer das Gift von Auschwitz klebt, kommt in den letzten Jahren so oft vor, dass ich diesem ganzen Themenkomplex ein eigenes Kapitel, das fünfte, widme. Hiermit sind wir, was die Ordnung des Stoffs an Hand bestimmter Phasen meines Lebens betrifft, in der für mich äußerst befriedigenden Zeit als wissenschaftlicher Forscher und schließlich als Direktor eines großen industriellen Forschungslabors angelangt. Vierunddreißig Jahre Berufserfahrung in allen wichtigen Industriestaaten haben mir deutlich gemacht, was der wesentliche Unterschied zwischen Antisemitismus und Kritik an den politischen Taten Israels ist. Auch habe ich gelernt, dass jemandem unberechtigterweise antisemitische Sentimente vorzuwerfen, eines der effektivsten Mittel ist, gerade diese Gefühle hervorzurufen.

Das vorletzte, sechste Kapitel, ist in gewissem Sinn eine Synthese der vorherigen Kapitel. Andererseits aber ist es auch die Skizze meiner Auffassung vom Judentum und gleichzeitig ein Requiem auf das verloren gegangene, aufgeklärte Reform-Judentum Mitteleuropas, das in der Nachfolge des Rabbi Hillel die mitmenschliche Ethik wieder ins Zentrum des jüdischen Lebens rückte. Es stellt meiner Ansicht nach einen, wenn nicht *den* Höhepunkt der jüdischen Geschichte seit dem Mittelalter in Spanien dar.

Im letzten Abschnitt dieses Kapitels werfe ich einen Blick auf eine Zukunft, die weit außerhalb der mir gegebenen Zeit liegt. Dennoch schließt auch sie sich an das dramatischste Ereignis meiner Jugend an, den Holocaust, womit sich der Kreis sozusagen schließt. Diese unsägliche Tragödie wird vor allem unter dem Aspekt ihrer langfristigen Auswirkungen auf das jüdische Volk als Ganzes betrachtet. Ihr Einfluss auf den Verlauf der jüdischen Geschichte ist richtungweisend gewesen und wird dies bleiben. Die hierfür verantwortlichen soziopsychologischen Mechanismen werden in diesem Kapitel analysiert. Die Beschädigung des jüdischen Volkes, die einen moralischen Verfall nach sich zog, ist so ernsthaft, dass mir sein Fortbestehen auf Dauer nicht mehr gewährleistet erscheint. Verantwortlich ist natürlich neben der Schwere der Katastrophe im Zweiten Weltkrieg auch die eng mit unserer Kultur verbundene Tradition des Gedenkens aller Tragödien, die uns je in unserer langen Geschichte widerfahren sind. Es ist selbstverständlich ein heikles Unterfangen, Entwicklungen vorherzusagen. Aber die von Bernard Wasserstein[1] vorgelegten demographischen Fakten, hinsichtlich der Juden in der Diaspora, sprechen ein deutliche Sprache. Dass ethische Grundsätze beziehungsweise ihr Fehlen zum Überleben oder Untergang eines Volkes beitragen können, steht für mich außer Zweifel. Zweifelhaft ist jedoch meine immer wieder eher implizit als explizit vorgebrachte Annahme, es werde keinen Umbruch in der seit der Aufklärung feststellbaren, fortschreitenden Säkularisierung geben. Mit anderen Worten, die Zukunft des jüdischen Volkes könnte langfristig auch anders verlaufen, als im sechsten Kapitel prognostiziert. Dies könnte meiner Ansicht nach nur dann geschehen, wenn sich der in den Vereinigten Staaten, in Israel und in manchen islamischen Ländern zu beobachtende Trend hin zu religiösem Fundamentalismus nicht nur als ein vorübergehendes Phänomen erweist, sondern als eine wahrhaft dauerhafte Rückkehr zu einer neuen Religiosität. Wie am Ende dieses Kapitels angedeutet, gibt es hierfür durchaus Anzeichen. Persönlich hänge ich, trotz aller gegenteiligen Erfahrung, zu sehr an den Ideen und Werten der Aufklärung, als dass ich eine solche Entwicklung für eine größere Katastrophe hielte als ein eventuelles Verschwinden des Judentums.

Das siebte und letzte Kapitel, *Gedanken über das Wesen des Bösen*, ist erst nach Veröffentlichung der niederländischen Ausgabe dieses Buches entstanden. Es kann im wörtlichsten Sinn als philosophischer Rückblick auf ein reiches, bewegtes Leben aufgefasst werden. Dass das Buch damit endet, dass ich mein philosophisches Fazit auf die heutigen Probleme zwischen der westlichen Welt und dem Islam anwende, hat zwei Gründe. Erstens können diese Probleme nie gelöst werden, solange der palästinensisch-israelische Konflikt nicht zu einem befriedigenden Ende gebracht ist. Schon darum sind meine philosophischen Schlussfolgerungen eng mit den Hauptthemen dieses Buches verbunden. Der zweite Grund ist persönlicher Art. In meinen Betrachtungen über den Sinn oder die Sinnlosigkeit des Leidens im dritten Kapitel weise ich darauf hin, dass Leiden an sich keinerlei Sinn hat, dass man ihm aber einen Sinn *geben* kann, indem man es als Stimulanz zu positiven Taten und Gedanken sieht. Lehren ziehen aus meinen Erfahrungen, um mitzuhelfen, die heutigen Probleme zu bewältigen, betrachte ich als eine solche Sinngebung.

Schließlich noch ein Wort an meine zukünftigen Kritiker. Ihre Reaktionen werden durch meine unverblümt kritische Haltung zur israelischen Politik nicht immer freundlich sein. Das ist ein Risiko, das ich bewusst eingehe, und zwar hauptsächlich aus den Gründen, die ich im zweiten Abschnitt des zweiten Kapitels nenne. Dort wird im Zusammenhang mit der Lage im Nahen

Osten auch das Wort ‚beschämend' verwendet. Der niederländische Journalist Max van Weezel[2] hat sich im August 2003 dagegen ausgesprochen, dass Juden in Bezug auf die von Israel begangenen Verbrechen Scham empfinden.[3] Das begreife ich nicht. Gute, vernünftige und ihr Land liebende Niederländer haben sich nach dem Zweiten Weltkrieg für den unsinnigen, anachronistischen und nur zu Elend und Unglück führenden Krieg in Indonesien geschämt. Das gleiche gilt für amerikanische Bürger im Hinblick auf den Vietnamkrieg. Wenn man sich einer Gemeinschaft zugehörig fühlt, und im Namen dieser Gemeinschaft werden Verbrechen begangen, dann ist Scham, die aus der Kombination von Verbundenheit mit der Gemeinschaft und mitmenschlicher Ethik hervorgeht, legitim, ja, sogar geboten. Sollten für Juden andere Regeln gelten? Wie dem auch sei, meine unverblümte Kritik hat ihren Ursprung in der Sorge um das Fortbestehen des Landes, von dem wir einmal hofften, es werde ein sicherer Zufluchtsort sein.

Diejenigen, die mir jüdischen Selbsthass vorwerfen, verweise ich auf den dritten Abschnitt des vierten Kapitels, der ganz diesem Phänomen gewidmet ist.

EINS

Autobiographischer Hintergrund

Was meine Jugend erzählt

1. Geschichtsschreibung und Trauma

Gehirnwäsche

Mit der Überschrift dieses ersten Abschnitts ist die folgende Anekdote verknüpft. In einer Rundfunksendung diskutierte ich mit dem Vorsitzenden von Likud Nederland, der niederländischen Abteilung der Partei des israelischen Ministerpräsidenten Scharon, über den Sinn der so genannten *targeted killings*, der gezielten Tötung bestimmter Palästinenser, die im Verdacht stehen, Terroristen zu sein oder Terrorakte vorzubereiten. Die Regierung Scharon beschließt solche Morde, ohne die Öffentlichkeit über die zugrunde liegenden Verdachtsmomente zu informieren. Von einem fairen Verfahren ist also keine Rede, auch nicht von irgendeinem Beweis, den die Öffentlichkeit zur Kenntnis nehmen kann. Ich halte solche Aktionen für kontraproduktiv, da sie wieder neue Selbstmordanschläge provozieren. Als ich dies vorbrachte, sagte mein Gegenüber plötzlich: *Herr Meyer, Sie wurden einer Gehirnwäsche unterzogen.* Worauf ich antwortete: *Sie haben vollkommen Recht, und wissen Sie wodurch? Durch die Weltgeschichte, die über mich hinweggerollt ist.*

Diese Gehirnwäsche, die in meinem Fall durch Ort und Zeit meiner Geburt und durch meine ethnische Herkunft etwas intensiver war als bei den meisten Westeuropäern, hat meine Sicht der Welt für immer geprägt[4]. Ich verwende bewusst nicht das Wort ‚verformt', denn so empfinde ich es nicht. Nach der Lektüre dieses Essaybandes oder zumindest eines Teils davon mag der Leser selbst beurteilen, welches der beiden Wörter er für das zutreffendere hält.

Über Geschichtsschreibung

Eines steht für mich fest: Die Beschreibung historischer Ereignisse gemäß dem berühmten Ideal des Historikers Leopold Ranke, dass der Historiker nicht richten und belehren, sondern nur darstellen solle, *wie es eigentlich gewesen* sei, ist nicht möglich. Aber eine andere Forderung, die Ranke und die Historisten an die Geschichtsschreibung stellten, hat meiner Ansicht nach immer noch Gültigkeit, dass man nämlich versuchen solle, sich in die vergangene Zeit, die man erforscht, hineinzuversetzen. Es ist unmöglich, die Vergangenheit zu begreifen, wenn man heutige moralische Maßstäbe anlegt. Ein bekanntes Beispiel aus der niederländischen Geschichte ist die Kolonialzeit und besonders der damit verbundene Sklavenhandel, bei dem die Niederländer eine nicht unerhebliche Rolle spielten. Unhistorisch wäre es, eine Zeit, in der die Gleichwertigkeit aller Rassen noch entdeckt werden musste, nach Erkenntnissen zu beurteilen, die erst hundert Jahre später in der Zeit der Aufklärung formuliert wurden und erst nach dem Zweiten Weltkrieg allmählich universale Gültigkeit erlangten. Man muss mit anderen Worten bei der Beurteilung und vor allem bei der Verurteilung von Menschen aus der Vergangenheit auf Grund heutiger Normen sehr vorsichtig sein. A fortiori gilt dies natürlich für den Holocaust, der so unvorstellbar war, dass eigentlich niemand ihn vorhersehen konnte. Den ersten Berichten darüber hat denn auch fast niemand Glauben geschenkt. Menschen der damaligen Zeit den Vorwurf zu machen, sie hätten etwas nicht verhindert, was sie unmöglich vorhersehen konnten, also gewöhnlichen deutschen

Bürgern eine Mitschuld an der Massenvernichtung in Auschwitz anzulasten, ist absurd. Dies trifft selbstverständlich nur auf diejenigen zu, die sich nicht persönlich – welcher Verbrechen auch immer – schuldig gemacht haben.

Geschichte als Modell für heutige Ereignisse

Während es also ungerecht ist, Verhältnisse und Menschen früherer Zeiten aus der Sicht der Gegenwart zu bewerten, ist es dagegen durchaus gerechtfertigt und manchmal sogar nützlich, heutige Verhältnisse und politische Ereignisse anhand historischer Erkenntnisse zu prüfen. Aber weil die Geschichte sich nie bis ins Detail wiederholt, ist Vorsicht geboten, wenn man zukünftige Entwicklungen mit Hilfe historischer Parallelen vorherzusehen versucht. Ein Vergleich zwischen aktuellen Ereignissen und solchen – um ein Beispiel zu nennen –, die zwischen 1933 und 1945 stattfanden, ist für jemanden mit meinem Hintergrund und meiner Geschichte eine Herausforderung. Es ist jedoch auch ein Risiko damit verbunden.

Die Herausforderung besteht darin, dass es zwar schwierig, aber notwendig ist, Menschen davon zu überzeugen, dass die automatische Assoziation von ‚Deutsche' und ‚Zweiter Weltkrieg' mit ‚Gaskammern' und ‚Holocaust' sehr unhistorisch ist. Denn dadurch werden nicht nur wichtige Abschnitte der Geschichte vernachlässigt, sondern auch die Art und Weise, wie die Menschen die Wirklichkeit damals erlebten. Ja, auf Grund sowohl meiner eigenen Erfahrung, als auch auf Grund historischer Tatsachen kann ich behaupten, dass die Tragödien, die sich in der Zeit vor der großen Vernichtung im Leben derer abspielten, die dem Hitler-Regime kritisch gegenüber standen – Demokraten, Kommunisten, Sozialisten und natürlich auch die

Juden –, gewaltig unterschätzt werden. Sie werden von dem ab 1942 systematisch betriebenen Völkermord so sehr in den Hintergrund gedrängt, dass die schrecklichen Geschehnisse davor kaum Beachtung finden. Ich werde hierauf noch wiederholt zurückkommen.

Das Risiko nun, das mit jenem Vergleich verbunden ist, besteht darin, dass die dramatischen Ereignisse während des Zweiten Weltkriegs mehrere Generationen ernsthaft und nachhaltig traumatisiert haben. Wie ich oben bereits sagte, waren sie für mich eine Art Gehirnwäsche, wodurch ich alles, was danach stattfand, also die ganze nach den traumatischen Erfahrungen erlebte Geschichte, durch diese Brille sehe und mit einer durch diese Erfahrungen verursachten Überempfindlichkeit erlebe, abwäge und interpretiere. Das gilt übrigens nicht nur für mich, sondern für alle, die durch Traumata geformt oder verformt wurden.

Um meine Ansichten über die Hauptthemen dieses Buches verständlich zu machen, muss ich daher etwas über die Schlüsselerlebnisse meines Lebens berichten, darüber, wie die Geschichte über mich hinweggerollt ist. Erst das ermöglicht dem Leser, die objektivierbaren Ereignisse aus der gleichen Perspektive zu betrachten. Aber der Leser behält auch immer seine eigene Brille auf. Es versteht sich von selbst, dass nicht nur traumatische Erfahrungen den Filter bestimmen, durch den man die Welt wahrnimmt. Auch soziologische und genetische Faktoren spielen eine Rolle.

2. Eine untergegangene Welt, das deutsche Judentum

Einleitung

Es hilft kein Jammern und kein Klagen, ich bin und bleibe, was man in Israel einen Jekken nennt. Das heißt, ich bin mir immer noch bewusst, dass ich ein in Deutschland geborener Jude bin, der durch die Werte geprägt wurde, die das deutsche Judentum ab der zweiten Hälfte des 18. Jahrhunderts bestimmten. Bei der Ausformung dieser Werte spielte der jüdische Philosoph der Aufklärung Moses Mendelssohn eine bedeutende Rolle, der auch weit über den jüdischen Kreis hinaus Berühmtheit erlangte. Auf die Bedeutung Mendelssohns komme ich im vorletzten Essay dieses Buches, *Das Ende des Judentums*, noch ausführlicher zu sprechen. Hier beschränke ich mich auf einige Beobachtungen über die sozialen, religiösen und familiären Verhältnisse, unter denen ich bis zu meinem vierzehnten Lebensjahr aufwuchs.

Soziale Umwelt

Im Gegensatz zu den Niederlanden gab es zwischen den letzten Jahrzehnten des 19. Jahrhunderts und der Machtergreifung Hitlers in Deutschland kein nennenswertes jüdisches Proletariat. Sowohl hinsichtlich des Einkommens wie der Bildung und

Qualifikation lagen die deutschen Juden über dem Durchschnitt der Bevölkerung. Dies illustriert recht anschaulich die Tatsache, dass in meiner Geburtsstadt Bielefeld in Westfalen zwischen 1870 und 1933 zwei Prozent der Bevölkerung jüdischer Herkunft war, während die Zahl jüdischer Schüler auf dem Gymnasium, das ich besuchte, im gleichen Zeitraum zehn Prozent betrug. Auf den Missbrauch, den antisemitische Demagogen mit solchen Statistiken trieben, gehe ich im fünften Kapitel näher ein. Hier beschränke ich mich auf meine persönlichen Erfahrungen.

Großeltern, Eltern und Verwandtschaft

Der Ursprung meiner Familie lässt sich bis Ende des 17. Jahrhunderts zurückverfolgen. Sowohl die Familie mütterlicher- wie die väterlicherseits war seit jener Zeit in Westfalen ansässig. Als meine Mutter neun Jahre alt war – sie wurde in Dortmund geboren – siedelte ihr Vater Julius Melchior nach Berlin um, um dort die Leitung der Patzenhofer Brauerei zu übernehmen, deren Biermarke es bis heute gibt. Sein Wohnhaus, das er im schicksten Viertel Berlins bauen ließ, steht heute noch. Die vier Brüder meiner Mutter absolvierten alle ein Universitätsstudium. Einer wurde Professor der Chirurgie an der Universität von Breslau, ein anderer wurde nach seinem Maschinenbaustudium Abteilungsleiter bei der Allgemeinen Elektrizitäts-Gesellschaft (AEG), einer von dem jüdischen Großindustriellen Emil Rathenau gegründeten Firma. Dank seiner technischen Kenntnisse wurde dieser Onkel im Ersten Weltkrieg Pionier-Offizier im deutschen Heer. Dies war einer der Gründe, warum er in der Nazizeit trotz der Tatsache, dass er und seine nichtjüdische Frau keine Kinder hatten, in Berlin den Krieg überleben konnte.

Zum Schluss hat man ihn, der den Judenstern trug, sogar zum Hausluftschutzwart* ernannt.

Meine Mutter hätte liebend gern Medizin studiert, aber meine äußerst viktorianische Großmutter erlaubte es nicht. Das sei kein Beruf für ein anständiges Mädchen aus gutem Hause. So empfand meine Großmutter es nun mal. Das Resultat war, dass meine Mutter im Alter von sechsundzwanzig Jahren von zu Hause weglief, eine kurze Ausbildung als Krankenschwester absolvierte und sich freiwillig in einem Krankenhaus an der Ostfront meldete – einem Lazarett für ansteckende Krankheiten. Sie wäre beinahe an der Diphtherie gestorben, die sie sich dort zugezogen hatte.

Ein anderes Resultat ihres Aufenthalts an der Ostfront war, dass sie in jenem Krankenhaus meinen Vater kennenlernte, der in der Schlacht bei Tannenberg (1914) so schwer verwundet worden war, dass er, untauglich für den Frontdienst, nun als Unteroffizier die Verantwortung für die militärische Ordnung im Krankenhaus übernommen hatte. Ende 1916 heirateten sie.

Ihre Mutter war darüber nicht sehr erfreut. Mein Vater, promovierter Jurist, Anwalt und zugleich Notar, kam gesellschaftlich gesehen, zumindest auf den ersten Blick, aus einem weniger arrivierten Milieu als meine Mutter. Sein Vater hatte den nicht gerade angesehenen Beruf eines Pferdehändlers, was man heute mit einem Gebrauchtwagen-Händler vergleichen könnte. In verschiedener Hinsicht wurde dieser gesellschaftliche ‚Makel' mehr als wettgemacht durch die Persönlichkeit und Kultur der Frau, die er vermutlich durch seinen großen Charme zu erobern gewusst hatte.

* Der Hausluftschutzwart leitete die unmittelbar vor Ort notwendigen Maßnahmen zur Schadensbekämpfung.

Diese Großmutter Theodora war eine besondere Frau, das Musterbeispiel jener jungen jüdischen Frauen, wie sie aus den Familien der so genannten Hof- und Schutzjuden hervorgegangen waren, in diesem Fall die des Hofes des kleinen Fürstentums Lippe-Detmold. Wie im sechsten Kapitel ausführlicher dargelegt wird, waren diese jüdischen Töchter im Allgemeinen sehr gebildet. Sie kannten die deutschen und antiken Schriftsteller durch und durch, und die erfolgreichsten unter ihnen unterhielten die berühmten literarischen Salons in Berlin. Das tat meine Großmutter nicht, aber sie las „ihre" griechischen und lateinischen Autoren im Orignal. Außerdem war sie im Unterschied zu meiner Großmutter Melchior eine warme, sensible Frau, die mit viel Liebe und mit bescheidenen Mitteln ihre Familie mit sieben Kindern versorgte. Mein Vater hat sie sein Leben lang angebetet, und dies mag mit zu seiner äußerst aufmerksamen und liebevollen Haltung meiner Mutter gegenüber beigetragen haben, deren Zeuge ich vierzehn Jahre lang war.

Ein Bruder meiner Großmutter, der Sanitätsrat Dr. Max Meyer, war Dorfarzt in Oerlinghausen, zwölf Kilometer von Bielefeld entfernt. Er besuchte uns oft und hat mir, ohne es zu wissen, später noch einen großen Dienst erwiesen. Hierauf komme ich am Ende dieses Kapitels noch zu sprechen.

Mein Vater hatte vier Brüder und zwei Schwestern. Im Unterschied zu den Gepflogenheiten in der Familie meiner Mutter durften alle Kinder der Großeltern Meyer studieren, allerdings unter der Bedingung, dass sie das Gymnasium absolvierten, ohne ein einziges Mal sitzen zu bleiben. Dieses strenge Kriterium erfüllten neben meinem Vater noch ein Bruder und die jüngste Schwester. In dieser Familie mit der gebildeten Mutter durfte also auch sie als Mädchen zur Universität. Da die Eltern aber das Studium dreier Kinder nicht finanzieren konnten, mussten diese selbst für die nötigen Mittel sorgen. Mein Vater lieh sich das Geld von einem wohlhabenden angeheirateten Verwandten, dem Pionier der plastischen Chirurgie Dr. Joseph.

Leider habe ich die Mutter meines Vaters nicht gekannt. Sie starb relativ früh, wie es hieß, aus Kummer und Sorge um ihre fünf Söhne, die allesamt im Ersten Weltkrieg an der Front waren. Ihr jüngster Sohn, ihr Liebling, fiel bereits in den ersten Wochen. Das schloss aber nicht aus, dass die Familie meines Vaters, wie fast alle deutsch-jüdischen Familien, äußerst vaterlandsliebend war.

Was in nahezu allen deutsch-jüdischen Familien und gewiss auch in der meinigen und der meiner Großeltern mütterlicher- wie väterlicherseits in hohem Ansehen stand, war die so genannte allgemeine Bildung. Man hatte sich in der Antike, der deutschen Klassik, Musik, Theater und Oper auszukennen. „Weißt du das nicht? Das gehört doch zur allgemeinen Bildung!" war ein bei uns zu Hause öft gehörter Ausspruch. Man musste viel wissen, viel lernen und sich um zwei Dinge im Leben kümmern: zum einen, dass man eine gute Position erreichte, sodass man einen wertvollen Beitrag zur Gesellschaft leisten konnte, und zum anderen – und das galt als das Wichtigste überhaupt –, dass man danach strebte, ein anständiger Mensch zu werden und zu bleiben, ein Mensch mit moralischen Grundsätzen und einem wachen Gewissen. Hierauf komme ich im dritten und vierten Kapitel zurück.

Das Judentum in meiner Familie

Die Art und Weise, wie in meinem Elternhaus das Judentum gelebt wurde, unterschied sich sehr von der in einer niederländisch-jüdischen Familie vor dem Krieg üblichen. Schon beide Familien meiner Großeltern waren kaum noch traditionell, geschweige denn orthodox. Wir wussten zwar in etwa, welche Nahrung koscher oder treife (nicht koscher) war, aber ich kannte in meiner Kindheit buchstäblich niemanden, der sich an die jüdischen Speisegesetze hielt. Wobei darauf hingewiesen werden muss, dass Westfalen, in dem meine Geburtsstadt liegt, die Wiege des deutschen Reform-Judentums war, einer liberalen Richtung, die sich zum Ziel gesetzt hatte, den jüdischen Gottesdienst zu reformieren (siehe auch das sechste Kapitel). In der Synagoge von Bielefeld legte sich niemand einen Tallit, einen Gebetsschal, um. Nur der Rabbi trug ein stilisiertes Rudiment, so breit wie ein gewöhnlicher Wollschal. Wenn jemand einmal mit einem Tallit in der Synagoge erschien, was hin und wieder geschah, dann sagten wir zueinander: „Schau mal, der kommt aus Osteuropa." Ja, wir gingen tatsächlich noch ab und zu in die Synagoge – an wichtigen Festtagen, aber sonst nicht. Obwohl ich nie die Gelegenheit hatte, mit meinen Eltern darüber zu sprechen, hatte für uns der Besuch der Synagoge in erster Linie eine soziale Funktion. Mein Vater, ein bekannter Anwalt in einer mittelgroßen Stadt und Mitglied einer recht kleinen jüdischen Gemeinschaft von zwei- bis dreihundert Familien, konnte es sich nicht erlauben, nicht ab und zu einmal mit seiner Familie zu erscheinen.

Nein, die Halachah, der jüdische Religionskodex, bedeutete uns nichts. Ethik, Leistung, Einsatz – das war das Wichtigste. Hinzu kam der Stolz, dass wir, das jüdische Volk, seit der Antike überlebt hatten und dass wir als deutsche Juden, namentlich nach Moses Mendelssohn, so viel erreicht und geleistet hatten (siehe auch das sechste Kapitel).

Meine Eltern hatten den Ersten Weltkrieg mit großer Intensität erlebt. Ein gefallener Bruder, Hungersnot, Verwundung und Krankheit, eine vor Kummer gestorbene Mutter, Verarmung durch die Inflation und nicht zuletzt die Schande und Schmach, Teil einer Nation von Verlierern zu sein – und ich meine die deutsche, nicht die jüdische Nation. Trotzdem glaube ich mich zu erinnern, dass ich bis 1933 in einer harmonischen, glücklichen Familie aufgewachsen bin. Meine Mutter war eine warme, intelligente und probate Frau, die fürsorgliche, alles lenkende Seele des Hauses.

Mein Vater stand uns viel ferner. Er arbeitete hart in seiner Anwaltspraxis und fühlte sich schnell durch den Lärm gestört, den meine beiden Brüder und ich machten – vor allem ich. Aber er war erfolgreich. Dass einer seiner Mandanten die Bielefelder Stadtverwaltung war, ein lukrativer und angesehener Klient, darüber empfand mein Vater große Genugtuung. All dies hatte zur Folge, dass meine Eltern mit ihren drei Söhnen in materieller Hinsicht wenig zu klagen hatten. Bis zur Machtergreifung Hitlers hatten wir zwei Dienstmädchen, die bei uns wohnten und meiner Mutter in der Küche, im Haushalt und mit den Kindern halfen. Von uns wurde als Gegenleistung für die elterliche Fürsorge erwartet, dass wir in der Schule unser Bestes gaben, mit guten Noten heimkamen und auch in unserem Betragen keinen Anlass zu Klagen gaben. In unserem Haus herrschte eine Atmosphäre von Wärme und Geborgenheit.

3. Das Ende einer Welt, Hitler an der Macht

Einleitung

Wie Hitler, für die Juden das Böse schlechthin, innerhalb einer demokratischen Gesellschaftsordnung Mitglied der Regierung werden konnte, ist in unzähligen Büchern nachzulesen. Das Einzige, was ich hier erwähnen möchte, ist die Tatsache, dass die NSDAP bei den letzten demokratischen Wahlen, bei den Reichstagswahlen vom 6. November 1932, nicht mehr als 33,1 Prozent der Stimmen erreichte. Wie es Hitler, nachdem er einmal zum Reichskanzler ernannt worden war, im Handumdrehen gelang, die absolute Macht an sich zu reißen, ist ebenfalls ein Kapitel für die Geschichtsbücher*. Im Folgenden beschränke ich mich darauf, die Reaktion unserer Familie auf diese bedrohliche Entwicklung zu schildern.

Auswirkungen auf meine Familie

Die Grundeinstellung meiner Eltern war, dass sie sich – mit Recht – als gute Deutsche fühlten. Deutschland war ihre Heimat, für die sie alles eingesetzt hatten, was sie besaßen: ihre

---

* Siehe auch das dritte Kapitel.

Gesundheit und ihr Leben. Daher war ihre Haltung gegenüber den politischen Ereignissen ambivalent. Einerseits waren sie optimistisch und hofften, dass dieser Scharlatan, Hitler, sehr bald entlarvt werden würde, andererseits gab die Erinnerung an die Zeiten, bevor die fast vollständige Emanzipation der Juden in der Weimarer Republik verwirklicht worden war, durchaus auch Anlass zur Sorge. Hinzu kam, dass schon am 1. April 1933 jüdischen Anwälten der Zugang zu den Gerichtsgebäuden verwehrt wurde, eine Maßnahme, die später übrigens wieder aufgehoben wurde.

An einen anderen einschneidenden Vorfall, der meine Eltern und besonders meinen Vater tief traf, erinnere ich mich noch gut. Er war mit Leib und Seele Jurist, er glaubte heilig an eine gewissenhafte Rechtsprechung. Einer seiner Brüder war 1934 von einem Kollegen, der es auf seine Stelle als Abteilungsleiter in einem Warenhaus abgesehen hatte, bei der Gestapo denunziert worden. Er hätte in einer Kneipe einen abfälligen Witz über Hitler erzählt. Es kam zu einem Prozess in Leipzig, den mein Vater von der Zuschauertribüne aus noch verfolgen konnte. Mein Onkel, ein hoch dekorierter Kriegsveteran, der vier Mal an der Westfront verwundet und mit dem Silbernen Verwundeten Abzeichen und dem Eisernen Kreuz Erster Klasse ausgezeichnet worden war, wurde zu mehreren Jahren im Konzentrationslager Dachau verurteilt. Als mein Vater von diesem Prozess, der jedem Rechtsempfinden Hohn sprach, nach Hause kam, war er am Boden zerstört. Er hatte das Vertrauen in den Rechtsstaat verloren, und ihm war die wahre Natur des Regimes – jedoch noch nicht dessen Dauerhaftigkeit – deutlich geworden.

Es gab somit allen Grund, sich auf das Schlimmste vorzubereiten. Das taten meine Eltern, soweit ich mich erinnere, auf vorbildliche Weise. Die Dienstmädchen wurden entlassen, und wir, die Kinder, mussten fortan im Haushalt helfen. Viel radikaler wurde mit meinem ältesten Bruder umgesprungen, der ein etwas kontaktarmer, scheuer Junge war. Er war ein Musterschüler, der immer gute Noten bekam. Kurz nach Hitlers Machtergreifung hatte er gerade die sogenannte Mittlere Reife der Oberrealschule absolviert [Untersecunda gut abgeschlossen]. Es war natürlich die Absicht gewesen, dass er die Schule bis zum Abschluss, bis zum Abitur, besuchen sollte. Er spielte außerdem so hervorragend Querflöte, dass er kurz zuvor noch in einer Rundfunksendung mit dem Schulorchester als Solist im Flötenkonzert von Mozart aufgetreten war. Meine Eltern waren jedoch über die politische Entwicklung so in Panik geraten, dass sie ihn von der Schule nahmen und ihm eine Lehrstelle als Nähmaschinenschlosser besorgten.

Hintergrund dieses Verhaltens war, dass meine Eltern wie viele deutsche Juden das Gefühl hatten, die neue Generation müsste sich aus den intellektuellen Berufen zurückziehen und sich mehr aufs Handwerkliche verlegen. Auf diese Weise glaubten sie, man könne so dem antisemitischen Klischee entgegenwirken, die Juden strebten die Herrschaft über Deutschland und die Welt an (siehe auch das fünfte Kapitel). Wie sich herausstellen sollte, hatte diese Entscheidung ernste Folgen für das weitere Leben meines Bruders. Er war zwar als Flötist begabt, als Techniker jedoch sehr viel weniger. Er hat Zeit seines Lebens unter dieser Umschulung gelitten.

Jude in der Schule mit Nazis

Ich selbst war ganz anders als mein Bruder. Ich war klein, gelenkig, sportlich und hatte viele Freunde. In der Schule merkte ich nicht so viel von den Veränderungen. Bis zuletzt spielte ich in der Fußballmannschaft meiner Klasse, und auch nach Hitlers

Machtergreifung verhielten sich meine nichtjüdischen Klassenkameraden – bis auf zwei oder drei Ausnahmen – mir gegenüber nicht anders als früher. Wir besuchten einander wie immer regelmäßig. Bis Ende 1938 hatte ich einen Freund, mit dem ich Modellsegelflugzeuge baute, und mit einem anderen, einem wahrhaftigen Grafen, bastelte ich oft gemeinsam an seinem Moped. Auch die Lehrer verhielten sich mir gegenüber fast ausnahmslos korrekt. Es gab nur zwei, die in der Klasse offen auf Juden schimpften. An einen Ausspruch erinnere ich mich noch wortwörtlich: *Der Jude Marx, der das Verderben bringende Gift über das Deutsche Volk ausgestreut hat.* Dies waren für mich unangenehme Augenblicke. Trotzdem ist es merkwürdig und erwähnenswert, dass mir sogar dieser Nazi, vor dem ich solche Angst hatte, dass ich überzeugt war, bei ihm schlecht abzuschneiden, ausreichende Noten gab. Die anderen Lehrer waren bis November 1938 letztlich mehr an den Kindern interessierte Pädagogen, ihre eventuelle Sympathie für die Nazis äußerte sich nicht in offenem Judenhass. Das bestätigte sich mir vor einigen Jahren, als ich bei einem Besuch meiner alten Schule zum ersten Mal mein letztes Zeugnis zu sehen bekam. Die letzte Eintragung vom 9. November 1938 lautete schlicht: *hat die Schule verlassen.* Mit keinem Wort wird der Grund erwähnt, dass es nämlich nach dem Pogrom jenes Tages, der Reichskristallnacht, jüdischen Schülern verboten war, eine nichtjüdische Schule zu besuchen. Allerdings wird diese feige Auslassung mehr als wettgemacht durch das, was einige Monate zuvor um Ostern über mich geschrieben wurde – 1938 auf dem Höhepunkt der Macht Hitlers wohlgemerkt: *Gesamthaltung gut. Er zeigt redliches Bemühen. Sein körperliches Streben entspricht seiner ausreichenden körperlichen Veranlagung. Charakterliches Streben gut, geistiges Streben und Gesamterfolg befriedigend.* Die Leistung im Englischen ließe allerdings zu wünschen übrig.

Aber ganz allmählich nahmen die Schikanen derjenigen Schüler und Lehrer zu, die in den Bann der Nazi-Ideologie geraten waren. Und ich fand es immer weniger angenehm, zur Schule zu gehen.

Zu spät ... keine Hoffnung mehr

Die Frage stellt sich natürlich, warum wir unter diesen Umständen immer noch in Deutschland waren? Darauf gibt es drei Antworten. Zuallererst konnten sich meine Eltern einfach nicht vorstellen, wie schlimm es werden würde. Wie ich im zweiten Kapitel näher ausführe, bestand die größte Tragik der Kristallnacht – dem Pogrom vom November 1938 – nicht in der Tatsache an sich, sondern darin, dass sie erst gut fünfeinhalb Jahre nach Hitlers Machtergreifung stattfand. Dadurch wurde das wahre Gesicht des Regimes erst allgemein deutlich, als es bereits zu spät war.

Zweitens waren die westlichen Demokratien nur zur Aufnahme einer sehr beschränkten Zahl deutsch-jüdischer Flüchtlinge bereit, wenn sie es denn überhaupt taten. Die Schreckensberichte derjenigen, denen es gelungen war, ins Ausland zu fliehen, wurden nicht nur in Deutschland als Gräuelpropaganda abgetan, sondern stießen auch im Ausland auf große Skepsis.

Drittens fühlte sich mein Vater nicht mehr rüstig genug, um als mittelloser Flüchtling mit Krawatten hausieren zu gehen, und ein neues Jurastudium hätte nicht nur das Erlernen der fremden Sprache vorausgesetzt, sondern auch Jahre in Anspruch genommen. Daher setzten meine Eltern zunächst ihre Hoffnung darauf, dass ihre drei Söhne eine Existenz im Ausland aufbauen würden. Sie würden später nachkommen und zumindest in der ersten Zeit von ihren Kindern unterstützt werden. Hinzu kam, dass mein Vater auf Grund seiner Verdienste als Frontsoldat im Ersten Weltkrieg die Erlaubnis hatte, als so genannter *Rechtsconsulent*, also ohne Toga und ohne anwaltliche Zulassung, vor dem Gericht Juden zu verteidigen. Dies war eine äußerst ambivalente Situation, da diese Tätigkeit einerseits einen empfindlichen Ansehensverlust darstellte, ihm aber andererseits auch Befriedigung bereitete. Denn manchmal konnte mein Vater einem jüdischen Mandanten wirklich noch helfen. Wie schlimm und diskriminierend die von den Nazis eingeführten Judengesetze auch waren, den Buchstaben des Gesetzes musste Genüge getan werden. Sogar unter diesem Regime galt dies noch bis Ende 1942. Mein Vater konnte sich auf diese Weise ein Mindesteinkommen sichern.

Die Kristallnacht machte, wie gesagt, all diese Überlegungen zunichte. Mein ältester Bruder musste sein Studium an der Fachschule für Ingenieure in Chemnitz abbrechen, das er nach der Gesellenprüfung als Nähmaschinenschlosser begonnen hatte. Mein zweiter Bruder hatte noch im Frühling 1938 das Abitur gemacht und war inzwischen auf einer Privatschule für Stenographie und Maschinenschreiben. Beider Pläne zur Emigration waren weit fortgeschritten, und es ist ihnen in letzter Sekunde gelungen, Deutschland zu verlassen. Der eine ging nach England, der andere in die Vereinigten Staaten. Ich selbst war wie meine Eltern der Verzweiflung nahe. Den öffentlichen Schulen war es verboten Juden noch zuzulassen, und zu allem Übel waren auch die jüdischen Schulen, die mir noch offen standen, überfüllt. Ein Handwerk erlernen konnte ich auch nicht mehr, denn nach dem November 1938 stellte kein Betrieb mehr jüdische Lehrlinge ein. Und in einer solchen Lage musste ausgerechnet ich mich befinden, der bis zu diesem Zeitpunkt nichts anderes zu hören bekommen hatte als „sorg, dass du was lernst, denn was du im Kopf hast, kann dir keiner abnehmen".

Ich war tatsächlich schon als vierzehnjähriger Junge davon überzeugt, dass man sein ganzes Leben vermasselt, wenn man in der Jugend nichts lernt, denn, was Hänschen nicht lernt, lernt Hans nimmermehr. Ich glaube auch heute noch, dass sehr viel Wahres daran ist.

4. Flüchtling in den Niederlanden

Einleitung

Während wir von jüdischen Schulen überall in Deutschland eine abschlägige Antwort nach der anderen erhielten, verbreitete sich Ende 1938 die Nachricht, sowohl die Niederlande als auch England seien bereit, etwa dreihundert beziehungsweise sechshundert jüdische Kinder aufzunehmen. Ohne auch nur irgendetwas Genaueres darüber gehört zu haben, waren meine Eltern und ich – ja, ich durfte tatsächlich mitreden – der Meinung, dass wir jede Gelegenheit, die sich bot, ergreifen müssten, um Deutschland zu verlassen. Und zwar nach dem Motto: wer zuerst kommt, mahlt zuerst. Im Nachhinein war dies eine etwas unüberlegte Reaktion, die vor allem zeigt, in welcher Panik wir uns befanden. Denn auf Grund der Erfahrungen des Ersten Weltkriegs hätten wir wissen müssen, dass die Niederlande nicht gerade der sicherste Zufluchtsort waren. Wenn wir nur zwei Wochen länger gewartet hätten, wäre ich in England gelandet und mein Leben wäre völlig anders verlaufen.

Wieder ohne Hoffnung, ohne Zukunft

Tatsächlich durfte ich am 4. Januar 1939 zusammen mit anderen deutsch-jüdischen Kindern zwischen sechs und achtzehn Jahren nach Holland ausreisen. Obwohl wir eine niederländische Familie kannten, die bereit war, mich aufzunehmen, war dies seitens der niederländischen Regierung strengstens verboten. Wir durften uns nur in Flüchtlingsheimen aufhalten. Wir lernten nichts, ja, es war uns sogar verboten, etwas zu lernen. Zu allem Unglück wurden wir von einem Heim zum anderen geschoben. So lebte ich zwischen Januar und November 1939 in fünf verschiedenen Flüchtlingsheimen oder -lagern. Als ich schließlich in Driebergen in der Provinz Utrecht einen Schmied fand, der mich als Lehrling annehmen wollte, packte mich die örtliche Polizei ein paar Tage später buchstäblich am Schlafittchen. Zurück zum verhassten Nichtstun im Flüchtlingslager.

Wie schlimm ich das alles fand, belegt ein Vorfall, den ich sogar schriftlich habe, weil alle Briefe, die ich damals an meine Eltern in Deutschland schrieb, dank der Hilfe eines mutigen nichtjüdischen Deutschen bewahrt geblieben sind. In einem von ihnen berichte ich einige Wochen nach meiner Ankunft in den Niederlanden:

Da kam ein Herr vom Flüchtlingskomitee in unser Heim und sagte, dass es vielleicht eine Möglichkeit geben würde, dass einige von uns eine ‚ambachtschool' besuchen könnten.*

Mein Niederländisch war inzwischen gut genug, um das Wort ‚school' zu verstehen, und so schrieb ich nach Hause:

Ich habe mich natürlich sofort angemeldet, um für die Ausbildung in Betracht zu kommen. Was ist eigentlich eine ambachschule?

* Ambachtschool ist das holländische Wort für Gewerbeschule. Begierig etwas lernen zu wollen, meldete ich mich umgehend an, ohne überhaupt zu wissen, was eine „ambachtschool" ist, geschweige denn zu wissen, wie man das Wort richtig schreibt.

Aus diesem Plan einer Gewerbeschule für Flüchtlingskinder ist, soviel ich weiß, nie etwas geworden.

Hurra, Arbeitsdorf Wieringen

Wer meint, mit Quengeln erreiche man nie etwas, der irrt. Unter bestimmten Umständen kann dies das einzige Mittel sein, aus einer Sackgasse herauszukommen. Auch in meinem Fall war dies so. Jedesmal, wenn hohe Tiere des Flüchtlingskomitees uns besuchten – sie kamen allerdings nur alle paar Wochen –, lag ich ihnen in den Ohren, dass ich hier meine Zeit vertue, dass ich etwas lernen wolle, egal was. Und zur gleichen Zeit wandten sich auch meine Eltern mit der gleichen Bitte brieflich an das Komitee. So kam es, dass ich, als mit Kriegsausbruch keine Flüchtlinge Deutschland mehr verlassen durften, einer der dreißig Glücklichen war, die nach Wieringen gehen durften.

In diesem vorbildlichen Flüchtlingslager, Werkdorp Wieringen genannt, waren durch Emigration dreißig Plätze frei geworden. Wir von den „Kindertransporten" waren einige Jahre jünger als die anderen, die sich bereits dort befanden. Von diesen älteren, meist ehemaligen Studenten, konnte ich auf vielen Gebieten etwas lernen, was ich mit großer Begeisterung tat. Zunächst gab es dort eine gute Ausbildungsmöglichkeit als Maschinenschlosser, die ich nutzte. Mindestens ebenso wichtig war, dass man in Wieringen lernte, schwere körperliche Arbeit zu verrichten. Denn manchmal mussten auch wir Maschinenschlosser zupacken, etwa um bei der Ernte zu helfen oder mitten im Winter bei fünfzehn Grad unter null das Eis in einem breiten Entwässerungskanal aufzuhacken und in Langschäftern bis zum Bauch im Wasser stehend den Kanal auszutiefen.

Von einem Studenten, der sein Studium der Mathematik und Physik fast abgeschlossen hatte, bekam ich beinahe jeden Abend Nachhilfeunterricht, sodass ich, als wir Wieringen im März 1941 verlassen mussten, fast ohne Zeitverlust meinen Oberrealschulabschluss machen konnte. Glücklicherweise gab es in Wieringen auch viele Bücher und Schallplatten, und so konnte ich abends endlich wieder nach Herzenslust lesen und Musik hören.

Doch wieder zur Schule

Nach dem Einmarsch der deutschen Truppen in die Niederlande wurden die meisten Wieringer Flüchtlinge nach Amsterdam gebracht. Da wieder das große Nichtstun drohte, verlegte ich mich erneut aufs Quengeln, und es gelang mir tatsächlich, in die vierte Klasse [Unterprima] der streng orthodoxen jüdischen Oberrealschule aufgenommen zu werden, obwohl ich völlig areligiös war und kein Wort Hebräisch verstand. Dank einer großzügigen Schulleitung, die in der Anfangszeit Rücksicht nahm auf meine mangelhaften Kenntnisse der holländischen Sprache und auf meine noch mangelhafteren Kenntnisse jüdischer Kultur – mit Ausnahme der jüdischen Geschichte –, fand ich mich recht bald gut zurecht. Ich bin heute noch froh, dass sowohl der damalige mir gegenüber so kulante Rektor Herr Jacobs, wie die imponierende Geschichtslehrerin Frau Eijtje 1956 meiner Promotion zum Dr. der Naturwissenschaften beiwohnen konnten.

Reifeprüfung und Leben im Versteck

Durch zwei sehr glückliche Umstände konnte ich trotz der nun auch meine Gruppe und mich selbst betreffenden Deportationsbefehle doch noch mein Abitur machen. Ein früherer jüdischer Kollege meines Vaters aus Bielefeld, den es auch nach Amsterdam verschlagen hatte und von dem ich mich vor meiner Deportation verabschieden wollte, reagierte auf die für damalige deutsche Juden typische Weise: *Was, du stehst nur ein Jahr vor dem Abitur? Dann werde ich dafür sorgen, dass du durch eine Arbeitsstelle als Briefträger bei der internen Post des jüdischen Rats für ein Jahr von der Deportation freigestellt wirst. Wenn du danach doch deportiert wirst, hast du zumindest dein Abitur in der Tasche.* Da die Briefträgerarbeit täglich den ganzen Vormittag in Beschlag nahm, hatte ich für die Schule nur den Nachmittag zur Verfügung. Da kam mir ein zweiter glücklicher Zufall zu Hilfe: Meine späteren Pflegeeltern, die Familie Emanuel-Cohen*, hatten die Erlaubnis erhalten, eine jüdische Privatschule zu betreiben. Sie sorgten auch für das Geld, das es mir ermöglichte, dort meine Schulausbildung zu vollenden.

Einen Tag, nachdem ich das Staatsabitur für Schüler von Privatschulen mit Erfolg abgelegt hatte, ging ich in den Untergrund. Aber schon der erste Versuch wäre beinahe jämmerlich gescheitert, denn ich landete bei einer berüchtigten Verräterin. Zu meinem Glück bemerkte ich das sofort. Wiederum, dank der Hilfsbereitschaft der Familie Emanuel-Cohen, konnte ich noch ein Jahr lang untertauchen. Diese mutigen Menschen hielten sich in ihrem eigenen, als unbewohnt camouflierten Wochenendhaus in „het Gooi"** versteckt. Es handelte sich um ein Doppelhaus, und die Nachbarin nahm mich bei sich auf. Einen großen Teil des Tages verbrachte ich bei den Emanuels, mit denen ich viel las und diskutierte.

* Die heute noch lebenden Mitglieder dieser Familie legen Wert auf die Feststellung, daß sie den Inhalt dieses Buches nicht kennen und somit in keiner Weise dafür verantwortlich sind.

** Ein beliebtes Villengebiet östlich von Amsterdam.

Abgesehen von einigen äußerst bedrohlichen Momenten, als die Deutschen das Haus durchsuchten, gelang es uns recht gut, den Kopf über Wasser zu halten, wobei die Nachrichten über den für die Nazis zunehmend ungünstigeren Kriegsverlauf ihr Teil beitrugen. Auch wenn wir nie auf die Straße kamen und uns nur manchmal im Garten hinterm Haus aufhalten konnten, so herrschte in unserer kleinen Gemeinschaft doch eine gute Atmosphäre.

5. Beinahe Endstation Auschwitz

Dieser Garten nun wurde mir zum Verhängnis. Eines Mittags bat mich meine Beschützerin, aus dem Schuppen Holz für den Ofen zu holen. Als ich wieder heraus kam, standen plötzlich Deutsche von der Grünen Polizei vor mir, die Gewehre im Anschlag. Ob ich mich anders hätte verhalten können, weiß ich nicht, jedenfalls wurde ich verhaftet und ein oder zwei Tage später für weitere Verhöre zur Gestapo nach Den Haag gebracht. Ich besaß einen schlecht gefälschten Ausweis, und der deutsche SD-Mann, der mich verhörte, konnte mir ohne weiteres zeigen, was alles an dem Ausweis nicht stimmte und dass ich somit nicht Wim Engeltjes war. Es erschien mir sinnlos, nicht die Wahrheit zu sagen. Ich hieße Hajo Meyer und stamme aus Bielefeld, worauf der Mann sagte: *Was für ein Zufall, ich komme aus Oerlinghausen.* Das war zwölf Kilometer von Bielefeld entfernt. Ich antwortete: *Da wohnt ein Onkel von mir.*

– *So, wer denn?*

– *Der Sanitätsrat Dr. Max Meyer.*

– *Was, ist das Ihr Onkel?*

– *Nun, eigentlich der Onkel meines Vaters.*

– *Das ist der beste Arzt der Welt, der hat meiner Frau das Leben gerettet!*

– *Wenn mein Onkel das für sie getan hat, vielleicht können Sie jetzt etwas für mich tun.*

Dieser SD-Mann war der SS-Hauptscharführer Koch, der Mann, den Friedrich Weinreb* ausführlich beschrieben hat.[6] Das Resultat war, dass ich am nächsten Morgen in das so genannte Durchgangslager Westerbork gebracht wurde. Ich habe den größten Teil meines Lebens Koch für einen schrecklichen Schuft gehalten. Erst vor einigen Jahren begriff ich, dass er es sich nicht leisten konnte, mich einfach laufen zu lassen. Was er wohl tun konnte, und was er auch getan hat, war, mich keinen Moment länger über meine Kontakte zum Untergrund zu verhören. Ich wurde in keiner Weise unter Druck gesetzt, geschweige denn gefoltert. So wurde ich erst gar nicht in Versuchung gebracht, etwas über meine Kontakte zur Illegalität zu verraten. Vielleicht hat er sich also doch revanchiert.

Von Westerbork wurde ich sehr bald nach Auschwitz deportiert, wo ich in Monowitz meine Nummer eintätowiert bekam. Als man dort Facharbeiter suchte, kam mir die in Wieringen erhaltene Ausbildung sehr zustatten. Ich kam nach Gleiwitz, wo wir erst unter schwersten Bedingungen das dortige Lager errichten mussten. Auch hier profitierte ich von der schweren körperlichen Arbeit, die ich in Wieringen verrichtet hatte. Trotzdem wurde ich immer schwächer. Es war ein Glück, dass ich, als der Bau des Lagers Fortschritte machte, zur Eisenbahn-Reparatur-

---

* Friedrich Weinreb war ein Ökonometriker und Talmud-Gelehrter polnisch-jüdischer Herkunft, eine zwielichtige Figur, die während der Besatzung in den Niederlanden mit gefälschten Freistellungslisten Juden zeitweise vor der Deportation bewahrte und ihnen somit die Möglichkeit bot unterzutauchen. Er war nach dem Krieg in den Niederlanden sehr umstritten; es kam sogar zu einer regelrechten Weinreb-Affäre. Er hat Menschen gerettet, aber vielleicht auch Menschen ans Messer geliefert. Ich persönlich bin davon überzeugt, dass seine Absichten gut waren und dass er in erster Linie Menschen gerettet hat. Als seine Tricks und Täuschungen bei den Deutschen nicht mehr verfingen, hat er vielleicht auch jemanden verraten. Seine Beschreibung des Hauptscharführers Koch stimmt mit meinem Eindruck überein und macht meiner Meinung nach seine Autobiographie recht glaubwürdig.

werkstatt eingeteilt wurde und die bitterkalten Monate in einer einigermaßen warmen Umgebung verbringen konnte, ohne schwere körperliche Arbeit verrichten zu müssen. Hierdurch, und durch unsägliches Glück habe ich überlebt, allerdings mit knapper Not. Im dritten Kapitel komme ich, in einem größeren Zusammenhang, auf meine in Auschwitz-Gleiwitz gemachten Erfahrungen zurück.

ZWEI

Déjà-vu, die Albträume eines in Deutschland geborenen Juden

Was die Lage in den besetzten palästinensischen Gebieten erzählt

1. Einleitung

Über die Schwierigkeit der Kommunikation

Von Schopenhauer[7] stammt der herrliche Aphorismus über die Schwierigkeit eines Autors, dem Leser seine Botschaft zu vermitteln. „*Wenn des Lesers und des Autors Köpfe zusammenstoßen und es klingt hohl, dann liegt das nicht immer am Leser.*"

Dieses Zitat soll nicht nur den Leser dieses Buches an Schopenhauers Formulierkunst teilhaben lassen, sondern auch deutlich machen, dass sich, sowohl der Sender, als auch der Empfänger einer Mitteilung der eigenen Beschränkung und der des anderen bewusst sein muss. Hier soll nicht im entferntesten suggeriert werden, der Kopf potenzieller Leser dieses Buches oder der meine sei leer. Das Gegenteil ist der Fall. Unsere Köpfe sind zu voll – zu voll von Vorurteilen, die von Traumata der Vergangenheit herrühren. Mir ist dies erst ganz deutlich geworden nach einer Diskussion mit der niederländischen Journalistin und Kolumnistin Anet Bleich, die mir vorwarf, dass ich Israels Behandlung der Palästinenser in den besetzten Gebieten mit der Behandlung verglich, die ich selbst zwischen meinem neunten und achtzehnten Lebensjahr in Nazi-Deutschland und in den besetzten Niederlanden erfuhr – also in der Zeit vor dem Beginn der Massendeportationen aus Holland im Juli 1942. Die Frage ist: Wie komme ich auf diesen Gedanken – einen Gedanken, der vielen Juden geradezu absurd erscheint?

Mein eigener Filter

Meine Erfahrungen in Deutschland und in den Niederlanden zwischen 1933 und 1942 haben mich besonders empfindlich gemacht für die diskriminierende und erniedrigende Behandlung von Menschen, die als Bürger zweiter Klasse in einer im Grunde feindlichen Umgebung leben müssen. Ich musste mich demütigenden Verhören unterziehen, kollektive Strafen verbüßen; ich hatte jahrelang kaum oder gar keinen Zugang zur Schulbildung; ich musste mit ansehen, wie mein stolzer Vater erniedrigt wurde; ich erlebte, wie die jüdische Gemeinschaft immer mehr verarmte; kurz, das Leben als Paria der Gesellschaft hat mich für derartige Phänomene sensibilisiert.

Verstärkt wird diese Empfindlichkeit dadurch, dass meine ‚eigenen Leute' heute ihrerseits Angehörigen eines Volkes mit Schikanen und Demütigungen begegnen – den Palästinensern. Wenn ich dergleichen lese oder davon höre oder im Fernsehen sehe, dann drängen sich mir die Erlebnisse meiner Jugend auf. Dies ist der Grund, warum ich diese neun Jahre meiner Jugend unter den Nazis mit dem vergleiche, was Palästinenser zurzeit erdulden müssen. Ich bin mir allerdings heute darüber im Klaren, dass ein solcher Vergleich Reaktionen hervorruft, mit denen ich nicht gerechnet hatte.

Die Filter des Lesers

Durch die erwähnte Diskussion mit Anet Bleich ist mir auch dies bewusster geworden. Sie schrieb damals[8]: *Vergleiche [des heutigen Israel] mit Auschwitz, den Nürnberger Rassengesetzen oder der Kristallnacht können uns gestohlen bleiben.* Aber ich habe diese Vergleiche, besonders mit Auschwitz, nie gezogen. Hätte

Anet Bleich „mit dem Beginn der Nazi-Zeit in Deutschland und in den besetzten Niederlanden" geschrieben, dann hätte sie Recht gehabt. Die Gleichsetzung der Nazi-Zeit mit Auschwitz geht allein auf ihr Konto. Dass fast jeder sie immer wieder macht, erhöht noch nicht ihren Wahrheitsgehalt. Auf den Missbrauch, der mit ihr getrieben wird, und auf das Unrecht, das dadurch vielen Menschen angetan wird, gehe ich im vierten Kapitel ausführlicher ein. Aber wie kommt es nur immer wieder zu dieser Gleichsetzung?

Es ist in der Tat so, dass ich die Traumatisierung der meisten jüdischen Leser – in der ersten, zweiten oder dritten Generation – meines damaligen Artikels unterschätzt habe. Neben dem bereits angeführten Beispiel von Anet Bleich ging dies auch aus den Diskussionen hervor, die ich mit anderen führte. Damals schrieb ich:

Um in den frühen dreißiger Jahren die antijüdischen Maßnahmen in Deutschland für die Bevölkerung akzeptabel zu machen, sodass ohne merkbare Unruhe das gesellschaftliche und wirtschaftliche Leben der Juden immer stärker eingeschränkt werden konnte, musste eine Doktrin in Umlauf gebracht werden, die deutlich machte, dass Juden anders sind. Mit anderen Worten, Juden mussten dämonisiert werden.

Zum damaligen Zeitpunkt war von Plänen zur Vernichtung der Juden noch keine Rede. Man wollte ihr Leben in Deutschland so sehr erschweren, dass sie emigrierten. Die Doktrin, die man verkündete, lautete, dass sie nicht in die deutsche (lies: germanische) Kultur passten. Damals ging es mir, wie auch heute noch, darum, dass momentan leider eine ähnliche Dämonisierung – sie passen nicht in unsere Kultur – betrieben wird: von prominenten israelischen Politikern gegenüber den Palästinensern.

Dies belegen etwa Äußerungen von Ehud Barak, der nach seinem Rücktritt als Ministerpräsident als so genannter „gemäßigter" Kandidat gegen Scharon bei den Wahlen von 2001 antrat. In der israelischen Tageszeitung *Ha'aretz* vom 2. Februar 2001 sagte er[9]:

Aufgrund der arabischen Denkweise kennt ihre Kultur den Kompromiss nicht. Der Kompromiss ist offensichtlich ein westliches Konzept, Streitigkeiten beizulegen.

Und etwas später im selben Interview:

Die Linken sind sich nicht einig. [...] Sie sehen, dass ihre Nachbarn [die Palästinenser] nicht gutartig sind. Sie sind kein Teil der westlichen Kultur.

Nun, ich habe damals nichts anderes getan, und ich tue dies heute noch, als zwei diskriminierende Vorurteile nebeneinander zu stellen: die über die Juden, wie sie den Deutschen vorgehalten wurde, und die über die Palästinenser, wie sie bestimmte prominente Israelis vertreten. Beiden Darstellungen ist gemeinsam, dass sie suggerieren, der ‚Feind' verstehe nichts von der Kultur der dominanten Gruppe. Dieser Vergleich wurde von einem Leser meines Artikels so ausgelegt, dass ich *von Barak geäußerte Ansichten auf die gleiche Stufe stelle wie die Degradierung eines Volkes, das wie Vieh zur Schlachtbank getrieben wurde.* Dies ist ein typisches Beispiel für den geistigen Kurzschluss, auf Grund dessen man, wenn von „Deutschen in der Hitler-Zeit" die Rede ist, automatisch an Gaskammern denkt.

Um den Lesern dieses Buches begreiflich zu machen, wie unlogisch, aber auch wie verständlich, psychologisch gesehen, eine solche Reaktion ist, gebe ich hier nochmals einen Überblick über diese komplexe Materie. Was die historischen Fakten betrifft, so lassen auch die jüngsten Untersuchungen keinen anderen Schluss zu, als dass Hitler noch im Januar 1939 nichts anderes wollte als die *Deportation* der Juden. Dies belegt neben vielen anderen Indizien (siehe auch das dritte Kapitel) Hitlers Äußerung gegenüber dem polnischen Außenminister Jozéf Beck, *er würde es vorziehen, die Juden in einem fernen Land* anzusiedeln, und er fügte hinzu, *wenn die Westmächte es ihm gestattet hätten, hätte er ihnen eine afrikanische Kolonie zur Verfügung gestellt.*[10] Nach den neuesten Erkenntnissen kam der Beschluss zur Vernichtung der Juden auf äußerst diffuse Weise zustande.[11] Keine der diesbezüglichen Äußerungen und Zeugnisse sind vor der zweiten Hälfte des Jahres 1941 zu datieren.*

Die Dämonisierung der Juden ist – wie die jeder Bevölkerungsgruppe – an sich von Übel. Nachdem die Kirche sich dessen jahrhundertelang schuldig gemacht hatte, wurde dies von den Nazis ab 1923 begeistert aufgegriffen – also schon bevor Hitler an die Macht kam. Ich erwähne dies nur, um darauf hinzuweisen, wie unangenehm es für einen Jungen ist, in einer Gesellschaft zu leben, in der er und seine Angehörigen im wei-

---

* In Ian Kershaws Buch (siehe Anm. 11) wird ein Gespräch mit dem kroatischen Verteidigungsminister Sladko Kvaternik wiedergegeben, das am 22. Juli 1941 stattfand. Hitler sagte, es spiele keine Rolle, ob die Juden nach Sibirien oder nach Madagaskar geschickt würden. Obwohl Kershaw anmerkt, dass die Deportation nach Sibirien schließlich auch zum Völkermord geführt hätte, lautet sein Fazit, daß *der Beschluss zur Endlösung, das heißt zur physischen Vernichtung aller europäischen Juden, noch nicht gefasst worden war.*

testen Sinne auf die übelste Weise diffamiert werden. Auch ohne dass dies in einen Massenmord mündet, kann eine solche Erfahrung sehr traumatisierend sein und somit eine persönlichkeitszerstörende Wirkung haben.

Jede Diskriminierung auf Grund der ethnischen Herkunft ist verwerflich

Jede Diskriminierung einer Gruppe von Menschen auf Grund ihrer ethnischen Herkunft, Abstammung oder Religion* ist mit der Menschenwürde unvereinbar und verwerflich. Dass dies letztendlich in den schlimmsten Fällen, die jedoch in der Geschichte nur sporadisch vorkommen, zum Genozid führen kann, ist ein Kapitel für sich. Und dieses besondere Kapitel hat dafür gesorgt, dass fast jeder Jude, in dessen Familie Angehörige ermordet wurden, bei Hitler-Deutschland sofort und ausschließlich an diesen Massenmord denkt. Man vergisst dabei, dass während der Hälfte des zwölf Jahre dauernden Nazi-Regimes von einem solchen systematischen Mord noch keine Rede war. Was dieser Vernichtung vorausging – Erniedrigung, Diskriminierung und Verarmung – war für die Juden schlimm genug.

Verhängnisvoll ist vielleicht, dass auf diese Weise der Holocaust bewusst oder unbewusst, zum Maßstab erhoben wird. Im Vergleich damit ist jeder kranke Palästinenser, der durch Straßensperren das Krankenhaus nicht rechtzeitig erreichen kann und an Ort und Stelle stirbt, eine Lappalie. Und in der Tat

---

* Wie im siebten Kapitel dieses Buches ausgeführt wird, muss meiner Meinung nach hier eine Ausnahme gemacht werden für Religionsinterpreten und deren Anhänger, die zur Verachtung, Diskriminierung oder gar Vernichtung Andersgläubiger aufhetzen.

scheinen demgegenüber neun palästinensische Kinder, die bei der Bombardierung des Hauses eines des Terrorismus verdächtigten Palästinensers den Tod finden, nicht mehr als *collateral damage*, Begleitschäden. Dieser Impuls, den Holocaust als Messlatte zu missbrauchen, um Unrecht und Leiden anderer zu verharmlosen, übersieht eine einfache aber fundamentale Wahrheit. Dass nämlich Leiden, auch und gerade wenn es nicht zum physischen Tod führt, in vielen Fällen schlimmer sein kann als der Tod selbst. Es kann die Seele und das Leben eines Menschen zerstören, auch wenn dieser noch Jahrzehnte weiterlebt.

Dieses – zweifellos oft unbewusste – Verhalten führt bei manchen Israelis und manchen Juden in der Diaspora zu einer solchen moralischen Verrohung, dass sich der britische Oberrabbiner Jonathan Sacks am 27. August 2002 in einem Interview mit der britischen Tageszeitung *The Guardian* gezwungen sah, offen seine Meinung zu äußern. Dieser im Allgemeinen äußerst konservative Mann, der bis dahin immer kritiklos hinter der israelischen Politik gestanden hatte, sagte nun unter anderem:

Die Politik der israelischen Regierung hat Züge angenommen, die mit den zentralsten Werten des Judentums unvereinbar sind. Der Konflikt mit den Palästinensern korrumpiert die israelische Kultur.

Soweit die allgemeinen Tatsachen. Was die individualpsychologischen Aspekte betrifft, so gibt es zum einen den durch den Holocaust traumatisierten Juden, der, sobald er die Worte ‚Nazi' oder ‚Hitler' hört, an nichts anderes mehr denken kann als an die Gaskammern. Er unterscheidet sich in gewisser Hinsicht kaum von mir, der ich meinerseits bei jedem Bericht über Erniedrigung, Einschüchterung und Diskriminierung von Palästinensern sofort an meine Kindheitserfahrungen in der Nazi-Zeit denken muss. Aber obwohl ich persönlich seinerzeit diesen

Mordmaschinen erschreckend nahe gewesen bin – im Unterschied zu den meisten meiner Leser –, denke ich bei jenen Worten fast nie an die Gaskammern.

2. Warum dann doch dieser Vergleich?

Ähnliche Signale auch aus Israel

Ich bin oben ausführlich auf die Schwierigkeiten eingegangen, über ein so heikles Thema wie die eventuellen Ähnlichkeiten zwischen zwei repressiven Maßnahmen zu kommunizieren: diejenigen, die heute von Israel gegen die Palästinenser getroffen werden und diejenigen, die die Juden in den ersten Jahren des Nazi-Regimes in Deutschland und den ersten Monaten in den besetzten Niederlanden erdulden mussten. Warum schweige ich nicht einfach, was man wiederholt in den Kolumnen des *Nieuw Israelitisch Weekblad** von mir verlangt hat? Warum kann ich es nicht lassen, meine Albträume von der derzeitigen Lage in Israel an die Öffentlichkeit zu bringen? Der Grund ist, dass ich es mit meinem Gewissen nicht vereinbaren kann, die dortigen Ereignisse stillschweigend zu übergehen, obwohl ich der Ansicht bin, dass alles auf eine Katastrophe zusteuert. Denn – es kann nicht länger verschwiegen werden – was dort geschieht, ist peinlich, es ist tief tragisch, es ist beschämend. Ich entdecke zu viele Parallelen zwischen den Methoden, mit denen die Palästinenser unterdrückt werden, und denen, die ich als Bürger zweiter Klasse erleben musste, bevor von systematischer Ermordung der Juden die Rede war.

* Die älteste und größte jüdische Wochenzeitschrift in den Niederlanden.

Während ich zu meinem Kummer schon seit zwei Jahren auf diese Ähnlichkeiten hinweise, lesen wir nun auch ähnliche und schlimmere Beobachtungen der ehemaligen Knesset-Abgeordneten Shulamit Aloni. Aloni war Mitglied der Meretz-Partei, die 1988 aus drei links von der Arbeitspartei angesiedelten Gruppierungen gebildet worden war, und Erziehungsministerin im Kabinett Rabin. Sie ist also alles andere als eine Außenstehende in der israelischen Politik. In *Ha'aretz* vom 6. März 2003[12] schreibt sie unter dem Titel: *Mord an einer Bevölkerungsgruppe unter dem Deckmantel der Rechtschaffenheit:*

Wir haben keine Gaskammern und Krematorien, aber es gibt nicht nur eine bestimmte Methode für den Genozid. [...] Der Autor Y.L. Peretz schrieb über die ‚rechtschaffene Katze', die kein Blut vergießt, sondern ihre Opfer erwürgt. [...] Benny Alon [ein Minister der derzeitigen Regierung] sagte bereits: „Macht ihnen das Leben so schwer, dass sie von sich aus weggehen."

Und, verehrte Leser, auch dies stammt aus dem Artikel der ehemaligen Erziehungsministerin:

Viele unserer Kinder werden in den Religionsschulen indoktriniert, die Araber seien die Amalekiter – und die Amalekiter, so lehrt uns ja die Bibel, müssen ausgerottet werden. Es gab bereits einen Rabbi [Israel Hess], der in der Zeitung der Bar-Ilan-Universität schrieb, dass wir alle Völkermord begehen müssen, denn seine Forschung hätte ergeben, die Palästinenser sind die alten Amalekiter.

Die Amalekiter sind das Symbol der Feindseligkeit und der Bösartigkeit im Judentum schlechthin. Im 5. Buch Moses (25, 17-18) heißt es, man dürfe nie vergessen, was die Amalekiter getan hätten, dass sie, die Gott nicht fürchteten, die Juden bei ihrem Auszug aus Ägypten angriffen, als diese müde waren. Die Strafe, die sie dafür verdienen, steht im 1. Buch Samuel 15, 3: *Verschone sie nicht, sondern töte Mann und Weib, Kinder und Säuglinge!* Und in Exodus 17, 14 garantiert Gott Moses den Erfolg: *Ich will Amalek unter dem Himmel austilgen, dass man seiner nicht mehr gedenke.*

Ich möchte nicht so weit gehen – und ich sehe dazu auch keinen Anlass –, anderen als Fanatikern Pläne für einen Völkermord zu unterstellen. Meine These ist ja, dass die Juden in Nazideutschland unter der Diskriminierung, der Erniedrigung und den Schikanen, ganz zu schweigen von der Vertreibung, die dem Massenmord vorausging, mehr als genug zu leiden hatten. Das Gleiche gilt in meinen Augen auch für die gegenwärtige Behandlung der Palästinenser.

Nun weiß ich nur allzu gut, dass sich die Geschichte nie exakt wiederholt und dass die Unterschiede zwischen zwei historischen Situationen manchmal wichtiger sind als die Übereinstimmungen. Das heißt jedoch nicht, dass man aus der Geschichte nichts lernen kann. Ein gutes Beispiel dafür, dass weise Politiker – ja, es gibt sie hin und wieder – aus einem Fiasko eine Lehre ziehen können, ist die unterschiedliche Art und Weise, wie das vollständig besiegte Deutschland nach dem Ersten und nach dem Zweiten Weltkrieg von den Siegern behandelt wurde.

Inzwischen ist auch der israelische Generalstab dahinter gekommen, dass man sehr wohl aus der Geschichte lernen kann. Nach einem Bericht in *Ha'aretz* vom 26. Januar 2002[13] und dessen Bestätigung in derselben Zeitung zwei Tage später[14] erhielten die Kommandanten in den besetzten palästinensischen Gebieten den Auftrag, sich in die Strategie zu vertiefen, welche die deutschen Truppen unter der Leitung des SS-Brigadeführers und Generalmajors der Polizei Jürgen Stroop* verfolgten, als sie das Warschauer Ghetto einnahmen. So könne die israelische Armee lernen, ihre Verluste beim Eindringen in dicht besiedeltes palästinensisches Gebiet – was einige Wochen später auch geschah – möglichst zu beschränken.

Der Leser wird begreifen, dass die israelische Armee damit das Tabu brach, das einen Vergleich zwischen Maßnahmen der Deutschen gegen Juden und denjenigen der Israelis gegen Palästinenser verbietet. Schließlich darf auch nicht unerwähnt bleiben, dass umgekehrt israelische Politiker nicht davor zurückschrecken, wenn es ihnen gelegen kommt, Palästinenser mit Nazis zu vergleichen. Ende Juli 2003 kündigte Scharon an, dass der geringste Verstoß der Palästinenser gegen die in der so genannten Roadmap für den Frieden eingegangen Verpflichtungen schwer bestraft würden. Denn, so sagte er[15]:

*Israels größter Fehler in der Vergangenheit war, dass man nicht streng genug aufgetreten ist, wenn die Palästinenser einer eingegangenen Verpflichtung nicht vollständig nachgekommen sind.***

Die Zeitung berichtete ferner:

Als Beispiel nannte er Europas Nachsicht gegenüber Nazi-Deutschland, als dies eingegangenen Verpflichtungen nicht nachkam.

---

* Von Stroops Truppe von 2090 Mann gehörten mindestens 440 der SS an. Reitlinger (siehe Anm. 32) ist am ausführlichsten, was ihre Zusammensetzung betrifft. Die 228 Sicherheitspolizisten, die er erwähnt, waren politisch ebenso indoktriniert wie die SS-Leute. Die Sicherheitspolizei war stark an den Massakern durch die so genannten Einsatzgruppen beteiligt. Kershaw ist bedeutend vager und sagt von der Gesamtstärke der deutschen Truppen: circa dreitausend Mann, die meisten SS-Leute.

** Angesichts dessen, was ich am Ende des 6. Kapitels über das Einhalten von Verpflichtungen auf israelischer Seite zu sagen habe, ist Scharons Bemerkung dreist zu nennen.

Die Unterschiede zwischen beiden Situationen

Der Vergleich, den Scharon zwischen den militärisch schwachen Palästinensern und dem bis an die Zähne bewaffneten Nazi-Deutschland zieht, ist ziemlich weit hergeholt. Viel naheliegender ist dann schon der Vergleich zwischen den Palästinensern, die unter kollektiven Strafen und der Besatzung zu leiden haben, und den deutschen Juden, bevor das große Morden begann. Nun sind die Situationen durchaus nicht identisch. Sie ähneln sich nur in mancher Hinsicht, allerdings genug, um zur Belehrung und zur Warnung zu dienen.

Der bei weitem wichtigste Unterschied zwischen der Lage der Palästinenser in Israel und den besetzten Gebieten und der der Juden in Deutschland ab 1933 und in den ersten Monaten der Besetzung der Niederlande betrifft die Wehrhaftigkeit. Die Juden waren in der ganze Periode ihrer Verfolgung und Diskriminierung völlig wehrlos. Von einem nennenswerten bewaffneten Widerstand war keine Rede. Diese Wehrlosigkeit, dieses passive Erleiden aller Erniedrigungen und Verfolgungen wird von niemandem strenger kritisiert als von den heutigen Israelis. Im Gegensatz dazu widersetzen sich die unterlegenen Palästinenser mit allen Mitteln, die ihnen zur Verfügung stehen. Ihre gefährlichste Waffe, gegen die es militärisch gesehen kaum eine effiziente Verteidigung gibt, ist das unmenschliche und kontraproduktive Selbstmordattentat. Wie die Passivität der Juden damals, wird auch dieser palästinensische Widerstand heute von niemandem heftiger kritisiert als von den Israelis. Dies ist verständlich. Auch ihr Leben wird dadurch in vielerlei Hinsicht unerträglich.

Ein anderer wichtiger Unterschied zwischen beiden Situationen besteht darin, dass die Palästinenser einen von den Vereinten Nationen anerkannten Anspruch auf ein Territorium haben, *das bereits seit siebenunddreißig Jahren von Israel besetzt ist.* Und als sei dies noch nicht schlimm genug, wird das Gebiet, das man den Palästinensern zugewiesen hat, durch den illegalen Bau von Siedlungen* immer kleiner. Es gibt somit tatsächlich große Unterschiede sowohl in politischer Hinsicht wie in Bezug auf Macht und Ohnmacht der diskriminierten Gruppe.

Gibt es auch Parallelen?

Trotz großer politischer Unterschiede gibt es auch Parallelen. Sie betreffen zwei Aspekte. Einerseits die Gefühle, sowohl auf der unterdrückten wie auf der unterdrückenden Seite, andererseits die Maßnahmen, die die Machthaber treffen. Selbstverständlich fühlt sich ein Palästinenser als Bürger zweiter Klasse oder als Bürger eines besetzten Landes ähnlich, wie ich in den ersten Jahren des Hitler-Regimes. Und es trifft ebenso zu, dass mancher Israeli – ein im Grunde moralischer Mensch, der erkennt, dass er zu einer unterdrückenden Besatzungsmacht gehört – ähnlich empfindet wie ein guter Deutscher in den ersten Jahren des Hitler-Regimes. Was die Maßnahmen der Machthaber betrifft, so lassen sich auch hier gewiss bestimmte Parallelen feststellen, wie im folgenden gezeigt werden soll.

---

* Hiermit meine ich nicht das, was Israel selbst „illegale Siedlungen" nennt. Den meisten Experten zufolge sind alle Siedlungen völkerrechtlich gesehen illegal.

Das deutsche Volk meiner Jugend war gezeichnet, um nicht zu sagen traumatisiert von der Niederlage im Ersten Weltkrieg. Wie schwer die Niederlage war, zeigte sich, als die deutsche Regierung auf Grund der wirtschaftlichen Erschöpfung und der politischen und sozialen Unruhen gezwungen war, den als *Schmachfrieden von Versailles* empfundenen Friedensvertrag zu unterzeichnen.

Die Bedingungen waren in der Tat skandalös, vor allem aber waren sie ein verhängnisvoller Fehler. Sie bereiteten Hitler den Weg, der zu Beginn seines Regimes durch geschicktes Manövrieren auf wirtschaftlichem und politischem Gebiet so viele Erfolge erzielte, dass die deutsche Bevölkerung wieder voller Stolz und Selbstvertrauen der Welt entgegentrat. Durch die äußerst nachgiebige Haltung der westlichen Demokratien, die Hitler einen unverfrorenen Coup nach dem anderen durchgehen ließen – wie die Besetzung des Rheinlands und den ‚Anschluss' Österreichs –, entstand bei ihm und seinen Handlangern wie auch bei einem großen Teil der Bevölkerung das Gefühl: Wir können uns alles erlauben; wir können sogar unserer Umgebung unseren Willen aufzwingen.

Das jüdische Volk wurde durch den Holocaust natürlich noch einschneidender und nachhaltiger traumatisiert. Das schlechte Gewissen der Weltöffentlichkeit gegenüber diesem Verbrechen führte nach dem Zweiten Weltkrieg zur UN-Resolution vom 29. November 1947, die die Teilung Palästinas verfügte und die Voraussetzungen für die Gründung eines israelischen Staates schuf, der am 14. Mai 1948 seine Unabhängigkeit proklamierte. Der junge Staat musste nicht nur durch große Aufopferungsbereitschaft seiner Bürger und unter schwierigsten Bedingungen erst aufgebaut werden, er musste bis 1967 auch immer wieder um seine Existenz kämpfen. Aber im Juni 1967 errang Israel einen entscheidenden Sieg über die arabischen Nachbarn und eroberte das gesamte Gebiet bis zum Jordan. Die nach dem Waffenstillstand von 1949 von Jordanien und Ägypten verwalteten palästinensischen Gebiete wurden nun von Israel besetzt. Dies hat bei vielen Israelis und namentlich bei vielen Politikern die nämliche Überzeugung gefestigt: *Wir können uns alles erlauben; wir können sogar unserer Umgebung unseren Willen aufzwingen.*

Einkreisungskomplex und heiliger Boden

Die tiefe Demütigung der Deutschen durch die Kriegsniederlage und den Versailler Friedensvertrag durfte sich nicht wiederholen. Der neue Krieg, den Hitler und seine Paladine vorbereiteten, musste der Bevölkerung schmackhaft gemacht werden. Dazu diente vor allem das Schlagwort vom „Volk ohne Raum". Deutschland, umgeben von Feinden, müsse sich zur Sicherung seiner Lebensbedürfnisse neuen „Lebensraum" in Osteuropa erkämpfen. Es galt, die „verlorengegangenen Ostgebiete" zurück zu erobern. Historisch wurde dies damit gerechtfertigt, dass es deutsche Ordensritter waren, die im 13. Jahrhundert unter anderem Krakau nach der Zerstörung durch die Mongolen wieder aufgebaut hatten.

Auch beim jüdischen Volk im Allgemeinen und bei den jüdischen Israelis im Besonderen äußert sich der verständliche Wunsch, nie mehr so etwas wie den Holocaust zu erleben, leider in einem Einkreisungskomplex. Auch sie haben das Gefühl, in einem Land leben zu müssen, das für sie zu klein ist. Mag dieses Gefühl auch etwas berechtigter sein als bei den Nazis, in objektivem Sinn ist in der heutigen Zeit ein solcher Ruf nach mehr

Raum nicht zu verteidigen. Auch die Israelis denken an die Erweiterung ihres Grundgebiets in östlicher Richtung. Die historische Rechtfertigung der Einverleibung von ‚Judea und Samaria' reicht sogar noch weiter zurück – bis in alttestamentliche Zeiten.

Die nationalsozialistische Volk-ohne-Raum-Ideologie ging Hand in Hand mit dem ‚Blut-und-Boden-Mythos', demzufolge jeder Quadratmeter Erde heilig sei. Es kann nicht geleugnet werden, dass es auch in Israel extreme Tendenzen gibt, namentlich unter den Siedlern und ihren Ideologen, den extremistischen Rabbinern. Sie hängen ähnlichen Vorstellungen von der Heiligkeit des Bodens an und widersetzen sich den Plänen des Friedensfahrplans.

Wie dürftig die in der Roadmap geforderten Zugeständnisse auch sein mögen, nach denen Israel den Palästinensern eine Ansammlung unzusammenhängender ‚Bantustans' übergeben muss, ist der Widerstand deswegen nicht geringer. Auf einer Tagung, die am 23. Juni 2003 in Jerusalem stattfand und an der fünfhundert Rabbiner teilnahmen, die zur so genannten ‚Föderation für die Menschen Israels und das Land Israel' gehören, sagte der frühere sephardische Oberrabbiner Mordechai Eliyahu[16]:

Niemand auf der Welt, ob Wasserträger, Steinmetz oder Ministerpräsident, hat das Recht, eine Krume des Landes Israel herzugeben. Der Heilige, gelobet sei Er, gab uns das Land Israel. Jede einzelne Krume ist heilig.

Die Föderation kam zu dem Schluss:

Keine Regierung hat das Recht, die Errichtung eines fremden Staates auf Israels Boden zu erlauben oder Teile des Landes an Fremdlinge abzutreten. All dies ist null und nichtig im Namen Gottes, des

Herrn Israels, der dies geschworen hat, und auch im Namen des gesamten Volkes von Israel über alle Generationen hinweg.

Die Übertreibung der Bedrohung

In den dreißiger Jahren wurde den Juden im Denken und in der Propaganda der Deutschen eine Macht zuerkannt, die in keinem Verhältnis zur Wirklichkeit stand. Sie war im Unterschied zu heute praktisch null. Dennoch war Hitler von der Idee besessen, die Juden wollten durch den „plutokratischen Kapitalismus" einerseits und den Bolschwismus andererseits Deutschland von der Landkarte fegen. Nichts illustriert diese Absurdität besser als ein Witz, der nach dem Pogrom vom November 1938 unter deutschen Juden zirkulierte:

– Hast du schon gehört, man hat eine neue Kollektivstrafe gegen uns verhängt.

– Nein, warum denn?

– Die deutsche Kriegsmarine fühlt sich von den Juden bedroht. Im Hamburger Hafen hat ein jüdischer Kinderwagen einen deutschen Panzerkreuzer gerammt!

Trotz allen Ernstes musste ich an diesen Witz denken, als ich las, was der neue israelische Armeechef General Moshe Ya'alon in einem Interview sagte, das am 30. August 2002 in *Ha'aretz* erschien[17]. Auf die Frage, ob er glaube, dass Arafat und seine Fatah-Bewegung Israel vernichten wollten, antwortete Ya'alon: „Natürlich!" Hier ist eine paranoide Übertreibung der gegnerischen Stärke im Spiel, die vergleichbar ist mit der deutscher Antisemiten. Wie jede Wahnidee verstärkt sich auch diese mit der Zeit. Drei Jahre zuvor hatte ein Vorgänger von Ya'alon, Ehud

Barak, Israels höchst dekorierter Militär und frühere Ministerpräsident, noch gesagt[18]: *In militärischer Hinsicht sind die Palästinenser ein Witz.* Tatsächlich zählt Israel zu den militärisch stärksten Nationen der Welt. Seine Armee hat der arabischen Welt in mehreren Kriegen soviel Ehrfurcht eingeflößt, dass die Nachbarstaaten nicht den geringsten Hang verspüren, ihren seit Jahrzehnten unterdrückten palästinensischen ‚Brüdern' zu Hilfe zu kommen. Das Einzige, wovor sich die Israelis zu Recht fürchten müssen, sind die Selbstmordanschläge und die allgemeine Verunsicherung, die den Verlust von Lebensqualität zur Folge haben. Aber, wie sagte doch Yishai Rosen-Tzvi, einer der israelischen Soldaten, die sich weigern, ihren Militärdienst in den besetzten Gebieten zu leisten, nach jahrelanger einschlägiger Erfahrung?[19] *Terrorismus bekämpfen? Dass ich nicht lache! Unsere Armee sorgt in den besetzten Gebieten ständig für einen Nährboden des Elends, der Armut und der Hoffnungslosigkeit, einen Nährboden, auf dem der Terrorismus prächtig gedeiht.*

Dies rechtfertigt selbstverständlich nicht die Terroranschläge gegen unschuldige Bürger. Worum es mir hier geht, ist, dass den Palästinensern auf der einen Seite unterstellt wird, sie hätten – mit oder ohne Hilfe ihrer arabischen Nachbarn – die Absicht und die Fähigkeit, die Israelis ins Meer zu jagen; und dass auf der anderen Seite durch die Besetzung und die damit einhergehende Erniedrigung und Unterdrückung eine Atmosphäre entsteht, die immer wieder Menschen in die Arme extremistischer Organisationen treibt, die sie indoktrinieren und zu Selbstmordattentätern erziehen. Diese in jeder Beziehung unmenschliche Form des Terrorismus ist die einzige reale Bedrohung für Israel, eine, gegen die sich mit militärischen Mitteln nichts ausrichten lässt. Nicht einmal der gewöhnliche Guerilla-Kampf, geschweige denn diese verbrecherische Selbstmord-Variante, konnte jemals in der Geschichte mit rein militärischen Mitteln bezwungen werden.

Eine der bezeichnendsten Methoden der Nazis, der Bevölkerung ihren Willen aufzuzwingen, war das Prinzip der kollektiven Verantwortung. Wenn etwa in einer bestimmten Gruppe, zum Beispiel in einer Schulklasse, etwas vorfiel, was der Leitung nicht gefiel, wurde die ganze Klasse bestraft. Denn, so lautete der zugrunde liegende Gedanke, jeder einzelne ist für alle anderen mitverantwortlich. Für den Fehltritt des einen werden alle zur Rechenschaft gezogen, da sie besser aufeinander hätten aufpassen und die Tat hätten verhindern müssen. Es versteht sich von selbst, dass dies im Widerspruch zu den Grundprinzipien der demokratischen Rechtsordnung steht, nach der jedes mündige Individuum für seine Taten nur selbst zur Verantwortung gezogen werden kann. Ein berüchtigtes Beispiel jener Zeit ist die so genannte Sippenhaft. Dies bedeutete, dass eine willkürliche Zahl von Angehörigen einer Familie inhaftiert wurde, wenn jemand etwas getan hatte, was dem Regime missfiel.*

Leider wird auch im heutigen Israel das Prinzip der kollektiven Verantwortung und der damit verbundenen Kollektivstrafe tagtäglich angewendet. So wird etwa nach dem Attentat eines Hamas-Aktivisten oft allen Palästinensern in einem bestimmten Gebiet für Wochen oder länger der Zugang zu Israel verwehrt, oder sie werden unter Hausarrest gestellt. Völlig unschuldige Bürger sind dadurch für längere Zeit ohne Arbeit und Einkommensquelle. Wird ein Attentäter identifiziert, wird gewöhnlich das Haus gesprengt, in dem seine oft drei oder mehr Generationen umfassende Familie wohnt.

---

* Schon am 13. 7. 1933 etwa wurden Verwandte des im Exil lebenden ehemaligen Reichskanzlers Scheidemann wegen eines 'Schmähartikels' verhaftet, den dieser in einer ausländischen Zeitung veröffentlicht hatte.

Das Prinzip der kollektiven Haftung von Gruppen, die das Nazi-Regime als Feinde betrachtete, war ein grundlegender Bestandteil der totalitären Ideologie. So konnte die Kollektivstrafe, die die Verantwortlichkeit des Einzelnen in demokratischem Sinn prinzipiell leugnet, leicht ihren Platz in der Gesellschaft finden. Es gibt jedoch noch eine ganz spezielle Form kollektiver Verantwortung, wobei der Bevölkerung insgesamt eine Mitschuld an den Verbrechen ihres Staates angelastet wird. Im Falle Nazi-Deutschlands wird dies noch immer praktiziert, zumal von denjenigen, die direkt oder indirekt unter der Gewaltherrschaft des Nazi-Regimes gelitten haben. Wie es J.L. Heldring, seit Jahren Kolumnist des *NRC Handelsblad*, einmal formulierte[20]:

So gibt es auch noch immer [...] den Hang, auf das Leiden Unschuldiger, die in irgendeiner Weise mit den Nazis zu tun hatten – deutsche Frauen und Kinder, die bei den Bombardements getötet oder vergewaltigt wurden, oder Kinder von Kollaborateuren – mit der Bemerkung zu reagieren: recht so! oder selbst schuld!

Dieser weitverbreitete Hang zur kollektiven Schuldzuweisung ist äußerst komplex, aber es lassen sich einige allgemeine Beobachtungen anstellen.

Die kollektive Verantwortung des einzelnen Bürgers für die verwerflichen Taten seiner Regierung ist direkt proportional zu den demokratischen Freiheiten, die er genießt. Umgekehrt verringert sich die Verantwortung der Bürger mit zunehmender Beschränkung der Freiheit, namentlich wenn die Diktatur nicht durch demokratische Prozesse, sondern durch einen militärischen oder politischen Umsturz zustande kam. Je freier die

Presse ist, desto besser kann sich der durchschnittliche Bürger über die Vergehen oder gar Verbrechen seiner Politiker unterrichten. Und je mehr die Meinungs- und Demonstrationsfreiheit garantiert ist, desto leichter kann er auch seine Unzufriedenheit äußern. Umgekehrt erfordert es außergewöhnlichen Mut und Todesverachtung, um in einem Polizeistaat wie der Sowjetunion unter Stalin, China unter Mao oder Deutschland unter Hitler seine Stimme zu erheben. Von gewöhnlichen Bürgern ist ein solcher Mut nicht ohne weiteres zu verlangen. Diejenigen, die ihn gezeigt haben, die Sacharows oder die Geschwister Scholl, sind Helden im besten Sinn des Wortes. Man darf jedoch niemanden verurteilen, der zu solchen Heldentaten nicht in der Lage ist. Nur dann, aber auch nur dann, wenn ein Regime von jemandem verlangt, ein Verbrechen wie Mord oder Folter zu begehen, kann man redlicherweise angemessenen Widerstand erwarten.

Nun gibt es unter den Apologeten der heutigen israelischen Politik, wie fragwürdig diese auch sein mag und wie evident diese auch gegen die Menschenrechte verstößt, kaum einen, der nicht immer wieder darauf hinweist, dass Israel der einzige demokratische Staat inmitten verachtenswerter arabischer Diktaturen ist. Dies entspricht im Wesentlichen immer noch der Wahrheit, jedenfalls soweit es die demokratischen Rechte der *jüdischen* Bürger Israels betrifft. Eine Zeitung wie *Ha'aretz* berichtet regelmäßig über die unmenschliche Behandlung unschuldiger palästinensischer Bürger in den besetzten Gebieten. Und israelische Soldaten können sich immer noch weigern, wenn es auch immer schwieriger wird, sich an dem Unterdrückungssystem der Besetzung zu beteiligen. Auch über die Exzesse, die dabei vorkommen, kann man sich, wenn man will, fast täglich in der erwähnten Zeitung informieren. Etwa wenn es Nierenpatienten oder hochschwangeren Frauen unmöglich gemacht wird, das Krankenhaus zu erreichen – mit oft tödlichen Folgen; oder – was viel undramatischer aussieht, doch auf andere Art die Zukunft und damit das Leben bedroht – wenn junge Menschen daran gehindert werden, am Unterricht teilzunehmen. Dass durch die exzessiven Aktionen der israelischen Armee die Zahl der Toten und Verwundeten auf palästinensischer Seite die auf israelischer Seite um ein Vielfaches übersteigt, kommt noch hinzu.

Durch diese noch immer vorhandene Offenheit in den israelischen Medien tragen die Bürger Mitverantwortung, ja sogar Mitschuld an den erwähnten Übergriffen. Natürlich haben die palästinensischen Selbstmord-Terroristen einen sehr wichtigen Anteil am Rechtsruck der israelischen Gesellschaft. Die israelischen Bürger haben aber noch immer die Möglichkeit, von den Ausschreitungen ihrer Armee und dem Leiden der Palästinenser Kenntnis zu nehmen und aus Protest zu Hunderttausenden oder zu Millionen auf die Straße zu gehen. Wenn sie dies, aus welchen Gründen auch immer, unterlassen – und hierbei spielen die Selbstmordanschläge gewiss eine große Rolle –, werden sie nicht vermeiden können, dass ihnen irgendwann Mitschuld an den Missetaten ihrer Regierung angelastet wird.

Entmenschlichung des Gegners

Ich habe im ersten Abschnitt dieses Kapitels bereits ausgeführt, dass die Deutschen die Juden als Fremdkörper in ihrer Kultur betrachteten und dass leider äußerst prominente Israelis die gleiche Ansicht hinsichtlich der Palästinenser vertreten. Aber solange man noch über eine andere Kultur redet, betrachtet man den Feind noch immer als Mensch, wenn auch von einem anderen Schlag. Die Dämonisierung des Anderen kann allerdings viel weiter gehen. So lesen wir bei Roseman[21], dass Hitlers Sprache, wenn es sich um die Juden handelte, „überladen mit Pest- und Parasitenmetaphern" war. Der Jude sei eine Made, die Pestilenz, ein schädlicher Bazillus und so weiter*. Diese Form der Dämonisierung, die völlige Entmenschlichung einer gegnerischen Gruppe überschreitet eine Grenze. Wenn dieses Stadium einmal erreicht ist, können die Machthaber auf die Dauer jede diskriminierende Maßnahme ohne nennenswerten Protest aus der Bevölkerung ergreifen. Denn dann handelt es sich ja nicht mehr um reale Menschen, die menschliche Gefühle haben und somit genauso unter dem Verlust oder Tod eines Verwandten leiden wie man selbst.

Weil ich dieses Stadium der verbalen Entmenschlichung durch den Staat am eigenen Leib erfahren habe, bin ich allergisch gegen eine jede Verteufelung des Gegners. Wir wollen denn auch hoffen, dass der Prozess der Dämonisierung der Palästinenser mit dem neuesten Beitrag des Armeechefs Moshe Ya'alon seinen Endpunkt erreicht hat: *Die Palästinenser sind ein Krebsgeschwür, gegen das man mit Chemotherapie vorgehen* muss.[22]

Verrat von innen

Die traumatische Niederlage im Ersten Weltkrieg konnte aus der Sicht der Nazis unmöglich durch eigenes Versagen oder Überschätzung der eigenen Stärke verursacht worden sein. So bemühte man die Dolchstoßlegende. Deutschland habe nur

* Auch in dem bereits erwähnten Gespräch (siehe Anm. 11) meinte Hitler, wenn irgendein Staat aus welchen Gründen auch immer eine jüdische Familie bei sich dulde, so würde diese der Bazillenherd für eine neue Zersetzung werden.

deshalb den Krieg verloren, weil Verräter, Schwächlinge und Profiteure im Vaterland den tapferen Truppen in den Rücken fielen und ihre Wehrhaftigkeit unterminierten.

Leider wird in letzter Zeit auch in Israel das Ausbleiben eines eindeutigen Sieges über die Palästinenser nicht eventuellen Irrtümern der Regierung oder der Militärführung zugeschrieben. Man versucht nämlich immer weiter vergeblich, einen Volksaufstand mit konventionellen militärischen Mitteln zu bekämpfen, und das ist in der Geschichte noch nie gelungen. So sieht es die Führung Israels allerdings nicht. In dem erwähnten Interview vom 30. August 2002 sagt Armeechef Ya'alon:

Man steht da und versucht, den Zustand unter Kontrolle zu halten, und dann kommen die eigenen Leute und unterminieren einen. Sie unterminieren einen wirklich!

Mit „sie“ sind die Mitglieder der israelischen Friedensbewegung gemeint, namentlich die vom Friedensblock Gush Shalom. Hier haben wir es mit der klassischen Dolchstoßlegende zu tun, fast hundert Jahre später nach Israel transponiert.

Drohende Deportation

Aus den verschiedenen bereits zitierten Quellen geht hervor, dass Hitler im Januar 1939 und sogar noch Mitte 1941 nur die Deportation aller Juden aus Europa plante. Bis zu diesem Zeitpunkt war von Völkermord noch keine Rede. Allerdings wurden schon zwischen dem 26. und dem 28. Oktober 1938 alle in Deutschland lebenden polnischen Juden nach Polen deportiert. Viele von ihnen lebten damals schon viele Jahre in Deutschland und waren hier heimisch geworden. Eine solche plötzliche

Deportation mit all ihren Folgen wie Entfremdung, existenzielle Unsicherheit und Erniedrigung ist eine kaum zu überschätzende traumatische Erfahrung. Dass ich selbst von heute auf morgen mein Elternhaus verlassen musste, hat in mir tiefere Spuren hinterlassen als die zehn Monate in Auschwitz fünf Jahre später. Ich träume immer noch davon, wie ich in der elterlichen Wohnung in aller Eile die Koffer packe. Vom Konzentrationslager träume ich glücklicherweise nie. Die Deportation der polnischen Juden machte auf den in Paris lebenden Sohn einer deportierten Familie einen solchen Eindruck, dass er den Legationssekretär der deutschen Botschaft ermordete. Dieses Attentat diente den Nazis als Vorwand für die so genannte Kristallnacht, *als Kollektivstrafe*.

Wenn wir uns dies alles vergegenwärtigen, können wir uns vielleicht leichter vorstellen, was die Zerstörung von Häusern, die immer stärker drohende Gefahr der Deportation für die Palästinenser, aber auch die willkürliche Beschränkung ihrer Handlungsfreiheit (siehe auch den 1. Abschnitt des 4. Kapitels) bedeuten muss. Um auf die Juden in Hitler-Deutschland zurückzukommen, auch ohne Deportation wurde der ständige wirtschaftliche Druck, der auf sie ausgeübt wurde, um sie zur Emigration zu zwingen, immer unerträglicher. Das Verbot, bestimmte Berufe auszuüben, aber vor allem auch der Boykott jüdischer Geschäfte verschärfte die Existenzangst. SA-Leute stellten sich vor den Läden auf und versuchten, die nichtjüdischen Kunden am Betreten zu hindern.

Ein analoger wirtschaftlicher Druck wird auch auf die Palästinenser ausgeübt, etwa wenn sie von fanatischen Kolonisten, wie dies oft geschieht, an der Olivenernte gehindert werden. Unter der Überschrift *Zwei verwundete und ein toter Palästinenser bei Überfall von Kolonisten auf Olivenpflücker* berichtete *Ha'aretz* am 7. Oktober 2002[23]:

Dies sei der jüngste Übergriff von einer ganzen Reihe, meinten palästinensische Anwohner. Offiziere der israelischen Armee bestätigten inoffiziell, dass eine Gruppe junger Siedler aus der Umgebung ganz bewusst palästinensische Olivenpflücker angreifen und dass die Armee keine wirkungsvollen Maßnahmen ergreife, um dies zu verhindern.

Eine wahrlich traurige Parallele zum Verhalten der SA damals. Auch andere Erinnerungen an jene Jahre werden wach, wenn ich in einem Leitartikel in *Ha'aretz* lese[24]:

Von allen Besorgnis erregenden und unerquicklichen Entwicklungen in Teilen der Kolonisten-Gemeinschaft ist keine beängstigender als der jüdische Terror. Die Täter greifen ungehindert palästinensische Ziele an, hauptsächlich Schulen in Ost-Jerusalem und im Westjordanland. [...] Die Ziele werden sorgfältig ausgewählt – und, was die Sache noch schlimmer macht, betreffen Kinder. [...] Angesichts der beeindruckenden Erfolge, die Shin Beth [der israelische Inlandsgeheimdienst] in den letzten zwei Jahren beim Vereiteln palästinensischer Terroranschläge erzielt hat, bedarf es einer überzeugenderen Erklärung für das Versagen der Abteilung jüdischer Terror, als die, die bisher gegeben wurden.

Vielleicht ist es verständlich, dass ich mich in diesem Zusammenhang an ein Purimfest für Kinder erinnere, das 1935 oder 1936 durch eine Razzia von SA Leuten gestört wurde. Auch damals fruchteten Beschwerden bei der Polizei nicht.

Erniedrigung

Die Fotos von Deutschen in tadellosen Uniformen, die notleidende und verängstigte Juden auslachen, sind uns nur allzu vertraut. Mit solchen Demütigungen durch Behörden und Mitbürger musste jeder Jude in Nazi-Deutschland rechnen. Was ich selbst in dieser Hinsicht durchmachen musste, werde ich nie vergessen, auch wenn es heute nicht mehr schmerzt.

Was hingegen wohl schmerzt, ist die Erkenntnis, dass mein Volk heute die Palästinenser ganz ähnlich, unnötigerweise und mit entgegengesetztem Effekt ein ums andere Mal erniedrigt. Die Einschüchterungen und Schikanen an den Checkpoints stehen denen, die ich in meiner Jugend erleben musste, in nichts nach. Am 1. November 2000 erschien in *Ha'aretz* ein Artikel der israelischen Journalistin Amira Hass[25], der mit den an die jüdischen Israelis gerichteten Worten schließt: *Schaut in den Spiegel und seht, wie rassistisch ihr geworden seid.* Eine deprimierende Feststellung.

Epilog

Einige wichtige Punkte dieses Kapitels wurden bereits im Januar 2001 publiziert, kurz nach der Wahl Ariel Scharons zum Ministerpräsidenten Israels. Es fiel mir damals auf, wie wenig die niederländischen Medien von diesem verhängnisvollen Wahlergebnis Notiz nahmen, im Vergleich etwa zu der Aufregung über die Regierungsteilnahme von Jörg Haiders FPÖ oder das Regime von Milosevic. Das Argument, Österreich und Jugoslawien seien uns so viel näher als Israel, ist nicht stichhaltig. Denn die Situation im Nahen Osten ist so explosiv, dass sie sich für uns alle durchaus als gefährlicher erweisen könnte als ein extrem rechtes Österreich oder Serbien.

Inzwischen hat sich die Lage durch die Anschläge des 11. September nur verschlimmert. Die zunehmende Unterdrückung, Verarmung und Erniedrigung der Palästinenser in Kombination mit der seither öffentlich demonstrierten Parteilichkeit der Amerikaner zu Gunsten Israels haben den Konflikt noch explosiver gemacht. Es wäre zu hoffen, dass europäischer und internationaler Druck Israel dazu bringt, die ständige Erweiterung der Siedlungen zu stoppen und einen Anfang mit der Räumung der bestehenden Siedlungen zu machen, als ersten Schritt zur Beendigung der Besetzung aller palästinensischen Gebiete.

Nicht nur aus humanitären Gründen kann die skandalöse und anachronistische Apartheids-Politik, die der heutige Ministerpräsident praktiziert, nicht geduldet werden. Schon aus Eigennutz sollten wir uns bewußt werden, dass eine eventuelle Eskalation des Konflikts, die die rücksichtslose und paranoide Politik eines nicht gerade unbescholtenen Mannes wie Scharon herbeiführen kann, das Leben in Israel noch unsicherer macht, als dies heute schon der Fall ist. In diesem Zusammenhang ist ein Artikel, der kürzlich in Ha'aretz[26]* erschien, vielleicht ein Fingerzeig. Unter der Überschrift *Teheran warnt Israel vor einem Angriff auf die Atomanlage in Buschehr* wird berichtet, israelischen Quellen zufolge habe Scharon dieses Thema mit Bush diskutiert. Die israelische Regierung habe sich nicht zu diesbezüglichen konkreten Plänen geäußert. Ein solches Abenteuer wäre weder für Israel noch für die Juden in der Diaspora wünschenswert. Sollte es dennoch dazu kommen: *Wir haben es gewusst!*

* In *Ha'aretz* vom 21. Januar 2005 wird durch Reuters berichtet, dass sogar ein Falke wie Vize-Präsident Dick Cheney sich Sorgen macht, dass Israel entscheiden könne auf eigene Faust zu handeln, um die nukleare Drohung des Iran zu neutralisieren.

DREI

Lehren aus Auschwitz
Was die Hölle mir erzählt

1. Entstehungsgeschichte des Holocaust

Einleitung

Der Name Auschwitz steht hier pars pro toto für den Massenmord an den europäischen Juden während des Zweiten Weltkriegs. In der Literatur und auch in diesem Buch wird meist das Wort ‚Holocaust' verwendet. Die industrielle, durchorganisierte Vernichtung einer Gruppe von Menschen auf Grund ihrer ethnischen Herkunft ist ohne Beispiel in der Geschichte.

Die Folgen dieses ungeheuerlichen Ereignisses, das 1945 mit dem Zusammenbruch des Dritten Reiches sein Ende fand, sind noch fast täglich spürbar und werden uns noch lange begleiten. Sie sind einerseits politischer Natur. So besteht ein direkter Zusammenhang zwischen dem Holocaust und der Geburt des Staates Israel kurz nach dem Zweiten Weltkrieg. Zum anderen hat diese Katastrophe tiefe Wunden geschlagen. Die direkten psychotraumatischen Folgen für die Überlebenden wie für die nachfolgenden Generationen durch die so genannte transgenerationelle Traumatisierung sind kaum zu überschätzen. Obwohl die Geschehnisse inzwischen sechzig Jahre hinter uns liegen, hört oder liest man noch täglich etwas über Auschwitz. Von Entschädigungsanträgen etwa, die weiterhin immer gestellt und anerkannt oder abgelehnt werden. Dann wieder kommt ein Buch auf den Markt, in dem behauptet wird, aus der Erinnerung an den Holocaust würde finanzielles Kapital geschlagen;

ein anderes weiß zu berichten, dass sich das gesamte deutsche Volk schon seit undenklichen Zeiten nach einem Auschwitz sehnte, dann wieder heißt es, etwas weniger extrem, Hitler und seine Paladine hätten von Anfang an die totale physische Vernichtung der Juden geplant. Oder es wird noch irgendwo in einem Winkel der Erde einer der Verbrecher aufgespürt, der persönlich an den Gräueln von Auschwitz beteiligt war und so weiter und so fort.

Mehreres hat mich zum Schreiben dieses Kapitels veranlasst. Zum einen bin ich mir bewusst, dass ich einer der wenigen Auschwitz-Überlebenden in den Niederlanden bin. Ich halte es für meine Pflicht, solange es noch geht, etwas von dem, was ich dort gelernt habe, an jüngere Generationen weiterzugeben. Zweitens, und das ist vielleicht das Wichtigste, ist der gegenwärtige Zustand im Nahen Osten meiner Ansicht nach nicht von den Traumata zu trennen, die das jüdische Volk durch den Holocaust und seine Folgen erlitten hat. Der direkte Anlass war jedoch eine aggressive Bemerkung der niederländischen Schriftstellerin Carl Friedman. Als ich mein Bedauern darüber äußerte, dass viele Juden nach dem Zweiten Weltkrieg nicht die richtigen Lehren aus den Verbrechen gezogen hätten, die unserem Volk angetan worden waren, schrieb sie folgenden apodiktischen Satz in der niederländischen Tageszeitung *Trouw*[27]: *„Kurz und gut, von Auschwitz haben Juden nichts gelernt, weil es von Auschwitz nichts zu lernen gibt.“*

Die Kenntnis der konkreten Umstände von Auschwitz setze ich bei den Lesern voraus: die massenhafte Vergasung der Lebenden und die Verbrennung der Leichen, in den meisten Fällen direkt nach der Ankunft im Konzentrationslager. Viele starben durch Erschöpfung, schwere Arbeit, Hunger, Krankheit und Kälte. Hierauf will ich an dieser Stelle nicht eingehen. Diese Fakten sind bekannt.

Die Fragen, mit denen ich mich in diesem Kapitel befassen möchte, sind unter anderem:

– Wie hat ein solches Phänomen innerhalb eines kulturell so hoch stehenden Volkes wie dem der Deutschen stattfinden können?

– Was haben Überlebende aus dieser Katastrophe gelernt? Und warum ist die Lektion von Individuum zu Individuum so verschieden?

– Was sind aus meiner Sicht die Schlussfolgerungen aus der Beantwortung dieser Fragen hinsichtlich des Verhaltens der Juden im Allgemeinen und der Politik Israels im Besonderen?

Auschwitz und Xenophobie

Das Phänomen Auschwitz, die systematische Vernichtung einer bestimmten ethnischen Gruppe durch eine sich überlegen dünkende andere Gruppe, ist die äußerste, extremste und relativ seltene Form eines viel allgemeineren Phänomens, nämlich des der Xenophobie. Vor allem diejenige Spielart, dass man das Land, in dem man lebt, nicht mit Menschen einer anderen ethnischen oder religiösen Zugehörigkeit teilen möchte, ist weit verbreitet. Wir brauchen nur an das ehemalige Jugoslawien zu denken – Serben gegen Kroaten und Albaner und umgekehrt –, an Irland – Protestanten gegen Katholiken –, an die Tschechoslowakei – Tschechen gegen Slowaken. Dass diese Art der Xenophobie zu so genannten ethnischen Säuberungen führen kann, haben wir in den zurückliegenden Jahren erfahren. Wurzel dieses Verbrechens waren in erster Linie Verachtung für eine andere Gruppe – beziehungsweise das eigene Überlegenheitsgefühl – und Hass. Diese Gefühle müssen von einem hinlänglich großen

Teil der Bevölkerung geteilt werden, auf jeden Fall von mehr als einigen wenigen. Nun ist der Hass einer Gruppe gegen eine andere ein teuflisches Gebräu, das meines Erachtens zumindest die folgenden Ingredienzien enthält:

– eine vorausgegangene kollektive Demütigung, zugefügt von einer Gruppe, die mit der verhassten anderen nicht unbedingt etwas zu tun zu haben braucht;
– Angst vor erneuter Demütigung;
– wie auch immer begründete Schuldgefühle, die auf die Gruppe, die man diskriminieren, vertreiben oder sogar vernichten möchte, projiziert werden.

Hass

Wenn Hass in die Seele eindringt, richtet er Zerstörungen an. Bevor er destruktiv nach außen dringt und sich in aggressiven Taten gegen die verhasste Gruppe richtet, hat er schon längst die Seele verwüstet, in der er haust. Solche Seelen sind dazu verurteilt, in einer verarmten, aber auch vereinfachten Welt zu leben – die Menschen, die diese Welt bevölkern, sind schwarze oder weiße Schemen ohne Konturen und ohne Zwischentöne. Nuancen und Ambivalenzen, die das Wesen der realen, vielfältigen Welt ausmachen, kommen in jener nicht vor. Ihre Einfachheit besteht darin, dass ein schwarzes Schema schwarz, also schlecht, und ein weißes Schema weiß, also gut ist. Nicht nur Menschen, sondern auch die Ansichten von der Welt und ihrer Beschaffenheit werden auf einfache Formeln reduziert. So entsteht ein verführerisches, weil einfaches Weltbild. In der Zeit der NS-Diktatur hieß es denn auch: *Die Juden sind unser Unglück.* Eine Beschwörungsformel, die alles Schlimme, was den Deutschen je widerfahren war, ausreichend erklärte. Zumindest für viele und für eine gewisse Zeit.

Deutschland

An Unglück hatten die Deutschen nach dem Ersten Weltkrieg wahrlich keinen Mangel. Das traf sie umso härter, als in dem halben Jahrhundert zuvor goldene Zeiten angebrochen zu sein schienen. In der zweiten Hälfte des 19. und zu Beginn des 20. Jahrhunderts bis zum Ersten Weltkrieg war Deutschland zu einer der mächtigsten Nationen Europas aufgestiegen. Neue Industriezweige entstanden, Wissenschaft und Kultur blühten. Auch militärisch schien Deutschland unbesiegbar. Der große Erzrivale Frankreich war 1870-1871 vernichtend geschlagen worden. Es war denn auch nicht verwunderlich, dass man 1914 im felsenfesten Vertrauen auf einen baldigen Sieg in den Krieg zog.

Es gab ein böses Erwachen. Nach vier Jahren der grausamsten und verlustreichsten Kämpfen der Geschichte hatten Deutschland und Österreich mehr als drei Millionen junger Männer verloren. Aber all diese Opfer waren umsonst gewesen. Die Alliierten lasteten Deutschland die Alleinschuld am Krieg an. Es musste wichtige Gebiete an Frankreich und Polen abtreten. Als es die gewaltigen Reparationszahlungen nicht mehr aufbringen konnte, wurde zusätzlich das Ruhrgebiet von den Franzosen besetzt. Kurzum, Deutschland wurde in die Knie gezwungen. Hinzu kam eine beispiellose Inflation, die all diejenigen traf, die ihr sauer Erspartes gerettet hatten. Die Arbeitslosigkeit nahm stärker als in anderen Ländern ein bis dahin nicht gekanntes Ausmaß an. Nach dem Rausch der Gründerjahre nach 1870 konnten Demütigung und Verarmung nicht dramatischer sein.

In dieser Situation trat ein Mann ins Rampenlicht, der auf eine fast geniale Art mit seinen Wahnvorstellungen über den weltweiten schädlichen Einfluss der Juden einen nicht unbeträchtlichen Teil der deutschen Bevölkerung zu ködern verstand. Warum fanden Hitlers Ideen einen so fruchtbaren Boden?

Antisemitismus

Ein wichtiger Wendepunkt in der Entwicklung des modernen Antisemitismus war paradoxerweise die Französische Revolution von 1789. Als Kind der Aufklärung hatte sie gerade die Gleichheit der Menschen auf ihre Fahne geschrieben. Auch Juden waren Menschen und mussten daher wie alle anderen Bürger behandelt werden. Dieser Gedanke wurde von Napoleon fast über das gesamte Europa verbreitet und wenn nötig mit sanfter Gewalt in die Praxis umgesetzt. So kam es in den meisten Ländern zu einer Emanzipation der Juden. Sie erhielten die gleichen Rechte und konnten zum ersten Mal wie alle anderen Bürger fast frei ihren Beruf wählen. Da sie aufgrund ihrer Tradition sehr lernbegierig und fleißig waren, wurden sie innerhalb kurzer Zeit, vor allem in den Staaten Mitteleuropas, erfolgreicher als manch anderer Anwalt, Arzt, Journalist, Geschäftsmann, Unternehmer oder Wissenschaftler – um nur einige Berufe zu nennen, in denen sie sehr bald überproportional vertreten waren.

Selbstverständlich wurden die von Napoleon weiterverbreiteten Ideen nicht auf der Stelle von allen verstanden und verinnerlicht. Ein seit zwei Jahrtausenden von der Kirche immer wieder angefachter Antisemitismus, der die Juden als Mörder Jesu abstempelte, konnte nicht von heute auf morgen ad acta gelegt werden. Die archetypischen antisemitischen Gefühle und Gedanken schwelten weiter und wurden von Neid und Eifersucht geschürt. Und die Geschichte hatte noch zwei Überraschungen in petto. Im Gefolge der Aufklärung, der alle Menschen als gleich galten, erlebte der Nationalismus einen Aufschwung, der nun gerade die *Unterschiede* zwischen verschiedenen Nationen und Völkern hervorhob. Das jüdische Volk, zumindest soweit die Juden als *Volk* betrachtet wurden, unterscheide sich, so war die Auffassung, sehr von den anderen Völkern, unter denen es lebte. Außerdem kam – in Frankreich namentlich von Renan und Gobineau verkündet – die so genannte wissenschaftliche ‚Rassenlehre' in Mode, die die Ungleichartigkeit der Menschenrassen propagierte und in Deutschland von dem dort lebenden Engländer Houston Stewart Chamberlain und dem deutschen Hofprediger Adolf Stoecker weiterentwickelt wurde. Sie versuchten nachzuweisen, dass Juden auf Grund erblicher Eigenschaften der nordischen (arischen) Rasse unterlegen seien. Besonders Chamberlains über zwölfhundert Seiten zählendes Hauptwerk, *Die Grundlagen des Neunzehnten Jahrhunderts*, das von enormer Belesenheit und ebenso großer Wirrköpfigkeit zeugt, übte großen Einfluss auf viele Bürger und Pseudo-Intellektuelle aus,[28] zu denen auch Adolf Hitler gehörte.

Vielleicht genauso schlimm, wenn nicht schlimmer, war der Einfluss einer anderen extrem nationalistischen und rassistischen Persönlichkeit, Heinrich von Treitschke.[29]* Als redege-

* Fritz Stern, der amerikanische Historiker deutsch-jüdischer Abstammung, schreibt hierüber (vgl. Anm. 29): „Um 1879 war es klar, daß sich die Atmosphare im Reich gewandelt hatte. In diesem Jahr warnten zwei als untadelig legitimierte Männer in schicklichem Ton vor der jüdischen Gefahr und rechtfertigten dadurch die Existenz einer jüdischen Frage. Einer war Adolf Stöcker, Hofprediger und damit repräsentativ für Krone und Kirche, der andere Heinrich Treitschke, der als Preußens größter Historiker gefeiert wurde, eine Zierde der Berliner Universität."

wandter Professor hatte er direkten Zugang zur zukünftigen intellektuellen Elite Deutschlands. Ein deutscher Historiker unserer Tage, Christian Graf von Krockow, schreibt[30]:

Einer der Stichwortgeber des Antisemitismus war der Historiker Heinrich von Treitschke. Als Historiker und Demagoge von Rang predigte er vom Katheder herab, und man kann seinen Einfluß kaum hoch genug veranschlagen. Er war der Erzieher einer ganzen, der wilhelminischen Akademikergeneration.

Krockow zitiert die Erinnerungen eines deutschen Juden, Heinrich Clasz, der bei Treitschke studierte und das sehr liberale Milieu, in dem er aufgewachsen war, mit den Begriffen Patriotismus, Toleranz und Humanität charakterisierte. Treitschkes Einfluss änderte dies:

Wir Jungen waren fortgeschritten: wir waren national schlechthin; wir wollten von Toleranz nichts wissen, wenn sie Volks- und Staatsfeinde schonte.

Diese Bemerkung macht verständlicher, dass sich gerade die deutschen Intellektuellen, Menschen in freien Berufen und an den Universitäten so enttäuschend passiv verhielten, als ihre jüdischen Kollegen unter Hitlers Regime diskriminiert wurden.

Hitlers Erfolg

Nach all den Demütigungen, die die Deutschen hatten hinnehmen müssen und die für die meisten völlig unfassbar waren, trat Hitler auf den Plan. Da er für alles eine einfache Erklärung hatte, konnten viele, wenn auch keineswegs die Mehrheit, der

Versuchung nicht widerstehen, ihm Gefolgschaft zu leisten. Er spiegelte ihnen vor, ein internationales finanzielles Weltjudentum wolle Deutschland vernichten, unter anderem durch das ‚Diktat von Versailles' und durch die Inflation, und das jüdische Volk mit seinen so minderwertigen Eigenschaften habe nichts anderes im Sinn, als durch Rassenvermischung das kostbare germanische Blut zu vergiften. Von der Minderwertigkeit des jüdischen Volkes könne man sich sehr leicht überzeugen, man brauche nur einen Blick auf seine in den polnischen und russischen Ghettos lebenden Vertreter zu werfen. Diese Simplifizierung in Kombination mit dem Versprechen, Deutschland wieder Ansehen und Respekt in der Welt zu verschaffen, war für einen Teil der Bevölkerung offensichtlich ein hinreichender Grund, Hitler zu wählen.

Es sollte nicht unerwähnt bleiben, dass bei den letzten demokratischen Wahlen vor Hitlers Machtergreifung, der Reichstagswahl vom 6. November 1932, die NSDAP nur 196 von 608 Sitzen erhielt, also nur auf einen Stimmenanteil von 32% kam.[31] Trotzdem wurde Hitler auf mehr oder weniger demokratische Weise am 30. Januar 1933 zum Reichskanzler ernannt. Äußerst geschickt nutzte er die Tatsache aus, dass Deutschland durch die Uneinigkeit der übrigen Parteien praktisch unregierbar geworden war. Durch sein Geschick und die Schwächen des Systems und die seiner Gegner konnte er innerhalb weniger Monate die absolute Macht an sich reißen.

Da Ende 1932 immerhin 67% der Wähler nicht für Hitler votierten, muss sein späterer, viel größerer Einfluss andere Gründe gehabt haben als sein antisemitisches Programm. Entscheidend waren die beeindruckenden Resultate, die sein Reichswirtschaftsminister Hjalmar Schacht innerhalb kürzester Zeit beim Abbau der Arbeitslosigkeit erzielte, und Hitlers eigene gleichermaßen beeindruckenden außenpolitischen Erfolge.

Hierzu gehörten die Rheinlandbesetzung, die Wiedereingliederung des Saarlandes und der ‚Anschluss' Österreichs. Bei all diesen Erfolgen, die einerseits ohne nennenswerten Protest des Auslandes erzielt wurden und andererseits das gehörig erschütterte Selbstbewusstein der Deutschen stärkte, waren die antisemitischen Maßnahmen ein marginales Phänomen. Außerdem glaubten viele, auch viele Juden, der Antisemitismus werde nach einer gewissen Zeit von selbst abflauen, zumal 1936 – wie wir heute in Hinsicht auf die Olympischen Spiele in Berlin wissen – viele der antijüdischen Maßnahmen abgeschwächt und viele Juden aus den Konzentrationslagern entlassen wurden.

Unmerklich zunehmende Diskriminierung

Diejenigen, für die dies alles in weiter Vergangenheit liegt und die nur das Endresultat Auschwitz kennen, sollten sich vor Augen halten, dass zumindest bis November 1938 die antijüdischen Maßnahmen nicht in großem Umfang *sichtbar* waren. In erster Linie betrafen sie die Ausübung bestimmter Berufe, wie Anwalt oder Beamter im öffentlichen Dienst, und die Beschränkung der Ausbildung, namentlich an den Universitäten. Bemerkenswert ist, dass einige höhere Bildungsanstalten bis zu jenem Zeitpunkt noch für Juden zugänglich waren.

Außerdem wurde jeder soziale Kontakt mit Nichtjuden dadurch erschwert, dass bereits der Verdacht einer sexuellen Beziehung genügte, um jemanden ins Konzentrationslager zu bringen. Sichtbar waren natürlich die „Juden unerwünscht"-Schilder am Eingang von Hotels, Cafés, Kinos, Parkanlagen, Schwimmbädern und dergleichen, denen zwar kein Gesetz zugrunde lag, aus denen aber Judenhasser das Recht ableiteten, sich an jedem Juden zu vergreifen, den sie dort antrafen.

Eine ‚Endlösung' im Sinne des organisierten Massenmords stand noch nicht zur Diskusssion. Noch im Dezember 1938 entsandte Hitler Hjalmar Schacht, den Architekten des wirtschaftlichen Wiederaufstiegs, zu Verhandlungen nach London. Die deutsche Regierung würde, so der Plan, das Vermögen der Juden sperren – geschätzte 1,5 Milliarden Reichsmark – als Sicherheit für eine internationale Anleihe, mit der dann die Auswanderung der Juden finanziert werden könnte.[32] In diesem Zusammenhang wurden Länder wie Madagaskar, Rhodesien und Britisch-Guayana erwähnt. Bekanntermaßen ist aus all diesen Plänen, sicher auch auf Grund der zögerlichen und widerstrebenden Haltung der europäischen Demokratien, nichts geworden. Es geht mir hier um die Tatsache, dass die physische Vernichtung der Juden erst nach dem Überfall auf Polen 1939 konkretere Züge annahm. Interessant ist eine Bemerkung des Historikers Reitlinger, der schon 1953 ein wichtiges Werk über die Endlösung schrieb. Im Zusammenhang mit der Besetzung der Tschechoslowakei im Frühjahr 1939 schreibt er:

Auf diese Weise wurde eine ungeheure Zahl von Juden an die Gestapo auch ohne jenes Mindestmaß von Schutz ausgeliefert, das das Gesetz in Deutschland den Juden immer noch zuerkannte.[33]

Verrat am kulturellen Erbe

Die oben gestellte Frage, wie es in einem Land wie Deutschland zu einem Phänomen wie Auschwitz hatte kommen können, lässt sich wie folgt beantworten: tiefe Demütigung, Armut und Chaos nach dem verlorenen Ersten Weltkrieg, und Betroffenheit in weiten Kreisen der Bevolkerung, dass Deutschland so tief hatte sinken können. Seinen Erfolg hatte Hitler einerseits dem schwelenden Antisemitismus zu verdanken, der den Juden die Schuld an allem Unglück zuschob, andererseits aber auch dem Versprechen eines wirtschaftlichen Aufschwungs, das er anfänglich sogar einlöste. Durch geschicktes Taktieren und die Schwäche seiner Gegner errichtete er sehr bald eine absolute Schreckensherrschaft. Antijüdische Maßnahmen wurden schrittweise und ohne großes Aufheben eingeführt und von der Bevölkerung angesichts der sichtbaren Erfolge der neuen Politik mehr oder weniger in Kauf genommen und mit Sätzen entschuldigt wie: Sobald Deutschland erst einmal wieder erstarkt ist, wird sich schon alles einrenken. Zu Gewalttaten in großem Umfang kam es erst in der Reichspogromnacht vom 9. November 1938; zu ersten Massenmorden dann im September 1939 nach dem Überfall auf Polen. Das Phänomen Auschwitz, also die systematische Ausrottung der Juden, wurde erst auf der berüchtigten Wannseekonferenz vom 20. Januar 1942 geplant.

Lehre aus der Entstehungsgeschichte

Aus diesem kurzen Abriss lassen sich folgende Lehren ableiten:

Wenn Menschen einer Gesellschaftsgruppe erst einmal als Parias gebrandmarkt werden,
wenn außerdem eine Ideologie entwickelt wird, die die Minderwertigkeit dieser Bevölkerungsgruppe untermauert, und
wenn dieser Gruppe der Zugang zu wichtigen Bereichen der Bildung erschwert wird, so dass sie auch in gesellschaftlicher Hinsicht negativ auffällt,

dann brauchen nur ein paar psychische Barrieren zusammenzubrechen, um das zu ermöglichen, was wir ‚ethnische Säuberungen‘ nennen. Der Holocaust, wie er im Zweiten Weltkrieg von den Nazis begangen wurde, ist die äußerste Form der ethnischen Säuberung. Die Lehre, die wir aus all dem ziehen können, ist, dass jede Form der Diskriminierung auf Grund von Herkunft oder Religion von Übel ist und der *Beginn* der Unterdrückung *sein kann.* Es ist diese bittere Lektion, die so viele nach dem Krieg veranlasst hat, in verschiedenen europäischen Ländern unter der Losung ‚Nie mehr Auschwitz‘ gegen Diskriminierung und Rassismus zu kämpfen. Dass dieser Kampf noch immer nicht abgeschlossen ist – wie die Ereignisse überall auf der Welt zeigen – und dass er auch im Kalten Krieg für weniger lautere politische Ziele missbraucht wurde, tut der ehrlichen Überzeugung all dieser Menschen keinen Abbruch.

2. Meine Lagererfahrung und ihre Folgen

Lernen in Auschwitz

Wie bereits zu Beginn dieses Kapitels festgestellt, steht Auschwitz für den in der Geschichte beispiellosen systematischen, millionenfachen Mord an Menschen allein auf Grund ihrer ethnischen Herkunft. Auf dieses nie zuvor erlebte Verbrechen trifft Hegels Wort zu: Quantität schlägt in Qualität um. Dies ist die philosophische Formulierung der Erkenntnis, dass ein Regentropfen und ein Schwimmbad zwei vollkommen verschiedene Dinge sind. Sie sind total verschieden, das heißt qualitativ verschieden, trotz der Tatsache, dass der Inhalt eines Schwimmbads nichts anderes ist als eine große Menge Wassertropfen. Durch den quantitativen Unterschied entsteht eine neue Qualität. Auf das Phänomen Auschwitz angewendet, bedeutet dies, dass es zu paradoxen Situationen kam, wie man sie selten erlebt hatte. So führte zum Beispiel die rein quantitative Anhäufung der Menschen, die in den Baracken von Auschwitz um ihr Überleben kämpften, zu einer qualitativen Veränderung im negativen Sinn. Selten zuvor waren so viele Menschen dazu verurteilt gewesen, auf so engem Raum zu leben. Der Vergleich mit einem Unterseeboot drängt sich auf oder der mit den Sklavenschiffen des 17. und 18. Jahrhunderts. Im ersteren Fall werden die Besatzungsmitglieder allerdings ausführlichen psychologischen Tests unterworfen. Das zweite Beispiel ist zwar zutreffender, über die psychologischen Erfahrungen jener Menschen ist jedoch nicht viel bekannt.

Jeder einzelne Lagerinsasse hat objektiv betrachtet im Wesentlichen die gleichen Dinge gesehen und mehr oder weniger die gleiche Behandlung erfahren. Aber es ist meine feste Überzeugung, dass jeder der heute noch lebenden Zeugen *andere* Erinnerungen mit sich herumträgt. Denn die Belastung, unter der man in Auschwitz stand, oder modern ausgedrückt der Stress, war vollkommen abnormal. Mit anderen Worten, man wurde derart unter Druck gesetzt, dass die Seele gewissermaßen nach außen gestülpt wurde. Daher das Paradox, dass das schrecklichste kollektive Erlebnis auf die allerindividuellste Weise durchlitten wurde: Man fühlte sich nirgends einsamer als in Auschwitz. Eine Konsequenz dieser extremen Vereinzelung durch Vermassung ist, dass sich nur beschränkt allgemeingültige Aussagen darüber machen lassen, wie der Einzelne eine solche Situation erlebt hat. Eine, der vermutlich fast jeder Überlebende zustimmen wird, ist in der Tat das Gefühl der Einsamkeit. Eine andere ist die Erkenntnis, dass man das, was man dort erlitten hat, nicht wirklich beschreiben kann. Darauf angesprochen, pflege ich selbst immer zu antworten: *Ich weiß, dass ich dort gewesen bin, aber vorstellbar ist es durch die Art und das Ausmaß des Schreckens auch für mich nicht mehr.* Das heißt aber nicht, dass man von Auschwitz oder sogar in Auschwitz nichts lernen kann beziehungsweise konnte.

Was man *von* Auschwitz lernen konnte, habe ich, soweit es die Entstehungsgeschichte betrifft, bereits im ersten Abschnitt dieses Kapitels ausgeführt. Was man im Lager lernen konnte, hing wie gesagt in erster Linie stark von der eigenen Charakterstruktur ab, die durch das bisher Erlebte und Erlernte mitgeprägt war. Daneben spielten Zufall, Glück und Pech eine mindestens ebenso große Rolle. Man kann hierüber keine allgemeinen Aussagen machen. Dass Menschen, die das Konzentrationslager überlebt haben und denen es gelungen ist, wieder in die normale Gesellschaft zurückzufinden, sehr wohl der Ansicht sind, dort etwas gelernt zu haben, belegt der vielzitierte Ausspruch derjenigen, die nach dem Krieg in die USA auswanderten: *I have a degree from the University of Auschwitz.*

Lehren aus persönlichen Erfahrungen

Unter diesem Aspekt kann ich hier nur einige persönliche Beispiele geben:

– Der Schein trügt sehr oft. So konnte einerseits ein jüdischer Mithäftling vor Todesangst zum grausamen Kapo werden und seine Kameraden fast oder wirklich zu Tode prügeln, während andererseits ein SS-Mann aus Mitleid einem Häftling Butterbrote zuschob und damit sein eigenes Leben aufs Spiel setzte. Einem solchen mir völlig unbekannten SS-Mann verdanke ich zu einem großen Teil mein psychisches Überleben.

– Äußerst strenge, aber konsequent angewendete drakonische Maßnahmen sind besser als Anarchie. So gab es einen nichtjüdischen Ober-Kapo, den man aus dem Gefängnis geholt hatte, in dem er wegen Mord einsaß. Er hielt sich in dieser absurden Welt strikt an die Vorschriften, wodurch sein Verhalten kalkulierbar war. Das gab einem ein Gefühl der Sicherheit. Die Lektion, dass nichts schlimmer ist als Anarchie, verdeutlicht, warum ‚sinnlose Gewalt' auf den Straßen die Niederlande auf ungeahnte Weise wachgerüttelt hat. Sie erklärt auch, warum die israelische Bevölkerung so unter den verbrecherischen, aber vor allem unvorhersehbaren Selbstmordanschlägen leidet.

– Unter keiner Bedingung, auch nicht um mein Leben zu retten, wollte ich so werden wie ‚sie', die diese Welt der Konzentrationslager geschaffen hatten und instand hielten. Ich spürte, dass mein Überleben dann sinnlos geworden wäre.

– Außer den erwähnten sozialen Widersinnigkeiten in der Welt des Konzentrationslagers gab es auch Paradoxe auf persönlicher Ebene. Ich meine hiermit das Folgende: Rückblickend betrachte ich es als Glücksfall, dass ich sehr rasch bis zum Skelett abmagerte und dem Verhungern nahe war. Im Lagerjargon hieß so jemand *Muselmann*. Mein äußerst geschwächter Körper schloss die naturgemäß fast ausschließlich negativen emotionalen Erlebnisse weitgehend aus, wodurch meine Psyche verschont blieb.

– Auch unter den schrecklichen Bedingungen von Auschwitz gibt es Augenblicke des Trostes. Zu diesen gehörte die Musik, zu der wir Gefangenen jeden Morgen durch das Tor aus dem Lager marschierten. Auch wenn es Marschmusik war, sie war gut komponiert und arrangiert und wurde von ausgezeichneten Musikern gespielt.

– Auch aus tiefer Irreligiosität kann man Kraft schöpfen; die Auffassung, dass es kein Leben nach dem Tod gibt, kann ein Ansporn sein, sein Los zu ertragen. Ich war fest davon überzeugt, dass alles, was ich bisher in meinem Leben hatte erdulden müssen, umsonst gewesen wäre, wenn ich sterben würde. Andererseits wies mich Nietzsches[34] Wort „Was uns nicht umbringt, macht uns stärker." schon im Lager darauf hin, dass ich meinen persönlichen Erfahrungen nach der Befreiung einen Sinn geben könnte.

– Last but not least habe ich gelernt, dass Freundschaft – in meinem Fall zu dem viel zu früh verstorbenen Jos Slagter – von unschätzbarem Wert ist. Sie hat uns beiden das Überleben ermöglicht. Sie war das einzige, aber sehr effektive Heilmittel gegen die kaum erträgliche Einsamkeit. Als Vorsitzender des niederländischen Auschwitz-Komitees widmete Jos Slagter sein späteres Leben ganz der Verbreitung der Lektionen, die er in Auschwitz gelernt hatte.

Soweit das, was ich glaube, in Auschwitz gelernt zu haben. Andere Überlebende werden etwas anderes in den Vordergrund stellen. Was ich gelernt habe, hat meinen Horizont erweitert. Aber nichts hat mein Denken und Fühlen nach dem Krieg so sehr geprägt wie die Erkenntnis der Sinnlosigkeit des Leidens. Daher möchte ich diesem Thema einen besonderen Abschnitt widmen. Ich glaube, dass meine Überlegungen auch anderen weiterhelfen können.

Leiden und seine Folgen

Folgen für den Einzelnen

Leid kann einen Menschen vollkommen zerstören, kann aber, viel Glück vorausgesetzt, auch läuternd wirken. In Nietzsches Zitat, dass Leiden stark macht, steckt eine gehörige Portion Wahrheit. In dunklen Zeiten habe ich aus ihm viel Trost geschöpft. Da die Wahrscheinlichkeit einer Beschädigung jedoch sehr viel größer ist als die der Stärkung und Entwicklung des Leidenden, darf man dem Leiden nicht a priori eine heilsame oder läuternde Wirkung zuschreiben, ja dies zu tun, wäre unmoralisch. Kurz, das Leiden hat keinen Sinn an sich. Seine negativen Auswirkungen kann man aber beträchtlich einschränken, wenn man in der Lage ist, dem – grundsätzlich sinnlosen – Leiden einen Sinn zu geben. Diese ‚Sinngebung des Sinnlosen', um eine Formulierung des deutsch-jüdischen Philosophen Theodor Lessing aufzugreifen, ist wohl die beste Art, nach überstandenem Leiden das psychische Gleichgewicht halbwegs wiederzuerlangen. Die Sinngebung kann sich natürlich nur aus den Erfahrungen speisen, die einer gemacht hat, und nur aus den Erkenntnissen geschöpft werden, die einer gewonnen zu haben glaubt.

Daneben gibt es noch eine andere wichtige, allerdings unbewusstere Art, mit überstandenem Leiden umzugehen, die Verdrängung. Dieser aus der Psychoanalyse stammende Begriff ist viel realer, als manch einer denkt. Wie ich im 5. Kapitel näher ausführen werde, spielt er eine wichtige Rolle in der Einstellung vieler Israelis zu den Palästinensern. Wie stark dieser Abwehrmechanismus sein kann, habe ich am eigenen Leib erfahren. Nun ist es so, dass man in vielen Fällen nicht immer beweisen kann, dass die verdrängte traumatisierende Erfahrung auch tatsächlich stattgefunden hat. Man denke etwa an den Vorwurf sexuellen Missbrauchs, der von den Beschuldigten abgestritten wird. Aber in meinem Fall halte ich den Beweis in Händen.

Wenn man mich in den ersten zwanzig Jahren nach dem Krieg fragte, ob ich nach meiner Flucht in die Niederlande noch Kontakt zu meinen Eltern hatte, antwortete ich entschieden: *Nein, kaum. Der einzige Kontakt war ein monatlicher Rote-Kreuz-Brief von höchstens dreißig Wörtern.* Davon war ich felsenfest überzeugt und ich war dann auch völlig überrascht, als mir mein ältester, in England lebender Bruder Mitte der sechziger Jahre sagte, er habe noch einen ganzen Stapel Briefe und Postkarten, die ich zwischen Januar 1939 und März 1943 an meine Eltern geschrieben hätte. Er hatte sie von einem nichtjüdischen deutschen Freund meiner Eltern erhalten, der sie nicht ganz ohne Risiko aufbewahrt hatte. Ich habe die Briefe nicht gezählt, aber es waren oft mehrere pro Woche. Entgegen meiner Erinnerung hatte ich offenbar bis zu dem Zeitpunkt, da ich mich verstecken musste, sehr intensiven Kontakt zu meinen Eltern gehabt.

Über diese bemerkenswerte Verdrängung habe ich natürlich oft nachgedacht. Ich glaube, die Erklärung liegt darin, dass ich unmittelbar nach dem Krieg keine Gefühlsenergie mehr besaß, die mir erlaubt hätte, über den Verlust meiner Eltern zu trauern. Indem ich unbewusst leugnete, diese Briefe je geschrieben zu haben, konnte ich an der Illusion festhalten, ich hätte meine Eltern bereits verloren, als ich ohne sie in die Niederlande flüchtete. Hierdurch hatte ich bereits mit der Trauer abgeschlossen.

Folgen für das jüdische Volk insgesamt

Alles, was wir bisher über die individuellen Erfahrungen und ihre Verarbeitung seitens der Überlebenden des Holocaust gesagt haben, trifft mutatis mutandis auch auf das jüdische Volk insgesamt zu. Der Umstand, dass ein extrem hoher Prozentsatz (etwa 30 bis 40%) der europäischen Juden in jenen dunklen Jahren ermordet wurde, bedeutet, dass fast alle jüdischen Familien in Europa, Amerika und Israel direkt oder indirekt in Mitleidenschaft gezogen wurden und es in sehr vielen Fällen noch immer sind. Letzteres verdient unsere Aufmerksamkeit.

Es zeigt sich nämlich, dass die zweite und dritte Generation, die Kinder und Enkelkinder jener Menschen, die den Krieg persönlich und bewusst erlebt haben – im Versteck oder im Lager – oft mindestens ebenso schwer beziehungsweise in manchen Fällen sogar schwerer traumatisiert sind als ihre Eltern oder Großeltern*. Hinzu kommt jedoch noch etwas anderes. Die Fähigkeit der Juden, sich der Katastrophen, die über ihr Volk gekommen sind, zu erinnern, ist ein wesentlicher Bestandteil ihrer Tradition. Die Beharrlichkeit, mit der des Holocausts auch heute noch gedacht wird, ist dafür ein gutes Beispiel. Aber schon Nietzsche begriff, wie gefährlich eine solche Tradition sein kann.[35] In der zweiten „Unzeitgemäßen Betrachtung" (*Vom Nutzen und Nachteil der Historie für das Leben*) heißt es:

Es gibt einen Grad von Schlaflosigkeit, von Wiederkäuen, von historischem Sinne, bei dem das Lebendige zu Schaden kommt und zuletzt zugrunde geht, sei es nun ein Mensch oder ein Volk oder eine Kultur.

Das zur jüdischen Tradition gehörende sich Verbeißen in erduldetes Leid trägt meines Erachtens dazu bei, dass die Nachkriegsgenerationen relativ stark in Mitleidenschaft gezogen wurden. Es ist eines der mit Auschwitz verbundenen Paradoxe. Im 6. Kapitel gehe ich darauf ausführlicher ein. Aufgrund meiner eigenen Lagererfahrung wage ich es, folgende Hypothese aufzustellen, um dieses Paradox verständlicher zu machen.

Zunächst können Schrecken, die man nicht selbst erlebt, sondern von denen man nur gehört hat, einen tieferen Eindruck hinterlassen, als wenn man sie selbst erlebt hätte. Dies kann daher rühren, dass vielen, die mittendrin steckten, eine gewisse Zeit gegeben war, um sich an die schrecklichen Umstände zu gewöhnen, wobei ihnen sicher auch die erwähnte Abstumpfung half. Wohl noch wichtiger für das rechte Verständnis der Trau-

* Dieses schon am Anfang des Kapitels erwähnte Syndrom, die so genannte transgenerationelle Traumatisierung, ist in der psychiatrischen Literatur oft beschrieben worden.

matisierung, vor allem der zweiten Generation, ist, dass diese von zutiefst traumatisierten Eltern erzogen wurde. Diese Menschen wurden von frühster Kindheit an, in der prägendsten Lebensphase, fortwährend mit den Traumata ihrer Eltern konfrontiert. Ganz im Gegensatz zu den Betroffenen der ersten Generation, die mehr oder weniger normale Kindheitserinnerungen hatten. Bei den amerikanischen Juden kommt noch hinzu, dass sie sich – historisch gesehen nicht ganz zu Unrecht – schuldig fühlen, weil sie nichts oder fast nichts getan haben, um den europäischen Juden in ihrer Not zu helfen.[36] Selbst Pläne, ihr Leben zu retten, wurden sowohl vom State Department als auch von den zionistischen Organisationen abgelehnt.* Irrational zwar, aber darum nicht weniger bitter ist das durch diese Tatsache ausgelöste Schuldgefühl derer, deren Verwandte in Europa die Schrecken des Krieges erdulden mussten, während sie selbst in Amerika in Sicherheit waren.

Kurz, durch all dies ist das gesamte jüdische Volk in der westlichen Welt einschließlich Israels noch immer traumatisiert. Diese schwere und weitverbreitete Schädigung und die damit zusammenhängende Unsicherheit und Angst, verstärkt durch ein Schuldgefühl, ob zu Recht oder zu Unrecht, bilden die Grundlage für den grassierenden jüdischen Extremismus. Dieser

---

* Aus dem, in der Anm. 36 angeführten, sorgfältig dokumentierten Buch, das sich auch auf zahlreiche jüdische Quellen stützt, geht hervor, dass der ungarische Diktator Horthy am 18. Juli 1944 anbot, alle jüdischen Kinder unter zehn Jahre aus Budapest ausreisen zu lassen, falls sie über ein Einreisevisum für ein anderes Land verfügten. Es handelte sich hier um die Kinder der 230 000 Juden, die sich noch in der Stadt befanden. Die englische Regierung war bereit, sie unter der Bedingung nach Palästina auswandern zu lassen, dass sie nach dem Krieg das Land wieder verlassen. Das State Department lehnte dies ab, man war nicht bereit, diese Kinder nach dem Krieg aufzunehmen, und die Zionisten widersetzten sich dem Vorschlag, weil sie befürchteten, der Anspruch auf Palästina könnte durch eine Zustimmung unter diesen Bedingungen geschwächt werden.

kann sich als religiöser Fundamentalismus äußern oder auch als aggressiver Nationalismus, etwa wenn jüdische Kolonisten den Todestag eines Mannes feiern – und dazu auch die Erlaubnis erhalten –, der kaltblütig neunundzwanzig betende Palästinenser ermordet hat.[37] Gerechtfertigt werden solche Auswüchse oft mit dem stillschweigenden Argument: Bis wir Juden so viele und so furchtbare Verbrechen begangen haben wie die nichtjüdischen Völker an uns – die Deutschen aktiv, die anderen, indem sie wegschauten – können wir uns noch sehr lange sehr viel erlauben.

Lehren aus Auschwitz

Nach meiner Überzeugung sollte die wichtigste Lehre aus Auschwitz, sowohl für den Einzelnen wie für das gesamte jüdische Volk, folgende sein: Wir Juden dürfen nie so werden wie sie, unsere Unterdrücker! Dies bedeutet nicht nur, dass wir keine Konzentrationslager mit oder ohne Gaskammern bauen dürfen. Das wäre ja, wie oben dargelegt, nur die äußerste, extreme Phase eines Prozesses, der mit Xenophobie und Diskriminierung beginnt. Nein, ich bin der Meinung, dass wir als jüdisches Volk, mit unserer Geschichte und unserer an wertvoller Ethik so reichen Überlieferung – einer Ethik, die ihren Niederschlag in den sozialen Gesetzen der gesamten westlichen Welt gefunden hat – nicht einmal in die Nähe des Verhaltens kommen dürfen, das unsere Feinde an den Tag gelegt haben. Wenn wir diese Lehre aus Auschwitz nicht sehr bald beherzigen, laufen wir Gefahr, uns selbst zu verraten und damit unsere Existenz aufs Spiel zu setzen. Der Sinn von zwei Jahrtausenden Verfolgung in der Diaspora, die schließlich im Holocaust gipfelte, kann und darf nicht darin bestehen, dass wir als Volk zu dem Zeitpunkt, da wir wieder einen eigenen Staat haben, uns gegenüber der Minderheit in diesem Land, den Palästinensern, auf eine Weise verhalten, die jener ähnelt, die die christlichen Nationen uns gegenüber gezeigt haben.

Es gibt eine Reihe von Gründen, warum ich diese Ansicht zu vertreten wage. Erstens ist die jüdische Ethik, wie sie in der Thora festgelegt ist, hinsichtlich des Verhaltens gegenüber Fremden völlig eindeutig. An zwei Stellen, bei Levitikus 19, 34 und bei Deuteronomium 10, 19, heißt es prägnant, ein Fremdling dürfe nie diskriminiert werden. Aber fast noch wichtiger ist die Begründung. Beide Male heißt es: *Denn ihr seid auch Fremdlinge gewesen in Ägyptenland.* Mit anderen Worten: Die ethisch-positive Sinngebung des sinnlosen Leidens ist eine urjüdische Interpretation der Geschichte. Es heißt ausdrücklich nicht: *So wie man dich in Ägyptenland behandelt hat, so sollst du auch den Fremdling in deinem eigenen Land behandeln.* Deshalb muss auch die Ansicht „Warum reden Leute heute vom Bösen? Verglichen mit Auschwitz leben wir in einer fast idealen Welt!", als völlig falsch und unjüdisch charakterisiert werden. Wie urjüdisch die ethisch-positive Sinngebung des Leidens ist, illustriert auch der bereits zitierte Ausspruch einer der größten Rabbiner der jüdischen Geschichte, Rabbi Hillel, der im ersten vorchristlichen Jahrhundert lebte: *Was dir nicht lieb ist, das tue auch deinem Nächsten nicht – dieses ist die ganze Thora.*

Ethische Sinngebung

Es gibt noch ein anderes wichtiges Argument dafür, dass nur eine positiv-ethische Sinngebung des Holocaust der Weg ist, den jeder einzelne Jude und das jüdische Volk insgesamt beschreiten sollten. Es hängt mit der Frage zusammen, ob der

Tod all der Millionen umsonst gewesen ist oder ob auch ihrem Leiden und ihrem Tod nachträglich noch ein Sinn zuerkannt werden kann. Um diese Frage zu beantworten, müssen wir uns klarmachen, dass die Nazi-Verbrecher, die das System Auschwitz errichteten und instand hielten, außer der Massenvernichtung noch ein anderes Ziel vor Augen hatten. Sie erschwerten denjenigen, die nicht sofort vergast wurden, das Leben auf so grausame Weise, dass sie durch Aushungern zu Schemen reduziert wurden, Schemen, die miteinander um eine Decke oder ein Stück Brot kämpften. Hiermit wollten sie beweisen, was für Untermenschen die Juden waren. Die Ironie ist natürlich, dass die gesamte zivilisierte Welt heute davon überzeugt ist, dass, wenn man denn überhaupt von einer minderwertigen Menschenspezies sprechen kann, es auf diejenigen zutrifft, die sich dieses System ausgedacht hatten.

Sollten wir Juden uns für die negative Sinngebung entscheiden, für die Einstellung „jetzt sind wir an der Reihe, Vergeltung zu üben für alles, was man uns angetan hat, jetzt haben wir zur Abwechslung einmal das Sagen und dürfen diejenigen diskriminieren, die uns nicht freundlich gesinnt sind", dann begeben wir uns auf das Niveau unserer ehemaligen Unterdrücker. Damit würden wir ihnen im Nachhinein Recht geben. Weitreichende Diskriminierung, kollektive Strafen, die Behandlung der nichtjüdischen Bevölkerung in Israel als minderwertige Menschen, dies alles reicht bereits aus, uns selbst als Juden, die stolz auf ihre Tradition sind, in ethischer Hinsicht zu disqualifizieren. Die Pogrome, die im Frühjahr 2001 gegen die Palästinenser in Hebron stattfanden – ein Terminus, der von dem damaligen Korrespondenten des *NRC Handelsblad* in Israel, Salomon Bouman[38], stammt – sind bereits einige Schritte zu viel auf einem Weg, der schon viel zu lange eingeschlagen wurde. Dies ist die letzte Gelegenheit zur Rückkehr, zur Teschuwa – ebenfalls ein schöner, uralter jüdischer Begriff. Eine Rückkehr zu einem Judentum, das ausführlicher im 6. Kapitel beschrieben wird und das von Leo Baeck, dem letzten großen Reformrabbiner Deutschlands, wie folgt charakterisiert wird[39]:

Die Achtung, die wir dem Nebenmenschen schulden, ist so nicht ein einzelnes Gebot, nicht ein Gebot unter Geboten. Die Anerkennung des Nächsten stellt vielmehr den ganzen Inhalt der Sittlichkeit dar, den ganzen Reichtum dessen, was Gott von uns, um unserer von Gott gegebenen Menschenwürde willen, verlangt. Sie bezeichnet den Inbegriff der Pflicht. [...] Diese ihre Bedeutung hat schon Hillel, und nach ihm Akiba, klar hervorgehoben, sie haben in ihr die ‚Summe der Thora' gefunden, den ‚Grundsatz, in dem alles enthalten ist'.

VIER

Allgemeine Begriffsverwirrung

Was nachlässige Denker und Betrüger uns zu erzählen versuchen

1. Sorgfältige Begriffsbestimmung als Korrektiv gegen trügerischen und manipulativen Wortgebrauch

Missbrauch der Vieldeutigkeit

Es ist entmutigend und enttäuschend, immer wieder feststellen zu müssen, wie weitverbreitet der Missbrauch von Begriffen als Instrument der Irreführung ist. In der Welt, in der wir uns in diesem Buch bewegen, der Welt des Judentums und des Nahost-Konflikts, ist diese Praxis gang und gäbe. So porträtiert der amerikanische Präsident George W. Bush, um nur ein Beispiel zu nennen, seinen Freund Scharon als einen „Mann des Friedens". Wie sehr dieser Politiker ein Mann des Friedens ist, geht aus seinen eigenen Worten in einem Interview in der israelischen Tageszeitung *Ha'aretz* hervor[40]:

Welchen Sinn hat es, sich über unsere Feinde zu beklagen, die nur ihre eigene Haut zu retten versuchen. Schließlich sehen sie, wie wir ihnen ihre Felder nehmen, um sie selbst zu bestellen. Wir sind nun einmal eine Generation von Kolonisten, und von unserem Schwert werden wir uns nähren.

Dem Missbrauch wird dadurch Vorschub geleistet, dass im normalen Sprachgebrauch viele Begriffe und Wörter nicht genau definiert sind. Ein typisches Beispiel ist in der Tat das Wort

‚Frieden'. „Ich möchte in Frieden leben" kann auch heißen: „Ich möchte in Ruhe gelassen werden. Deshalb will ich diejenigen, die meinen Frieden stören, aus dem Land werfen". In diesem Sinn verwendet Ariel Scharon das Wort. Er will ein friedliches Land, in dem nur wenige, am liebsten überhaupt keine Palästinenser leben. Bestenfalls dürfen sie sich dort als Bürger zweiter Klasse aufhalten, solange sie sich nur still verhalten. Für Scharon ist Friede gleichbedeutend mit einer Pax israeliana, einem von Israel diktierten Frieden. Wenn dagegen Uri Avnery, der Führer der israelischen Friedensbewegung Gush Shalom, vom ‚Frieden' spricht, meint er damit ein Friedensabkommen mit den Palästinensern nach Verhandlungen und auf der Grundlage von Gleichwertigkeit und gegenseitigem Respekt.

Fast noch mehr Schindluder wird mit dem Wort ‚Demokratie' getrieben. Israel pocht ständig darauf, die einzige Demokratie inmitten korrupter Diktaturen zu sein. Das letztere ist sicher wahr: Die Staaten, die Israel umgeben, zeichnen sich nicht gerade durch ihre menschenfreundlichen Regierungen aus, aber die Tatsache, dass es für die *jüdischen* Bürger Israels und nur für sie allein – noch – eine leidliche Form der Demokratie gibt, bedeutet noch nicht, dass das Land sich zu Recht mit dem Titel ‚demokratisches Land' schmücken kann. Dem sehr sachverständigen ehemaligen Generalstaatsanwalt Michael Ben-Yair zufolge lässt sich Israel vieles zuschulden kommen, was im völligen Widerspruch zur Idee der Demokratie steht: koloniale Unterdrückung, Apartheid und Verletzung internationaler Verträge und anderes mehr.[41]

Die Propagandafeldzüge, die nicht nur von Israel und seinen Nachbarstaaten, sondern auch von den USA geführt werden, um die Weltöffentlichkeit von der Bösartigkeit ihrer jeweiligen Gegner zu überzeugen, nehmen, gefördert durch die moderne Massenkommunikation, an Intensität nur zu. Und man konstatiert fassunglos, wie schnell die Amerikaner ihre früheren Feinde nun ‚Freunde' nennen und umgekehrt. Da ich in meiner Jugend erlebt habe, wie Propaganda* Menschen dazu verführen kann, sich an den unvorstellbarsten Verbrechen zu beteiligen oder sie geflissentlich zu ignorieren, plädiere ich für die größte Wachsamkeit gegenüber trügerischem und manipulativem Wortgebrauch.[42]

Euphemismen und übertriebene Anschuldigungen

Eine bewährte Methode, Menschen Sand in die Augen zu streuen – notwendig, will man geplante oder bereits ausgeführte Verbrechen vertuschen –, ist der Gebrauch von Euphemismen. So wird seit den letzten Monaten des Jahres 2002 in Israel immer offener dafür plädiert, die Palästinenser aus ganz Palästina zu deportieren oder sie zumindest durch Drohung und den Einsatz massiver Gewalt aus dem Gebiet zu vertreiben. Als Euphemismen verwendet man dabei die Ausdrücke ‚transfer' und ‚voluntary transfer'. Sollten diese Pläne zur Deportation und/oder Vertreibung nicht in vollem Umfang zu verwirklichen sein, dann ist man in bestimmten Kreisen zu einem palästinensischen Mini-Staat bereit. Um jedoch eine vollständige und dauerhafte Herrschaft über die Bevölkerung zu erreichen, soll dieses Gebiet in eine Anzahl leicht voneinander zu isolierender Ghettos aufgeteilt werden, jeweils von einem Ring israelischer Siedlungen umgeben. Da sich mit dem Wort ‚Ghetto' unangenehme Assoziationen verbinden, verwendet man im offiziellen Sprach-

* Man beachte in diesem Zusammenhang auch das Buch von Victor Klemperer (Anm. 42), in dem er diese Manipulation von Menschen durch den raffinierten Gebrauch und Missbrauch der Sprache im Dritten Reich analysiert und anprangert.

gebrauch den Euphemismus ‚Kanton'. So sagte etwa der ehemalige Ministerpräsident Barak, um einen Kommentar zu Scharons Plänen gebeten:

Es ist unrealistisch, wenn Scharon glaubt, eine Situation herbeiführen zu können, wobei eine für Israel unproblematische palästinensische Entität entsteht. Eine Konstruktion von fünfzehn Kantonen, miteinander verbunden durch Brücken und Tunnel. Das ist nicht lebensfähig. Es hat keine Chance.[43]

Worum es mir in diesem Zusammenhang geht, ist nicht die Realisierbarkeit eines solchen Planes, sondern die Verwendung des Wortes ‚Kantone', während in Wirklichkeit Ghettos mit Mauern und verschließbaren Toren gemeint sind.

Das Gegenteil eines Euphemismus, der geplante oder bereits ausgeführte Verbrechen bemänteln soll, ist die übertriebene Bezichtigung. Dem Gegner wird vorgeworfen, Verbrechen zu planen oder begangen zu haben, wobei man sich möglichst emotionsgeladener, in keinem Verhältnis zur Realität stehender Ausdrücke bedient. Ein Beispiel dafür findet man im zweiten Teil dieses Kapitels. Ein weiteres Beispiel, der oft unberechtigte Vorwurf, jemand sei antisemitisch, wenn er sich kritisch zur israelischen Politik äußert, ist so weit verbreitet, dass er ein eigenes Kapitel verdient.

2. Der zweite Weltkrieg als moralischer Bezugspunkt

Leichtfertiger Wortgebrauch

Oben habe ich ausgeführt, wie ein äußerst raffinierter, intelligenter, aber böswilliger Mann wie Scharon das Wort ‚Frieden' missbraucht, um sein Publikum irrezuführen. Aber einem irreführenden Wortgebrauch braucht nicht immer böse Absicht zugrunde zu liegen. So möchte ich gewiss nicht suggerieren, die Journalistin Elsbeth Etty sei, was Bösartigkeit betrifft, mit Scharon oder Bush zu vergleichen. Ihre Formulierungen sind jedoch zumindest unüberlegt und dadurch leicht zu missbrauchen.

Der Wiedergabe einer Rede zufolge sagte sie[44]:

Aber das bedeutet doch nicht, dass man die aus den Erfahrungen im Zweiten Weltkrieg gewonnenen Normen nicht länger als Bezugspunkt in einer Debatte über Toleranz und Diskriminierung verwenden darf.

In der hier gebrauchten Formulierung liegt eine große Gefahr verborgen. Die Geschehnisse des Zweiten Weltkriegs stellen ein Kontinuum dar, von noch erträglicher Diskriminierung bis hin zum industrialisierten Massenmord. Daher können sie als solche nicht als Bezugspunkt dienen. Wo jemand seinen Bezugspunkt in diesem Kontinuum ansiedelt, hängt, wie wir sehen werden, in starkem Maße davon ab, wo jemand lebt oder was er oder seine Familie mitgemacht hat.

Von der Herkunft abhängige Bedeutungszuweisung

So liegt für manche Menschen jüdischer Abstammung der Bezugspunkt aufgrund ihrer Familiengeschichte ganz am Ende der Periode: beim Massenmord in den Gaskammern. Damit verglichen ist fast jedes Unrecht, das Israel den Palästinensern antut, eine Quantité négligeable. Dies mag ein Interview mit Professor Arjeh Eldad illustrieren, zwischen 1979 und 2000 Chief Medical Officer der israelischen Armee und heute Direktor der Plastischen Chirurgie an der Hadassa-Universitätsklinik in Jerusalem.[45] Zur Möglichkeit, die Palästinenser durch hartes Durchgreifen zu vertreiben, sagt er: *Ihre kleinen Tragödien verdienen immer den Vorzug vor einer großen Tragödie, die immer die unsere ist.* Oder, wie der Interviewer Yossi Klein die Ansicht Eldads zusammenfasst: *Wir Juden können die Weltöffentlichkeit ignorieren, weil die Welt über unser Schicksal geschwiegen hat.*

Im selben Artikel sagt der ‚gemäßigte' Rabbiner Adin Steinsaltz, Talmudgelehrter und Dozent der Chemie und Mathematik an der Hebräischen Universität: *Deportation [der Palästinenser] ist vielleicht nicht angenehm, aber nicht so schlimm wie Mord.* Auch hier wird das Endstadium des Zweiten Weltkrieges als Bezugspunkt genommen.

Nun weiß ich sehr wohl, dass Elsbeth Etty mit mir der Meinung ist, dass der Bezugspunkt an den Anfang des Kontinuums gehört, dass es also um Verurteilung und Wachsamkeit gegenüber jeglicher Diskriminierung aufgrund von Herkunft oder Rasse geht. Aber zugleich hält sie es in ihrer Rede für berechtigt, den Holocaust, den Endpunkt im Kontinuum des Bösen, für ihre Kritik an der Politik der populistischen Partei Pim Fortuyns heranzuziehen, um zu zeigen, wohin Diskriminierung führen kann. Und das, obwohl sich die Situation niederländischer Asylbewerber und zugewanderter Bürger völlig von der der Juden in Deutschland in den Dreißiger Jahren unterscheidet. Im Unterschied zu jenen fielen die meisten deutschen Juden nämlich nicht durch Unangepasstheit auf, sondern eher dadurch, dass sie noch deutscher waren als die Deutschen.

Darf man den Holocaust heranziehen?

Indem Elsbeth Etty den Holocaust, eines der schrecklichsten Verbrechen in der Geschichte der Menschheit, zum Vergleich heranzieht, begibt sie sich auf Glatteis. Denn verglichen mit diesem Verbrechen erscheinen alle anderen als kaum der Rede wert. Damit bagatellisiert man das durch Verarmung, Einschränkung der Bewegungsfreiheit und Ausgrenzung vom Schul- und Bildungswesen verursachte, in vielen Fällen traumatisierende Leid, das die Juden unter Hitler erdulden mussten. Und damit tut man all jenen deutschen Juden (etwa 300 000) Unrecht, die zwar rechtzeitig emigrieren konnten und dem Tod in den Gaskammern entkamen, aber trotzdem oftmals schwer zu leiden hatten. Eine große Zahl von ihnen beging Selbstmord*, sei es im

* Genaue Zahlen konnte ich nicht ermitteln. Es bleibt bei Schätzungen und Mutmaßungen. Es lässt sich eine Suizidkurve bei deutschen Juden feststellen, die auf eine enge Beziehung zwischen Diskriminierung und Selbstmord hindeutet. Sie zeigt, daß die Machtergreifung der Nazis, der ‚Anschluss' Österreichs, die Pogrome der ‚Kristallnacht' und die Ankündigung von Deportationen die Zahl der Selbstmorde sprunghaft ansteigen ließ. Die Schlussfolgerung liegt auf der Hand, dass durch diese Ereignisse die Verzweiflung, das Gefühl sozialer Deklassierung, die Entrechtung und die Isolation eine für viele unerträgliche Intensität erreichten.

erzwungenen Exil, sei es noch in Deutschland.[46] Wer all dies verharmlost, der weiß nicht, was Würde ist, weiß nicht, was Heimat bedeutet, weiß nicht, wie bedrohlich Existenzangst sein kann. Die Demütigungen, die ich als Junge erlebte, wenn ich mit deutschen Behörden oder mit der SA, SS oder der Gestapo in Berührung kam – ich spreche hier nur von den vielen Jahren *vor* Auschwitz –, haben sich mir ins Gedächtnis eingebrannt. Daher trifft es mich jedesmal tief, wenn ich sehe, wie palästinensische Bürger bei den Checkpoints erniedrigt und von moralisch entgleisten Unterdrückern, in der Uniform der israelischen Armee, misshandelt werden.

Und nun stelle ich Elsbeth Etty die Gretchenfrage: Wenn sie meint, den Holocaust heranziehen zu dürfen, um ihre Kritik an niederländischen Politikern zu verdeutlichen, die ihrer Meinung nach diskrimierende Maßnahmen gegen Asylbewerber propagieren, warum darf ich dann nicht auch *meine* Erinnerungen an das Leid der Juden unter dem Nazi-Regime, noch bevor von Massenmord die Rede war, heranziehen, um deutlich zu machen, was die Palästinenser nun schon sechsundreißig Jahre lang erdulden? Oder ist es Ettys Meinung nach illegitim, ihren Maßstab auf Verbrechen anzuwenden, die heute von Juden begangen werden? Auch wenn dies der Fall sein sollte, möchte ich dennoch die bereits im zweiten Kapitel erwähnte Tatsache wiederholen, dass Hitler bis zum Januar 1939 keine radikaleren Pläne hegte als die *Deportation* der sich noch in Deutschland befindlichen Juden. Während eines offiziellen Gesprächs sagte er damals, er bedauere es, dass die anderen Länder sie nicht aufnehmen wollten.[47]

Wenn man sich dieser historischen Tatsache bewusst ist, bekommt man doch wohl eine Gänsehaut, wenn man den Appell von über hundert israelischen Wissenschaftlern liest, den sie Ende 2002 an die Weltöffentlichkeit richteten[48]:

Die israelische Regierungskoalition schließt Parteien ein, die einen ‚Transfer' der palästinensischen Bevölkerung befürworten, als Lösung für das, was sie das demographische Problem nennen. […] Ministerpräsident Scharon unterstützt diese „realistische Einschätzung". Das Anschwellen rassistischer Demagogie gegen die palästinensischen Staatsbürger Israels dürfte den Umfang der Verbrechen anzeigen, die möglicherweise erwogen werden.

Ich gebe zu, dass ich mich selbst mit dem Hinweis auf Deportationen auch nicht mehr an den Anfang des Kontinuums halte. Aber auch ohne Deportationsangst haben die Palästinenser seit Jahrzehnten tagtäglich genug zu leiden.

3. Jüdischer Selbsthass

Einleitung

In den Niederlanden leben schätzungsweise vierzigtausend Menschen, die sich aufgrund ihrer Herkunft jüdisch nennen. Ein alter jüdischer Witz lautet, dass, wo zwei Juden sich treffen, es mindestens drei Meinungen gibt – diese Meinungsvielfalt gehört zu den wichtigsten kulturellen Vermächtnissen des Judentums. Dementsprechend müsste es unter den niederländischen Juden etwa sechzigtausend verschiedene Standpunkte geben. Trotzdem lassen sich einige Hauptströmungen nachweisen, zu denen zwei deutlich unterscheidbare gehören, auf die ich mich im Folgenden beschränken möchte. Selbstverständlich bin ich mir darüber im klaren, dass mancher sich irgendwo dazwischen zu Hause fühlt. Gemeint ist die Zweiteilung, die durch das Hervortreten der Gruppe ‚Een Ander Joods Geluid' (Eine andere jüdische Stimme) entstanden ist. Zur Gegenpartei, die hierdurch ebenfalls klare Konturen gewonnen hat, gehören all diejenigen, die sich nach außen hin fast kritiklos hinter die Politik der heutigen israelischen Regierung stellen und jede öffentliche Kritik aus den eigenen Reihen als Verrat betrachten.

Der Vorwurf, den diese Gruppierung den Anhängern von ‚Een Ander Joods Geluid' oft macht, lautet: *„Ihr leidet an jüdischem Selbsthass."* Um die wahre Bedeutung dieser Beschuldigung und ihre Absurdität ermessen zu können, müssen wir einen sehr summarischen Überblick über die jüdische Geschichte der letzten hundertfünfzig Jahre geben.

Antisemitismus

Bis zur zweiten Hälfte des 19. Jahrhunderts lebten fast alle Juden in Mittel- und Westeuropa wie Parias und je nach Land oft in abgeschlossenen Vierteln, den Ghettos. Volle Bürgerrechte wurden ihnen in den meisten Staaten erst im letzten Drittel jenes Jahrhunderts zuerkannt. Aber trotz der gesetzlichen Gleichstellung konnten sie noch keineswegs jeden Beruf ausüben. Der Antisemitismus war noch allgegenwärtig. Er hatte seine Wurzeln im Christentum, das in den Juden in erster Linie die Mörder Jesu sah, die es nicht verdienten, als gleichberechtigte Menschen behandelt zu werden. Die Französische Revolution, deren Ideen Napoleon über Europa verbreitete, gab den ersten Anstoß zu Veränderungen.

Der Übergang von der vorindustriellen, zu einem wichtigen Teil von der Kirche beherrschten Gesellschaft, zur modernen Welt, war ein komplexer historischer Prozess. Im ersten Abschnitt des dritten Kapitels habe ich darüber einiges näher ausgeführt. Um das Phänomen des jüdischen Selbsthasses zu verstehen, muss man sich daran erinnern, dass die Komplexität dieses Übergangs auf zwei Grundtatsachen beruhte: dem erstarkenden Nationalismus einerseits, der eine jüdische Nation innerhalb des eigenen Nationalstaates nicht duldete, und den in Mode kommenden pseudowissenschaftlichen Rassentheorien andererseits. Diese begründeten den Hass nicht mehr religiös, sondern sie dichteten den Juden bestimmte rassenspezifische Eigenschaften an.

Jüdischer Selbsthass als Folge des Ghettos und der Emanzipation

Bei manchen emanzipierten Juden der ersten und zweiten Generation, die noch mit einem Bein im Ghetto standen, aber begierig waren, die neue, für sie scheinbar offene Gesellschaft zu betreten, manifestierte sich nach einiger Zeit das Phänomen des Selbsthasses. Betroffen waren nicht selten gerade die relativ Erfolgreichen unter ihnen, die jedoch schon sehr bald auf die Ablehnung und den Neid vieler ihrer weniger erfolgreichen Kollegen und Konkurrenten stießen. Der rasche gesellschaftliche Aufstieg der Neuankömmlinge war auch Wasser auf die Mühle der ‚wissenschaftlichen' Antisemiten, die in der zusätzlichen Anstrengung der sich emanzipierenden Juden einen Beweis ihrer Strebernatur sahen, ein weiteres negatives Rassenmerkmal neben all den anderen. Ja, ihnen erschienen die Erfolge der Juden als ein Beweis dafür, dass diese die Weltherrschaft anstrebten.

Der Selbsthass derjenigen Juden, die wirklich am ihm litten, war Ausdruck einer inneren Zerrissenheit. Einerseits lockte die neue Welt mit all ihren Möglichkeiten zum Ausbruch aus der alten, andererseits begegnete sie ihnen mit Feindseligkeit, der eine Mischung aus uralten Vorurteilen, Angst und Neid und nicht zuletzt der Botschaft der neuen Antisemiten zugrunde lag, die Juden seien von Natur aus minderwertige Geschöpfe. Wie ich im sechsten Kapitel näher ausführe, wurde damals auch der jüdische Gottesdienst mit seinen für Christen fremden Gebräuchen als orientalisch und primitiv empfunden. Das Ghetto, in dem vielfach Armut herrschte und in dem die Väter und Großväter der gerade erst emanzipierten Juden geistig noch verwurzelt waren, rief bei vielen von ihnen Scham oder sogar Ekel hervor.

Das Leben außerhalb des Ghettos brachte die Juden in engen Kontakt mit der westlichen nichtjüdischen Kultur und somit auch zwangsläufig mit den neuen Rassentheorien, die zwischen höheren und niedrigeren Menschenrassen unterschieden und daraus eine Minderwertigkeit der Juden ableiteten. Manche Juden internalisierten nun diese Diffamierungen. Da nach diesen verworrenen Anschauungen jede Handlung eines zu einer minderwertigen Rasse gehörenden Menschen minderwertig war, fanden die Antisemiten, aber auch ihre jüdischen Adepten, die Selbsthasser, nichts dabei, Juden völlig gegensätzliche Eigenschaften zuzuschreiben. Und alles Minderwertige konnte den Juden angelastet werden. So warf man ihnen einmal Strebertum vor und ein andermal das Gegenteil, Unterwürfigkeit; ungepflegtes Äußeres und sein Gegenteil, Stutzerhaftigkeit; Feigheit oder Aggressivität; Ungebundenheit oder übertriebene Vaterlandsliebe. All diese Vorurteile wurden von den Selbsthassern übernommen. Sie begannen selbst an ihre Schlechtigkeit zu glauben. Nicht ihr *Verhalten* taugte nicht, sondern ihr Wesen an sich. Gegen einen solchen Selbstzweifel ist kein Kraut gewachsen, es müsste denn schon ein sehr radikales Heilmittel sein.

Ein radikales Heilmittel: der Revisionismus[49] *

Einer der Ausgangspunkte des Zionismus im Allgemeinen, aber vor allem seiner rechtsextremistischen Ableger wie die revisio-

* Der Revisionismus war eine von Jabotinsky gegründete faschistische Variante des Zionismus, die in den Jahren nach dem Ersten Weltkrieg sehr en vogue war. Avi Shlaim schreibt darüber (vgl. Anm. 49): Er hat die Prinzipien formuliert, die den Kern der revisionistischen zionistischen Ideologie und ihres Programms bildeten. Zum einen die territoriale Integrität Israels zu beiden Seiten des Jordan innerhalb der ursprünglichen Grenzen des palästinensischen Mandatgebiets. Zum anderen die sofortige Proklamation des jüdischen Anspruchs auf die Souveränität über dieses ganze Gebiet.

nistische Jugendbewegung Betar[50]*, aus der die späteren Ministerpräsidenten Begin und Schamir hervorgingen, war die Erneuerung der jüdischen Rasse. Es musste allerdings mit dieser Rasse eine ganze Menge nicht stimmen, wenn der 1931 ernannte Führer der Bewegung, Vladimir (Ze'ev) Jabotinsky ein Jahr später ein Lied in seine Liedersammlung aufnahm, das unter anderem folgende Zeilen enthält:

Aus Blut und Schweiß tritt eine neue Rasse vor, stolz, freigiebig, grausam [...] Erhebt euch aus dem Schwingrasen des Friedens, opfert Seele und Blut, für noch niemals gesehene Größe [...] zu siegen oder zu sterben.

In Hinsicht auf den traditionellen Hang der Juden, über alles ausführlich und leidenschaftlich zu debattieren, beziehungsweise sich, wie die Antisemiten es nannten, zu streiten wie in der Judenschule, schreibt er:

Was wir Juden vor allem lernen müssen ist, uns unisono zu bewegen – in einem Takt zu marschieren, mit einem Schlag zu schlagen.

Oder im gleichen Sinne:

Die höchsten Stadien der Zivilisation sind jedoch denjenigen vorbehalten, die sich ihrer Individualität einmal bewusst sind und, stolz auf sie, falls es nötig ist, die Kraft besitzen, ihren Willen zu kontrollieren, sich in das Glied der Nation einzureihen und zusammen mit

---

* Martin Gilbert (vgl. Anm. 50) charakterisiert Betar wie folgt: Die 1923 gegründete Jugendorganisation Betar entpuppte sich als der wichtigste Befürworter eines militanten Zionismus und als kompromissloser Gegner der sozialistischen zionistischen Jugendgruppen. Mit seinen rot-braunen Uniformen wurde Betar von der Hauptströmung des Zionismus als 'faschistoid' kritisiert.

Millionen anderer zu agieren als sei es ein einziger Mensch, eine einzige Maschine.[51]

Diese Denkweise kontrastiert sehr deutlich mit dem, was mancher moderne Jude unter den fundamentalen Werten des Judentums versteht. Ich meine die Ethik der Mitmenschlichkeit, die die Thora zum Gebot erhob, die ethische Tradition der Propheten und der liberalen Rabbiner von Hillel bis zu den deutschen Reform-Rabbinern, eine Tradition, die Begriffe wie Mitleid, Mitgefühl, Respekt vor dem Anderen – dem Fremdling eingeschlossen –, das Recht auf eine eigene Meinung und das Streben nach Frieden als die wichtigsten Elemente des Judentums betrachtet. Wie im vierten Abschnitt des sechsten Kapitels ausführlicher erörtert wird, vertraten in den letzten hundert Jahren vor dem Holocaust die meisten Juden in Deutschland und im österreichisch-ungarischen Kaiserreich diese Ansicht. Jabotinskys Äußerungen können daher kaum anders interpretiert werden als eine Überkompensation des in jener Zeit vorherrschenden jüdischen Denkens – als eine radikale und unsympathische Form des Selbsthasses. Es ist bemerkenswert, dass gerade Zionisten wie Jabotinsky den nach völliger Assimilation strebenden Juden ausgesprochen negativ gegenüberstanden. Selbst wenn letzteres ebenfalls ein Ausdruck eines gewissen Selbsthasses sein sollte, so ist er der aggressiven, rassistischen Variante eines Jabotinsky doch bei weitem vorzuziehen. Aber in der heutigen Zeit, da wir es mit einem israelischen Staat zu tun haben, auf den man als Jude nicht immer besonders stolz sein kann und wo die aggressive Variante des Selbsthasses recht weit verbreitet ist, kann es für Juden sehr gewichtige Gründe geben, die nichts mit Selbsthass zu tun haben, alle Bande mit dem Judentum zu lösen.

Wenn man nicht gläubig ist und auch nicht länger nahezu kritiklos die Politik Israels unterstützen will, wie kann man sich dann in dieser Welt noch jüdisch fühlen? dass dies möglich ist, beweisen all diejenigen, die sich ihrer jüdischen Identität in positivem Sinn bewusst sind, sich mit einem gewissen Stolz zu ihr bekennen, es aber vorziehen, sich auf sehr individuelle Weise zu äußern. Viele von ihnen stehen in den Niederlanden hinter den Ideen von ,Een Ander Joods Geluid', einer Bewegung, die unter anderem aus Besorgtheit um das Fortbestehen Israels entstanden ist. Durch die ungleiche Behandlung der palästinensischen Israelis, die Siedlungspolitik, die Nichterfüllung der Osloer Verträge und anderes mehr ist ein bedrohlicher Zustand erreicht, dessen Ende noch nicht in Sicht ist. Die Angst, die aus der heutigen israelischen Politik spricht, ein unabhängiger palästinensischer Staat könne die Existenz Israels, eines der stärksten Militärmächte der Welt, bedrohen, können wir nicht anders als auf einen aus Paranoia hervorgehenden Ghettoreflex zurückführen*.[52] Natürlich hatte der noch ungefestigte Staat direkt nach dem Zweiten Weltkrieg, nach der unvorstellbaren Katastrophe des Holocaust, allen Grund, sich bedroht zu fühlen. Aber heute ist die Politik unverhältnismäßiger Vergeltungsaktionen gegen unschuldige Bürger – auch für zutiefst verabscheuenswürdige

* Die Verwendung des psychiatrischen Begriffs Paranoia erscheint vielleicht übertrieben. Ich verwende ihn aber bewusst und verweise auf den 6. Abschnitt des 6. Kapitels dieses Buches. Auch in Israel wird regelmäßig von jüdischer Paranoia gesprochen, so von Shulamit Aloni: Also vor wem fürchten wir uns? Vor den Palästinensern? Ist das nicht ein schlechter Witz? Aber das dürfen wir nicht sagen, weil unsere jüdische Paranoia sehr ernst zu nehmen ist. Sowohl die PR-Leute der Armee, wie auch die Verfechter eines Groß-Israel wissen sehr gut damit zu manipulieren.

Selbstmordattentate auf gleichfalls unschuldige Bürger – nur kontraproduktiv. Sie leistet den extremistischen Bewegungen wie der Hamas und Hisbollah Vorschub. Dass damit auch die Grundidee von Israel als Zufluchtsort verloren gegangen ist, versteht sich von selbst.

Vorwurf an die falsche Adresse

Die Unterstellung, die Gruppierung ‚Eine andere jüdische Stimme' leide an Selbsthass, ist nach dem oben Ausgeführten schlichtweg absurd und eine Chuzpe. Viele Anhänger dieser Bewegung sind stolz auf ihre jüdische Herkunft, auf die wichtigen Beiträge des Judentums zum ethischen und sozialen Gedankengut der westlichen Welt. Sie sind überzeugt von der Stärke Israels und von der bedeutenden, segensreichen Rolle, die es im Nahen Osten spielen könnte. Die Voraussetzung wäre allerdings, dass sowohl die israelische Bevölkerung als auch der Staat seine paranoide Ghetto-Mentalität aufgibt und gemäßigter auf palästinensische Übergriffe reagiert. Gerade diejenigen, die sich der Stärke Israels bewusst sind, werden des jüdischen Selbsthasses bezichtigt, wenn sie sich kritisch über die heutige Politik äußern. Als gelte die alte Weisheit nicht mehr, dass nur wer stark und selbstbewusst ist den Mut aufbringen kann, seine Schwäche zu zeigen. Die Angst in jüdischen Kreisen, Israel öffentlich zu kritisieren, weil der Goi dies ausnützen könnte, ist ein charakteristisches Beispiel für die Ghetto-Mentalität, die neben dem schwelenden Antisemitismus eine der Quellen des jüdischen Selbsthasses ist.

4. Zionismus, Rassismus, Rassendiskriminierung, Antisemitismus und die israelische Politik

Zionismus und Rassismus

Auf der letzten UN-Weltkonferenz gegen Rassismus in Durban wurde auch wieder die alte Gleichsetzung von Zionismus mit Rassismus laut. Nun kann man zwar kaum behaupten, die heutige israelische Politik trage keine deutlich rassistischen Züge, aber das ist etwas ganz anderes. Zionismus und Rassismus haben Berührungspunkte, sind aber nicht identisch. Wenn, wie auf der Weltkonferenz geschehen, diese Begriffe nicht scharf voneinander getrennt werden, besteht die Gefahr, dass die simplifizierende und leicht zu widerlegende Behauptung „Zionismus ist Rassismus“ jede gut fundierte – und äußerst notwendige – Kritik der israelischen Besetzungspolitik diskreditiert.

Der Zionismus ist die wichtigste Strömung des Judentums seit den alttestamentlichen Zeiten. In der von ihren Gründern vertretenen Urform hat er genauso viel mit Rassismus zu tun, wie eine Einbruchssicherung mit Diebstahl. Er entstand gegen Ende des 19. und Anfang des 20. Jahrhunderts als Reaktion auf die Bedrohung, die von den diskriminierenden Maßnahmen ausging, welche die Juden noch immer über sich ergehen lassen mussten. In den westlichen Ländern Europas wie Frankreich, Deutschland oder Österreich versuchte man, dies mit Verweis auf pseudowissenschaftliche Theorien zu rechtfertigen, die wesentliche Unterschiede zwischen den verschiedenen Menschenrassen herausstellten (siehe das dritte Kapitel).

Während die heutige Molekularbiologie die genetischen Unterschiede zwischen den menschlichen Rassen nur bestätigen kann, entartet diese theoretisch unbezweifelbare Erkenntnis in Rassismus, wenn man die Unterschiede mit Werturteilen verknüpft, also eine bestimmte Rasse gegenüber einer anderen als minderwertig abstempelt, wie dies vor hundert Jahren unter anderem mit der ‚jüdischen Rasse' getan wurde. Aber eine jüdische Rasse gibt es gar nicht. Es existiert vermutlich kein anderes Volk auf der Erde – die Juden als Gruppe sind für den hier angestrebten Zweck wohl am besten als Volk zu bezeichnen –, das aus genetischer Sicht so inhomogen ist wie das jüdische. Jede Konstatierung vermeintlicher Eigenschaften der jüdischen *Rasse* gehört denn auch ins Reich der Fabel.

Diese starke genetische Vermischung hängt mit der Verbreitung der Juden über fast alle Erdteile zusammen. In den christlichen Ländern mit ihrem theologisch begründeten Antijudaismus, gab diese immer wieder Anlass zu antisemitischen Ausschreitungen. Ein zwar spätes, aber schlimmes Beispiel war in der zweiten Hälfte des 19. Jahrhunderts der Prozess gegen den zu Unrecht der Spionage angeklagten jüdischen Offizier Alfred Dreyfus, der in Frankreich zum Symbol und zugleich zum Auslöser antisemitischer Ressentiments wurde und der Theodor Herzl, den Begründer des Zionismus, veranlasste, einen eigenen jüdischen Staat als Zufluchtsort für bedrohte Juden zu propagieren. Nach langen, erbitterten Diskussionen einigte man sich schließlich auf Palästina. Das Streben nach einer sicheren Heimat für das jüdische Volk war demnach eine Reaktion auf Rassendiskriminierung und rassistische Verfolgung.

Dass der ursprüngliche Zionismus nichts von Diskriminierung auf Grund von Religion, Rasse oder Geschlecht wissen wollte, ist ausdrücklich in der Unabhängigkeitserklärung des Staates Israel festgelegt. Dies geht auch aus den Memoiren von Chaim Weizmann hervor, der vom Zweiten Zionistischen Kongress 1898 an in der Bewegung aktiv war und Israels erster Präsident wurde. Er schreibt[53]:

Ein jüdischer Staat mit bestimmten Grenzen, die international gewährleistet wurden, wäre etwas Endgültiges; die Überschreitung dieser Grenzen wäre eine kriegerische Handlung, welche die Juden nicht begehen würden, nicht allein aus moralischen Gründen, sondern auch weil es die ganze Welt gegen sie aufbrächte. Anstatt in Palästina eine Minderheit zu sein, wären wir eine Mehrheit in unserm eigenen Staat und imstande, mit unsern arabischen Nachbarn in Palästina, Ägypten und dem Irak als gleichberechtigte Partner zu verhandeln. Mit unsern unmittelbaren Nachbarn, den Palästinensern, hatten wir viele gemeinsame Interessen – Zoll, Häfen, Eisenbahnen, Entwässerungsanlagen und andere Projekte; diese Interessengemeinschaft könnte, wenn sie richtig gehandhabt würde, die Basis einer friedlichen und fruchtbaren Zusammenarbeit bilden.

Die konkrete israelische Politik hat sich im Lauf der Jahre wenig um solche guten Absichten geschert. Nach mehr als fünfzig Jahren sind die palästinensischen Israelis in der Praxis – und hinsichtlich des Grundbesitzes sogar rechtlich – immer noch keine völlig gleichberechtigten Bürger. So falsch die Behauptung ist, der Zionismus sei rassistisch, so zutreffend ist es, dass Israel seine Bürger palästinensischer Herkunft nicht genauso behandelt wie seine jüdischen. Da diese Ungleichheit in den letzten Jahrzehnten nur noch gewachsen ist, findet die Formel ‚Zionismus gleich Rassismus' umso leichter Gehör.

Die Grundform des Zionismus ist im Wesentlichen das Resultat dreier gleichzeitiger Kräfte, von denen zwei die zweite Hälfte des 19. und den Anfang des 20. Jahrhunderts stark geprägt haben: Nationalismus und Kolonialismus. Die dritte Kraft, die den entscheidenden Anstoß zur Entstehung der zionistischen Bewegung gab, ist natürlich der Antisemitismus. Daneben waren noch andere Kräfte und Strömungen wirksam: ein humanistischer Sozialismus, ein säkularer nationalistischer Faschismus und eine Reihe religiöser Strömungen, wie etwa der ein Groß-Israel propagierende Fundamentalismus.

Neben der Hauptkraft, dem ‚Schöpfer' sozusagen, dem Antisemitismus, waren der Nationalismus und der Kolonialismus die eigentlichen Eltern des Zionismus. Beide haben seit dem Ende des Zweiten Weltkriegs überall an Bedeutung verloren, der Kolonialismus fast vollständig, der Nationalismus zumindest in seiner aggressiven kriegerischen Form. Nur ein Außenseiter wie Le Pen kann es sich noch erlauben, nach dem Motto ‚Frankreich für die Franzosen' die Wiederherstellung des Nationalstaates des 19. Jahrhunderts zu fordern.

Trotz dieser allgemeinen Ächtung hat sich der ‚real existierende'* Zionismus, das heißt die Politik des Staates Israel, noch keineswegs von seinen ‚Eltern' gelöst. Vor allem seit dem Sechstagekrieg von 1967 ist eher das Gegenteil der Fall. In den bereits zitierten Worten des ehemaligen Generalstaatsanwalts Michael Ben-Yair (siehe Anm. 41) haben sich die israelischen Regierun-

* Es gibt durchaus Parallelen zwischen den kommunistischen und zionistischen Ideologien. Beide glauben an ein Utopia und beide haben ihre Lehre so formuliert, dass sie jeder Kritik unzugänglich ist. Wer den Kommunismus kritisiert, ist bürgerlich, wer den Zionismus kritisiert ein Antisemit. Ist letzterer zufällig Jude, dann leidet er an Selbsthass.

gen seitdem für eine koloniale Herrschaft über die Palästinenser entschieden und in den besetzten Gebieten ein Apartheid-Regime errichtet. Der heutige Zustand ist im Vergleich zu den ersten neunzehn Jahren nach der Unabhängigkeit ein großer Rückschritt. Natürlich haben auch die arabischen Staaten einen großen Anteil an der verschlechterten Lage, angefangen mit der Ablehnung der Teilung Palästinas am 29. November 1947. Aber Israel hätte 1967 auch eine andere und nach allgemeiner Einschätzung bessere und weisere Entscheidung treffen können.

Aber schon der Grundgedanke des Zionismus war anachronistisch. Die Idee eines jüdischen Staates in einem jüdischen Land, einem Nationalstaat* nach dem Ideal des 19. Jahrhunderts, kann sich ein Land, das prätendiert zur westlichen Welt zu gehören, im 21. Jahrhundert nicht mehr erlauben, zumal, wenn zum Erreichen dieses Ziels eine ethnische Säuberung notwendig ist. Die Beispiele auf dem Balkan sind abschreckend genug. Die Täter müssen sich vor dem Internationalen Gerichtshof in Den Haag verantworten. Trotz einiger Versuche marginaler Volksgruppen wird also in absehbarer Zukunft die multi-ethnische, multikulturelle, tolerante Gesellschaft das Standardmodell sein.

Die einzigen Staaten, die heute noch mit einigem Recht als Nationalstaaten gelten können, sind Japan und Finnland. Ihre Geschichte unterscheidet sich jedoch völlig von der Palästina-Israels, das von Anfang an ein koloniales Gebilde war. Als 1917 mit der berühmten Balfour-Deklaration auch den Juden im damaligen Palästina die Errichtung einer nationalen Heimstätte zugestanden wurde, betrug der Anteil der jüdischen Siedler noch keine zehn Prozent der Bevölkerung. Trotz der Flucht und

---

* Idealtypisch hat ein Nationalstaat alle Angehörigen eines Volkes und nur diese als Bürger.

Vertreibung der etwa 700.000 Palästinenser[54] und trotz des gewaltigen Zustroms jüdischer Immigranten sind sogar heute noch etwa zwanzig Prozent der Israelis palästinensischer Herkunft. Ein Nationalstaat alter Prägung wäre also nur nach einer neuerlichen Massenvertreibung der Palästinenser erreichbar.

Demokratischer jüdischer Staat

Die Pioniere des Zionismus waren leidenschaftlich engagierte Menschen. Theodor Herzl, sein geistiger Urvater, stammte aus einer voll und ganz assimilierten Familie und interessierte sich weder für die hebräische Sprache noch für die jüdische Geschichte. Etwas überspitzt könnte man sagen, das Einzige, was er wirklich wusste, war, dass die Juden in der Diaspora immer wieder unter Verfolgungen zu leiden hatten, auch in der modernen Zeit, trotz der Tatsache, dass die Französische Revolution Gleichheit und Brüderlichkeit für alle verkündet hatte. Bemerkenswert ist, dass er in dem einzigen großen europäischen Land geboren wurde und lebte, das damals eine multi-ethnische und multikulturelle Nation war. Die Österreich-Ungarische Monarchie war ein Vielvölkerstaat, mit Deutsch sprechenden Österreichern, Ungarisch sprechenden Magyaren, Serbokroatisch sprechenden Serben und Kroaten, Slowenisch sprechenden Slowenen und Tschechisch sprechenden Tschechen, um nur einige zu nennen. Viele der entwickelteren Juden hatten in Wien studiert und schienen viel integrierter zu sein, als dies tatsächlich der Fall war. Wie stark die unterschwelligen Nationalitätenprobleme in Wirklichkeit waren, zeigte sich erst am 28. Juni 1914, als ein serbischer Nationalist den österreichischen Thronfolger ermordete, was den Ersten Weltkrieg auslöste.

Von all dem ahnte Herzl nichts. In seinem Roman *Altneu-*

land, der 1902, sechs Jahre nach seinem Hauptwerk *Der Judenstaat*, erschien, wird eine idyllische Gesellschaft beschrieben, in der jüdische Einwanderer in Frieden mit den ursprünglichen Bewohnern Palästinas zusammenleben. Einer von ihnen, Reschid Bey, wird wie folgt eingeführt[55]:

Er hat in Berlin studiert. Sein Vater war einer derjenigen, die den Vorteil der Judeneinwanderung sofort begriffen. Er machte unseren ökonomischen Aufstieg mit und wurde reich.

Und derselbe Reschid sagt zu einem Christen, der sich darüber wundert, dass die Muslime die Juden nicht als Eindringlinge betrachten[56]:

Würden Sie den als einen Räuber betrachten, der Ihnen nichts nimmt, sondern etwas bringt? Die Juden haben uns bereichert, warum sollten wir ihnen zürnen? Sie leben mit uns wie Brüder, warum sollten wir sie nicht lieben?

Dass die Geschichte in Wirklichkeit nicht so idyllisch verlief, ist selbstverständlich nicht die Schuld nur einer Partei. Der Widerstand der Palästinenser wurde von Anfang an völlig unterschätzt, sowohl von den Engländern, den Amerikanern als auch von den Juden selbst, die damit eine weit verbreitete koloniale Geringschätzung der eingeborenen Bevölkerung nichteuropäischer Länder zum Ausdruck brachten. Oder, um einen anderen berühmten Zionisten der ersten Stunde zu zitieren[57]:

Als wir nach Palästina zurückgingen, lautete die entscheidende Frage: Wollen wir hier herkommen als Freunde, Brüder und Teil der Völkergemeinschaft des Nahen Ostens oder als Vertreter des Kolonialismus und Imperialismus?

Trotz solcher romantischen Ideale und trotz der wunderschönen Worte in der Unabhängigkeitserklärung des neuen Staates, entstand ab 1948 ein weniger demokratisches Gebilde, als vermutlich nötig gewesen wäre. Denn der unverhältnismäßig große Einfluss orthodox-jüdischer Parteien verhinderte eine völlige Trennung von Kirche und Staat, d.h. von Religion und Staat. So kann auch heute eine Ehe nur von einem Geistlichen geschlossen werden, eine nur bürgerliche Eheschließung gibt es in Israel nicht.

Der Wunsch der meisten jüdischen Israelis nach einem eigenen Staat, heute und in Zukunft, impliziert eine deutliche jüdische Mehrheit der Bevölkerung. Es gibt eine ganze Reihe von Maßnahmen und Verordnungen, die unter der Hand die nichtjüdische Bevölkerung benachteiligen. So steht zwar allen Juden überall auf der Welt der Weg nach Israel jederzeit offen, aber ein im heutigen Israel geborener Palästinenser hat dieses Recht auf Rückkehr nicht. Auch eine mit einem palästinensischen Israeli verheiratete nichtjüdische Ausländerin muss viele Hürden nehmen, bevor sie die israelische Staatsbürgerschaft erhält. Da es das erklärte Ziel Israels ist, den jüdischen Anteil an der Gesamtbevölkerung immer viel höher zu halten als den anderer ethnischer Gruppen, stellt sich das ‚demographische Problem', dass aufgrund der viel höheren Geburtenzahl bei der arabischen Bevölkerung die jüdische Mehrheit innerhalb einiger Jahrzehnte verschwunden sein wird. Dies ist für jüdische Nationalisten inakzeptabel. Es ist beschämend, konstatieren zu müssen, dass zu dem Zeitpunkt, da ich dies schreibe (Oktober 2003), rechte Politiker und radikale Rabbiner öffentlich über die massenhafte Vertreibung oder Deportation von Palästinensern sprechen. Die Diskussion wurde mit solcher Schärfe geführt, dass sich fast 150 jüdische Wissenschaftler in einem Appell an die internationale Gemeinschaft wandten und davor warnten, die israelische

Regierung könnte den bevorstehenden Krieg gegen den Irak dazu nutzen, weitere Verbrechen gegen das palästinensische Volk zu begehen, bis hin zu einer umfassenden ethnischen Vertreibung*.[58] Diese Befürchtung hat sich zwar nicht bewahrheitet, aber schon die Erwägung solcher Pläne ist Rassismus in Reinkultur. Wie sehr dieser bestimmte Gruppen in Israel infiziert hat, ist täglich in israelischen Zeitungen zu lesen und im Rundfunk zu hören**.[59]

Arabischer Antisemitismus

Im dritten Abschnitt dieses Kapitels wurde bereits erwähnt, dass die Rassentheorien des 18. und 19. Jahrhunderts mit ihrer Unterscheidung zwischen den so genannten nordisch-arischen und den semitischen Rassen die pseudowissenschaftliche Grundlage für den modernen Antisemitismus legten. Von Natur seien die Semiten, so hieß es, faul oder übereifrig, feige oder frech, aber vor allem parasitär und verdorben. Angehörige der nordisch-arischen Rasse besäßen dahingegen je nach den

---

* Dieser von 149 Wissenschaftlern unterschriebene Appell trägt die Überschrift: Dringende Warnung: Die israelische Regierung könnte Verbrechen gegen die Menschlichkeit erwägen.

** Wie weit dies gehen kann, belegt ein Artikel des bekannten und ehemals progressiven israelischen Historikers Benny Morris in The Guardian vom 3. Oktober 2002. Er führt aus, dass man schon seit Herzl über die Vertreibung der Palästinenser nachgedacht habe und dass Ben Gurion 1937 sehr erfreut über eine entsprechende Empfehlung der Peel-Kommission gewesen sei, es 1948 allerdings versäumt habe, die völlige Vertreibung der Palästinenser durchzusetzen. Der Mittlere Osten wäre heute ein gesünderer und weniger gewalttätiger Ort. Die Ungeheuerlichkeit dieser Bemerkung erschließt sich erst, wenn wir uns vorstellen, ein palästinensischer Historiker würde schreiben, seinem Volk wäre heute ein ‚ruhigeres' Leben beschert, hätte Hitler die Endlösung verwirklichen können.

Umständen verschiedene, aber jedenfalls genau entgegengesetzte Eigenschaften.

Hierauf reagierten die Juden in keiner Weise aggressiv, geschweige denn dass sie sich dem Staat gegenüber aufrührerisch verhalten hätten, auch nicht gegenüber Deutschland in den dreißiger Jahren, wo sie seit mehr als tausend Jahren loyale Bürger waren. Trotzdem unterstellten ihnen die Antisemiten den Griff nach der Weltherrschaft, die sie auf geheimnisvolle Weise und mit Hilfe märchenhafter Reichtümer zu erreichen strebten.

Dieser klassische Antisemitismus ist derart europäischen Urprungs, dass es nicht sinnvoll ist, ihn ohne weiteres auf die arabische Aversion gegen Juden zu übertragen. Besser kann man davon sprechen, dass sich die Araber für ihre Propaganda mit Begeisterung alter europäischer antisemitischer Klischees bedienen. Daher kann man durchaus sagen, dass eine gewisse Verwandtschaft zwischen der Sprache und den Bildern der arabischen Propaganda und denen des klassischen Antisemitismus besteht. Hierzu sind allerdings einige Bemerkungen angebracht.

Zum einen sollte der Begriff Antisemitismus, der aus einer Zeit stammt, da die Juden über keinerlei politische Macht verfügten, unter den heutigen Umständen mit Vorsicht verwendet werden. Hierauf gehe ich im folgenden Kapitel ausführlich ein. An dieser Stelle genüge der Hinweis, dass Israel militärisch so stark ist, dass es seit seiner Unabhängigkeit immer wieder und mit Erfolg Kriege gegen die arabischen Nachbarstaaten geführt hat und nun schon seit sechsunddreißig Jahren in einen Krieg mit den Palästinensern verwickelt ist. Hierbei identifizieren sich große Teile des jüdischen Volkes, sowohl in Israel wie in der Diaspora, mit Israel und ein großer Teil der arabischen Gemeinschaft identifiziert sich mit den Palästinensern. Auch aufgrund dieser Kriegssituation kann man den alten Begriff Antisemitismus nicht ohne weiteres auf Palästinenser und Araber anwenden.

Die Verteufelung eines Gegners, mit dem man sich im Krieg befindet, ist zwar ethisch verwerflich, aber so gebräuchlich wie die militärische Auseinandersetzung selbst, wie etwa die Geschichte des Ersten Weltkriegs lehrt*.[60] Dass die Araber für ihre Anti-Israel-Propaganda auf hundert Jahre alte Stereotypen zurückgreifen, ist so verabscheuenswert wie kontraproduktiv. Es vertieft die latente Angst vieler Juden, die dunkelsten Jahre ihrer Geschichte könnten sich wiederholen, und untermauert die Überzeugung, die Araber hätten es auf ihre Vernichtung abgesehen. Der Friede hat dadurch keine Chance. Man muss jedoch hinzufügen, dass der Friede überhaupt keine Chancen hat, solange die israelische Besetzung palästinensischer Gebiete andauert.

Was in diesem Zusammenhang auffällt, ist die Asymmetrie. Einerseits beschweren sich die Israelis lautstark über die arabischen Hasstiraden, andererseits denken sie nicht daran, die repressive Besatzungspolitik zu beenden oder selbst auf abfällige Äußerungen zu verzichten, deren sich auch so genannte gemäßigte Politiker schuldig machen. Man kann niemanden tiefer treffen als durch die Leugnung seiner Existenz. Golda Meir, die israelische Ministerpräsidentin der Arbeiterpartei, tat dies 1967

* Welch schreibt: Wie alle Kriegsparteien [...] wurde auch Deutschland von einer patriotischen Welle der Hysterie erfasst, die sich in einem tiefen Hass gegen den Feind äußerte. Ein Beispiel buchstäblicher Verteufelung ist eine Karikatur, die den damaligen britischen Außenminister Sir Edward Grey, mit Hörnern versehen, neben dem Teufel darstellt. Der Text lautet: Engl. Minister Grey (Kriegsverbrecher und Massenmörder), und der Teufel sagt zu ihm: Junge, Junge! Von Dir kann ich noch was lernen!! Sanders und Taylor schreiben im Zusammenhang mit der Hinrichtung der englischen Krankenschwester Edith Cavell in Belgien: Durch die strikte Befolgung des Kriegsrechts entsprachen die Deutschen dem von den alliierten Propagandisten geprägten Stereotyp von teutonischer Brutalität und gnadenloser Unmenschlichkeit, das in dem Schlagwort vom ‚preußischen Militarismus' eingefangen war.

mit ihrem berüchtigten Ausspruch, so etwas wie ein palästinensisches Volk gebe es nicht.[61]* Auch Politiker wie der Ex-Ministerpräsident Barak bedienen sich einer aggressiven Rhetorik, ganz zu schweigen vom Generalstabschef Moshe Ya'alon, der die Palästinenser als ein „Krebsgeschwür" bezeichnete und die Militäraktionen in den besetzten Gebieten mit „Chemotherapie" verglich (siehe auch das 6. Kapitel). Die Asymmetrie wird noch dadurch verstärkt, dass auf israelischer Seite solche Aussprüche von Leuten stammen, die Regierungsverantwortung tragen.

Wie weitverbreitet die Geringschätzung der Araber in Israel ist, belegt ein Artikel von Yoav Peled von der Universität von Tel Aviv in *The Guardian,*[62] in dem er schreibt:

[...] in Israel war die öffentliche Verunglimpfung der arabischen Kultur geschichtlich akzeptabel, da, wie in allen kolonialen Bewegungen, der Zionismus die einheimische Bevölkerung seines Siedlungslandes entmenschlichen musste, um ihre Verdrängung zu legitimieren. Daher waren, wie es viele Studien gezeigt haben, Beschreibungen der Araber als verschwörerisch, unehrlich, faul, tückisch und mörderisch Allgemeingut in israelischen Schulbüchern, genauso wie in vielen Werken der israelischen Literatur überhaupt.

Wie bereits im zweiten Kapitel erwähnt, wird diese Verteufelung der Araber in israelischen Schulbüchern in einem jüngeren Artikel der ehemaligen Erziehungsministerin Shulamit Aloni bestätigt. Ihr zufolge[63] hat bereits der Rabbiner Israel Hess in der

---

* Interessant ist, daß sich Golda Meir hier in die Tradition früherer Zionistenführer einreiht. So zitiert Simcha Flapan (cf. Anm. 140) einen Ausspruch Chaim Weizmanns aus dem Jahr 1917: Der heutige Zustand würde zu der Schaffung eines arabischen Palästina tendieren, wenn es denn so etwas wie ein arabisches Volk in Palästina gäbe.

Zeitung der Bar-Ilan-Universität geschrieben, seine Forschung hätte ergeben, die Palästinenser seien die alten Amalekiter* und müssten daher ausgerottet werden. Und in einer israelisch-russischen Zeitung wurde dafür plädiert – ohne dass dies zu einer einzigen öffentlichen Reaktion führte! –, im Kampf gegen den Terrorismus die israelischen Araber zu kastrieren.[64]

Verglichen damit erscheint der Ausspruch des Ministers und Ex-Generals Effi Eitam, der sich für den Bau eines dritten Tempels auf dem Tempelberg in Jerusalem stark macht, geradezu mild. Auf die Frage, ob er es unerträglich finde, dass der Tempelberg nicht in jüdischen Händen sei, antwortete er: *Ja, absolut. Aber das wird gelöst werden.*[65] Dazu brauchen schließlich nur die beiden dort stehenden Moscheen abgerissen zu werden. Kann es überraschen, dass mancher Palästinenser oder Araber seiner Wut, Unsicherheit und seinem Hass in antisemitischen Tiraden Luft macht? Zudem sind alle zitierten Äußerungen von Israelis mindestens ebenso antisemitisch wie die in arabischen Schulbüchern, worüber so viel Aufhebens gemacht wird. Die Araber sind schließlich auch Semiten. Das zeigt einmal mehr, wie vorsichtig man in der Begriffswahl sein muss.

---

* Siehe S. 72f.

5. Kritik an Israel

Paranoide Angst

Joris Luyendijk, bis vor kurzem Nahost-Korrespondent des *NRC Handelsblad*, hat sich zurecht mit seinen klaren und eindringlichen Analysen der schwierigen Lage der Region einen Namen gemacht. Er weiß wie kaum jemand, wovon er redet, und versteht auf den ersten Blick unbegreifliche Dinge verständlich zu machen. Auch sein Artikel ‚Nooit veilig, altijd bang' (Nie sicher, immer in Angst) enthält eine Reihe scharfsinniger und sachkundiger Beobachtungen.[66] So beschreibt er, wie die so „sensible Trias Holocaust, Israel und Besetzung" auf vielen Gebieten Israels politisches Verhalten erklärt. Vor allem die Angst vor dem nächsten Holocaust prägt sowohl die Friedensaktivisten wie das Lager der Rechten. Beide Parteien seien der Ansicht: *Dies darf nie wieder geschehen*. Aber, so fährt Luyendijk fort: *Wenn die Friedensbewegung dies sagt, meint sie: ‚mit Menschen'. Wenn die Rechten dies sagen, meinen sie: ‚mit uns'*. Luyendijk hat die fast paranoide Angst vieler Juden innerhalb und außerhalb von Israel, die das Verhalten praktisch des ganzen politischen Spektrums entscheidend beeinflusst, sehr genau erfasst.

Aber das, was Luyendijk meiner Ansicht nach in seiner Analyse übersieht, weckt den Eindruck, als identifiziere er sich zu sehr mit seinen israelischen Freunden. Es hat den Anschein, als würde er selbst fast an die allgegenwärtigen feindlichen Gojim glauben, deren einziges Ziel die erneute Vernichtung der Juden ist. Warum sonst meint er, dieses etwas ordinäre Schimpfwort für alle, die nichtjüdisch sind, gebrauchen zu müssen? Glaubt er an den in Israel gehätschelten und bewusst geschürten Mythos eines immer mehr um sich greifenden Antisemitismus? Man könnte es fast meinen, wenn man sich mit der Frage beschäftigt, die er sich selbst und dem Leser stellt, aber nirgends beantwortet.

Warum steht Israel im Brennpunkt?

Luyendijk schreibt:

Aber wieder stellt sich die Frage: Warum wird nur Israel so heftig und andauernd kritisiert? Wenn die Menschenrechte überall im Mittleren Osten mit Füßen getreten werden, warum sind dann drei Viertel aller Kritik Israel vorbehalten, das verglichen mit dem Rest gar nicht einmal so schlecht abschneidet? Ist es merkwürdig, dass Israelis in dieser Selektivität eine Form des bewussten oder unbewussten Antisemitismus sehen? Warum ist es um so vieles schlimmer, wenn ein Muslim von einem Juden unterdrückt wird als von einem Glaubensgenossen?

Hierzu lässt sich dreierlei sagen. Erstens missbraucht die israelische Regierung selbst und zwar auf vollkommen unverantwortliche, ja fast schon fahrlässige Weise das Wort ‚Antisemitismus'. So sagte Ende April 2002 Schimon Peres, damals Außenminister in Scharons Kabinett, als von europäischer Seite das Vorgehen der israelischen Armee im Flüchtlingslager Jenin im Westjordanland kritisiert wurde: *Während früher in Europa der Antisemitismus gegen den individuellen Juden gerichtet war, ist er heute leider gegen den jüdischen Staat gerichtet.*[67] So wird jede kritische Äußerung über Israels Regierungspolitik im Voraus suspekt, so als wäre Israel über jede Kritik erhaben. Dass Peres' Bemerkung nicht nur ein Ausrutscher war, belegt ein Ausspruch von Shlomo Gur, dem israelischen Sekretär des EU-Israel-Forums, auf einem Symposium im November 2002: *Es hängt eine schwarze Wolke des Antisemitismus über den Beziehungen zwischen der EU und Israel, die einem offenen Dialog im Weg steht.*[68]

Zweitens ist der Antisemitismus schon fast zweitausend Jahre in Europa endemisch. Er hat zu einem in der Menschheitsgeschichte beispiellosen systematischen und fabrikmäßig organisierten Massenmord geführt. Die starke negative Konnotation, die mit diesem Begriff verbunden ist, mahnt zur Vorsicht, wenn man jemandem antisemitische Motive unterstellt. Der Antisemitismus war immer mit Diskriminierung, Verfolgung, Hass und schließlich der Vernichtung einer Minderheit verknüpft, die – und das ist trotz aller geschichtlichen Veränderungen durch die Jahrhunderte ein konstanter Faktor gewesen – keinerlei politische Macht besaß. Dass die Juden jetzt zum ersten Mal seit der Antike – zumal nach dem Sechstagekrieg – zu einer nicht zu unterschätzenden politischen und militärischen Macht geworden sind und diese Macht auch anwenden – und manchmal missbrauchen –, erfordert einen neuen Umgang mit diesem uralten Phänomen.

Wie mächtig Israel geworden ist und wie radikal sich dadurch die Stellung der Juden geändert hat, geht aus folgenden Beispielen hervor. Im Juni 2002 hielt der amerikanische Präsident George W. Bush eine Rede über die Lage im Nahen Osten, die der damalige israelische Kommunikationsminister und Likud-Abgeordnete Rivlin mit den Worten kommentierte[69]: *Es hörte sich an, als hätte ihm einer von uns die Rede geschrieben.* In schönstem Einklang hiermit brüstete sich Scharon Ende 2002 in einem Interview damit, dass die jetzigen Nahost-Pläne der amerikanischen Regierung zu einem großen Teil seinem Einfluss zu verdanken seien. Die Mentalität, die in Peres' und Gurs Äußerungen zutage tritt, und Israels militärische Macht haben dazu geführt, dass eine wichtige Nation sich jeglicher Kritik verschließen zu können meint. Dies kann man nur dadurch verhindern, dass man die Kritik an der Politik Israels völlig von dem Wort ‚Antisemitismus' loslöst. Es muss möglich sein, nachweisbare Menschenrechtsverletzungen auch als solche zu kennzeichnen.

Identifikation mit jüdischen Mitbürgern

Drittens: Ist Luyendijk je der Gedanke gekommen, die Fixierung auf alles, was Israel falsch macht, könnte zu einem großen Teil von der weitgehenden Identifizierung vieler Nichtjuden mit ihren jüdischen Mitbürgern herrühren? In fast allen europäischen Ländern sind die Juden die älteste als ‚Fremde' betrachtete Gruppe, die sich seit der zweiten Hälfte des 19. Jahrhunderts weitgehend in die Gesellschaft integriert und einen überproportional großen Beitrag zur Literatur, Kultur und Wissenschaft geleistet haben. Mit anderen Worten: Für sehr viele zivilisierte Europäer sind die Juden in ihrem Land *ihre* Juden, ja, fast identisch mit ihnen selbst.

Da nun einerseits ein wichtiger Teil der jüdischen Bevölkerungsgruppen Europas nach außen hin noch immer unkritisch hinter der Politik Israels steht, liegt es nahe, dass man ihnen Mitverantwortung anlastet. Durch die weitgehende Identifizierung mit ihren jüdischen Mitbürgern anderseits, empfinden viele Europäer die von Israel begangenen Menschenrechtsverletzungen beinahe so, als hätten sie sie selbst verübt. So wie Niederländer gegen die so genannten ‚politionele acties'* protestierten und Amerikaner gegen den Vietnam-Krieg, so gibt es bei nichtjüdischen Europäern durch die Identifikation mit ‚ihren Juden' eine starke kritische Anteilnahme am Krieg gegen die Palästinenser.

Natürlich wird es unter denen, die sich kritisch zur israelischen Politik äußern, auch einige geben, die dies ganz oder teilweise deshalb tun, weil sie noch immer mit einem Schuldgefühl gegenüber den Juden belastet sind. Durch Projizierung kann sich dieses Gefühl zwar manchmal auch einem altmodischen Antisemitismus annähern, aber die Mehrheit derjenigen, die im Westen die Politik Israels kritisieren, tun dies meiner Ansicht nach aus den erwähnten positiven Motiven heraus. Die unverbesserlichen Antisemiten, die es in geringer Zahl natürlich auch gibt, werden, wenn sie noch einen Funken Anstand besitzen, in der Öffentlichkeit ihren Mund halten. Denn das Antisemitismus-Tabu ist immer noch sehr stark. Die unverhohlenen Antisemiten, die sich durch Angriffe auf Käppchen tragende Bürger, durch Schändungen von Friedhöfen und Synagogen hervortun, gehören durchweg zu sozialen Randgruppen. Auf sie trifft der weise Ausspruch von Abel Herzberg** kurz nach seiner Rückkehr aus Bergen-Belsen zu, diese Art des Antisemitismus sei ein Problem für den Antisemiten und nicht für die Juden (siehe auch das 5. Kapitel).

---

* ‚Polizeieinsätze' werden die kolonialen Militäraktionen in der Zeit zwischen 1947 und 1949 in Indonesien, dem ehemaligen Niederländisch-Indien, in den Niederlanden schönfärberisch genannt.

** Von dem angesehenen niederländisch-jüdischen Schriftsteller und Rechtsanwalt Abel Herzberg (1893-1989) erschien u.a. auf Deutsch *Zweistromland: Tagebuch aus Bergen-Belsen.*

Keine andere saudi-arabische Stimme

Joris Luyendijk schreibt:

Israel verletzt regelmäßig die Menschenrechte, aber die Feinde Israels haben nicht einmal Rechte. Jemals von einer irakischen Menschenrechtsorganisation gehört? Von einem syrischen obersten Gerichtshof, der sich den Plänen der politischen Elite widersetzt? Von einer unabhängigen palästinensischen Zeitung? Von einer ‚Anderen saudi-arabischen Stimme'?

Hierzu ist Folgendes zu sagen: Einige der wichtigsten Werte unserer westlichen Kultur – unsere mitmenschliche Ethik einschließlich des Sozialstaats – sind jüdische Werte, die durch das Christentum im Zuge der Aufklärung in unserer Gesellschaft internalisiert wurden. In den meisten europäischen Ländern und in den Vereinigten Staaten – in den Niederlanden mit einiger Verspätung, in geringerem Maße und auf anderen Wegen – fand auch im Judentum ab der zweiten Hälfte des 18. Jahrhunderts ein von dem Philosophen Moses Mendelssohn initiierter tiefgreifender Aufklärungsprozess statt. Er führte zur weitgehenden kulturellen Integration der Juden in Europa, die nun auch auf Gebieten außerhalb der sozialen Ethik einen wesentlichen kulturellen Beitrag leisteten. Hierdurch wird und wurde die Identifizierung nichtjüdischer Europäer mit ihren jüdischen Mitbürgern erst möglich. Eine vergleichbare Situation in Bezug auf Saudi-Arabien gibt es bekanntermaßen nicht.

FÜNF

Die Antisemitismuskeule

Was ein Spuk erzählt

1. Antisemitismus vor 1967

Einleitung

Viele meiner jüdischen Brüder und Schwestern werden empört darüber sein, dass ich den Antisemitismus als Spuk bezeichne, obwohl er doch in letzter Instanz zum Holocaust geführt hat – wahrlich kein Spuk, sondern ein grauenvolles Faktum. Der Antisemitismus, in dessen Namen im Zweiten Weltkrieg bis heute unfassbare Verbrechen begangen wurden, erscheint nach der Gründung des Staates Israel in einem anderen Licht. Unter anderem durch den israelischen Sieg über die arabischen Länder 1967 und die anschließende, noch immer anhaltende Besetzung palästinensischer Gebiete hat sich Israel zu einem wichtigen Machtfaktor im Nahen Osten entwickelt. Hatte der neue Staat zuvor in weiten Teilen der Welt Bewunderung abgenötigt, trat nach 1967 ein Umschwung ein. Bei der Gliederung dieses Kapitels habe ich dieses historische Datum zum Ausgangspunkt genommen. Seitdem hat sich ein grundlegender Wandel hinsichtlich des tatsächlichen oder vermeintlichen Antisemitismus vollzogen.

Definition des Spuks

Das Ausmaß des noch nicht einmal sechzig Jahre zurückliegenden Genozids ruft bei vielen Juden immer wieder Angstgefühle hervor, Angstgefühle, die leicht dazu missbraucht werden können, tatsächliche oder vermeintlich antisemitische Vorfälle zu einem Spuk aufzubauschen. Tatsächliche sind bisher marginal geblieben und haben sich nicht als virulent erwiesen. Schlimmer als der Antisemitismus, den es natürlich gibt und der immer eine Gefahr darstellt, ist jedoch das teuflische Gebräu aus einem zwar realen, aber noch lange nicht virulenten Antisemitismus und der Angst vor ihm.

Diese Angst ist zwar historisch gesehen sehr begreiflich, aber in den meisten Fällen nicht berechtigt. So wird unnötig viel Leid verursacht. Auch bei Nichtjuden herrscht Angst – und zwar davor, des Antisemitismus beschuldigt zu werden, wenn sie sich nur die geringste Kritik an der Politik Israels erlauben. Eine derartige Beschuldigung kann nun wiederum eine antijüdische Reaktion auslösen und letztendlich in tatsächlichen Antisemitismus umschlagen. Dieses Gemisch aus Angst auf beiden Seiten und Spuren von altem und neuem Antisemitismus bilden zusammen ein bedrohliches Ganzes. Das ist es, was ich als Spuk bezeichne.

Wurzeln des Antisemitismus

Obwohl das Christentum die Hauptverantwortung für den Antisemitismus trägt, der sich seit fast zwei Jahrtausenden in verschiedenen Formen manifestiert hat, lässt sich sein Ursprung bis in die Antike zurückverfolgen. Eine objektive Einschätzung dieses Phänomens muss mit der Erkenntnis beginnen, die manchen Juden nicht genehm sein wird, dass nämlich die früheste Ursache für den Antisemitismus im Judentum selbst liegt. Mit seinen strengen Speisegesetzen und Verhaltensregeln erregte es Ärgernis bei den anderen Völkergruppen. Die jüdische Religion enthält ein striktes Bildverbot. Eine Skulptur, die eine menschliche Figur darstellt, sei es ein Gott oder ein weltlicher Herrscher, war für die Juden ein Gräuel. Nichtjuden dagegen begegneten dieser mit Ehrfurcht. Vermutlich noch mehr Anstoß erregten die Speisegesetze, die nicht in eine Welt passten, in der Gastfreundschaft, das Anbieten und Annehmen von Speisen und Geschenken, vielleicht zu den wichtigsten zwischenmenschlichen Tugenden gehörte. In einer solchen Welt musste das Verhalten der Juden Irritation und sogar Aggressionen hervorrufen. So störte sich schon um die Mitte des ersten vorchristlichen Jahrhunderts der römische Staatsmann Cicero an der aufdringlichen Präsenz der Juden in Rom.[70]

In Alexandrien, wo die Juden einen großen Bestandteil der Bevölkerung bildeten, kam es in den dreißiger Jahren des ersten nachchristlichen Jahrhunderts zu pogromartigen Ausschreitungen.[71] Gerade in dem hellenistischen Kulturkreis, dessen Zentrum Alexandrien war, stand das friedliche Neben- und Miteinander der verschiedenen Völker und Menschen zentral. Der Historiker A.S. Rijxman sagt hierzu[72]: *Die Hellenen fühlten sich durch das vermeintliche oder tatsächliche Überlegenheitsgefühl der Juden verletzt […].*

Das auserwählte Volk

Gemäß Exodus 19, 5 schloss Gott einen Bund mit den Israeliten: *Werdet ihr nun meiner Stimme gehorchen und meinen Bund halten, so sollt ihr mein Eigentum sein vor allen Völkern [...].* Henri Atlan schreibt in *Contemporary Jewish Religious Thought*[73]:

Diese perfekte Allianz eines Volkes und seines Gottes hatte selbstverständlich die Absicht, es von anderen Völkern zu unterscheiden, es von ihnen abzusondern [...].

Die Fortsetzung in Exodus *Und ihr sollt mir ein priesterlich Königreich und ein heiliges Volk sein* kommentiert Atlan lakonisch:

Die Folgen dieses Versprechens konnten ebenso unselig und katastrophal wie segensreich sein, je nach den Beziehungen [des jüdischen Volkes] zu den Nachbarvölkern.

Es ist eine unleugbare Tatsache, dass das jüdische Volk das einzige der Antike ist, das als solches heute noch kenntlich ist und zwar hauptsächlich, weil es eine Jahrtausende alte Kultur noch immer am Leben erhält. Viele werden dies gewiss als einen Segen betrachten. Aber er wurde mit viel Leid erkauft. Gutes und Schlechtes sind dem jüdischen Volk in reichlichem Maß zuteil geworden.

Das hässliche Entlein

Hans Christian Andersens Märchen vom hässlichen Entlein, das wegen seines Andersseins von der Entengemeinschaft gemieden und drangsaliert wird, ist eine schöne Metapher für den elementaren Reflex jeder biologischen Gemeinschaft gegenüber andersartigen Individuen in ihrer Mitte. Dass das Entlein am Ende entdeckt, dass es ein Schwan ist, dem letztlich das Glück beschieden ist, in einer Schwanenfamilie aufgenommen zu werden, verstärkt die Analogie zu den Juden in der Diaspora und ihre ‚Befreiung' durch die Gründung des Staates Israel mit seiner vorwiegend jüdischen Bevölkerung.

Jeder Jude, der in der Diaspora geboren wird, macht wie das hässliche Entlein im Märchen als Kind die Erfahrung, anders zu sein als die anderen. Und wie das Entlein werden viele Juden in einem bestimmten Augenblick den anderen zurufen: Ich bin ein herrlicher Schwan und viel schöner als ihr! Im Alten Testament heißt es, das jüdische Volk habe in der Wüste beim Berg Sinai einmütig die Entscheidung getroffen, sich von anderen Völkern zu unterscheiden.[74] Sie wird seitdem von der jüdischen Gemeinschaft immer aufs Neue bekräftigt.

Die selbstgewählte Absonderung in der Diaspora

Der Überlieferung zufolge war es der berühmte Rabbi Jochanan Ben Zakkai, der den Erneuerungsprozess des Judentums nach der Zerstörung des Tempels durch die Römer gestaltete und leitete. Die über die ganze Welt zerstreuten Juden sollten überall eine Gemeinschaft finden können. Für den Erhalt der jüdischen Identität war es äußerst wichtig, dass die Juden nah beinander wohnten, so dass auf jeden, der sich einer jüdischen Gemeinschaft anschließen durfte oder wollte, soziale Kontrolle ausgeübt werden konnte. Neulinge hatten alles Interesse daran, bei Glaubensgenossen Halt zu suchen, denn die Gemeinschaft verfügte über die Mittel und Einrichtungen, ihnen weiterzuhelfen.

Zwei besondere Gebote haben stark dazu beigetragen, dass die Juden in der Diaspora in abgesonderten Gemeinschaften eng zusammen lebten. An erster Stelle die Vorschrift, eine Gebetsgemeinschaft müsse aus mindestens zehn erwachsenen

Männern bestehen. Es ist eines der am meisten respektierten Gebote, dem sich auch ein weitgehend assimilierter Jude nicht ohne weiteres entzieht, nämlich durch seine Anwesenheit einen Gottesdienst zu ermöglichen. In den Zeiten, da man sich noch hauptsächlich zu Fuß fortbewegte, mussten Juden schon aus diesem Grund nahe beieinander wohnen, was faktisch einer freiwilligen, religiös bedingten Ghettobildung gleichkam. Verstärkt wurde sie durch den Brauch des *Eruv*, eines eingegrenzten Gebiets, das dafür sorgte, dass die Mitglieder der Gemeinschaft auch am Sabbat, wenn es keine Arbeitsverpflichtungen gab, innerhalb des Ghettos blieben und sich dadurch der sozialen Kontrolle nicht entziehen konnten.

Die christliche Kirche als treibende Kraft des Antisemitismus

Es lässt sich somit nicht leugnen, dass die Juden selbst einen gewichtigen Anteil an der Absonderung hatten. Schon dies förderte Abneigung und auch Abscheu. Die Päpste fachten ab dem fünften Jahrhundert die Ressentiments für ihre eigenen Zwecke weiter an. Zu einer beträchtlich schlimmeren Diskriminierung kam es dann mit dem dritten und vierten Laterankonzil in den Jahren 1179 und 1215. Damals wurde bestimmt, dass Juden unter anderem keine christlichen Dienstkräfte beschäftigen und Christen nicht in jüdischen Vierteln leben duften. Juden mussten Unterscheidungszeichen tragen, wie den spitzen Judenhut und einen gelben Fleck auf der Kleidung. (Die Nazis sollten siebenhundert Jahre später die Juden ähnlich stigmatisierten.)[75] Vorausgegangen waren die beiden ersten Kreuzzüge Ende des 11. und Mitte des 12. Jahrhunderts, die mit Pogromen gegen die Judengemeinden vor allem entlang des Rheins einhergingen.

Es ist nicht meine Absicht, die ganze Geschichte des Antisemitismus ab dem Mittelalter zu behandeln. Richtet man sein Augenmerk auf die wichtigsten Merkmale des Antisemitismus in den letzten fünf Jahrhunderten bis zur Gründung des Staates Israel, lässt sich folgendes sagen: Die Kirche, die das gesamte mittelalterliche Leben bestimmte, war sich zwar bewusst, das Erbe der jüdischen Lehre anzutreten, vertrat aber die Auffassung, das Christentum sei die wahre Religion, weil sie in Jesus den Sohn Gottes erkannte, den verheißenen Messias. Da die Juden dies ablehnten, wurden sie als Mörder und Leugner des Heilands gebrandmarkt. Um der Bevölkerung zu demonstrieren, dass die Leugnung Christi nur zu Verdammnis und Elend führen könne, machte die Kirche den Juden das Leben so schwer wie möglich. Sie durften nicht ausgerottet werden, sondern mussten in ihrer elenden Existenz als abschreckendes Beispiel dienen. Sie mussten in gesonderten Vierteln leben und wurden aus der christlichen Gemeinschaft so viel wie möglich ausgegrenzt. Da sie aber im internationalen Handel unentbehrlich waren, der Kirche und dem Staat Geldmittel zur Verfügung stellten und den Fürsten mit ihrer reichen Erfahrung dienen konnten, wurden sie nach jeder Verfolgung oder Vertreibung wieder in dem betreffenden Land zugelassen. Unleugbar ist, dass, wie die christlichen Judenfeinde, auch die Juden selbst im Mittelalter Wert darauf legten, Distanz zu wahren und Vermischung zu vermeiden. Dass die Juden trotzdem gern mehr Berufsmöglichkeiten gehabt und unter weniger Restriktionen zu leiden gehabt hätten, versteht sich von selbst.

Der komplexe Charakter des Antisemitismus

Die Kirche machte sich der übelsten Schandtaten gegen die Juden schuldig. Die im Volk lebenden Mythen, in denen die

Juden als Gottesmörder und Brunnenvergifter dargestellt wurden, als diejenigen, die Christenkinder schlachteten, um ihr Blut für rituelle Zwecke zu benutzen, wurden zu tief verankerten, immer wieder mobilisierbaren Archetypen in der christlichen Welt. Dennoch waren die Juden auch im Mittelalter ein wichtiger Wirtschaftsfaktor, der von der Kirche manipuliert wurde. So durften sie kein Land besitzen und keine Handwerksberufe ausüben, während den Christen die Zinsleihe strengstens verboten war. Den Juden blieb als Broterwerb somit nur der Geldhandel übrig. Es bedarf keiner weiteren Erörterung, dass es den Schuldnern schwer fiel, Sympathie für ihre Gläubiger aufzubringen. Stand ihnen durch wirtschaftlichen Niedergang das Wasser bis zum Hals, brachte ein Pogrom Rettung, und das Gewissen ließ sich leicht durch den Rückgriff auf das Stereotyp der Juden als Gottesmörder besänftigen.

Der Antisemitismus beruht somit auf einer Vielzahl äußerer Einflüsse, die manchmal gleichzeitig, manchmal für sich auftraten: Xenophobie, christliche Theologie und wirtschaftliche Spannungen. In Zeiten von Hungersnot, Epidemien oder Krieg war das Bedürfnis nach einem Sündenbock größer als in Zeiten des Wohlstands.

Verschiedene Grade der Virulenz

Solange es Juden gibt, wird das Übel des Antisemitismus, mit dem die christliche Welt behaftet ist, wahrscheinlich nicht verschwinden. Dafür ist es zu tief im christlichen Denken verankert. Wie ein Jude die antisemitischen Ressentiments verarbeitet, hängt von seiner individuellen Einstellung ab. Ein klein bisschen Antisemitismus kann manchen das Gefühl geben, anders, ja sogar besser zu sein als die anderen. Es kann auch als

Ansporn dienen: Man strengt sich mehr an als der nichtjüdische Konkurrent, was die Wettbewerbschancen erhöhen und vielleicht sogar die Entwicklung der eigenen Talente fördern kann.

Wie unbestritten zerstörerisch der Antisemitismus in seinem Wesen auch ist, in einer milden Form hat er paradoxerweise auch eine schützende Wirkung gehabt und zum Fortbestehen des Judentums beigetragen. Denn das anbrechende Zeitalter der Aufklärung und die Verbreitung ihrer Ideen bedeutete nicht, dass die Juden mit einem Schlag aller Sorgen ledig waren. Formen der Judenfeindschaft gab es auch weiterhin, und sie sorgten vielleicht dafür, dass sich der Wunsch nach Assimilation in Grenzen hielt und dass sich die Mehrheit der Juden dafür entschied, im Schoß der jüdischen Gemeinde zu bleiben.

Die Beschränkungen, denen Juden im gesellschaftlichen Verkehr unterworfen sind, differieren wie die Betätigungsfelder, die ihnen zugewiesen, beziehungsweise von denen sie ausgeschlossen sind. In dem Augenblick, da in einem Land bestimmte Berufe Juden nicht mehr oder nur ausnahmsweise zugänglich sind, bestimmte Klubs und Hotels Juden nicht mehr zulassen, haben wir es mit einer virulenteren Form des Antisemitismus zu tun. Auch die Einstellung der politischen Entscheidungsträger spielt selbstverständlich eine Rolle. Sie können auf die Bevölkerung mäßigend einwirken, die Massen aufhetzen oder auch eine unterschwellige gesellschaftliche Strömung stillschweigend tolerieren.

Antisemitismus als Problem des Antisemiten

Solange der Antisemitismus nicht lebens- und existenzbedrohend ist oder anders gesagt, solange er eine Randerscheinung bleibt und nicht mit einer breiten gesellschaftlichen Akzeptanz rechnen kann, gilt das bereits zitierte Wort des Juristen und Schriftstellers Abel Herzberg: *Der Antisemitismus ist das Problem des Antisemiten.* Als marginales Phänomen ist er somit Ausdruck der Problematik von Randgruppen, den Erfolglosen, den Neidischen, den Verbitterten. Sie haben ein Problem, es ist *ihr* Problem. Diese Art des Antisemitismus ist ärgerlich und lästig, aber solange sie sich auf diese Gruppen beschränkt und solange die Zahl der zu ihnen gehörenden Personen eine gewisse Grenze nicht überschreitet, ist sie nicht wirklich bedrohlich. Diese vorwiegend jungen Menschen, ob rechtsextreme Skinheads oder marokkanische Jugendliche, die in der Gesellschaft nicht Fuß fassen können, wollen mit ihrem provozierenden Verhalten auf sich aufmerksam machen. Bei den letzteren kommt allerdings noch hinzu, dass sie sich oft mit den Palästinensern identifizieren, die seit sechsunddreißig Jahren unter der israelischen Besatzung leiden. Auf die große Bedeutung der heutigen Nahost-Probleme für das Phänomen ‚Antisemitismus' gehe ich im nächsten Abschnitt ausführlich ein.

Wie sehr die Existenz Israels das Antisemitismusproblem auch verkompliziert haben mag, ein wichtiges Motiv für das Verhalten von Randgruppen bleibt doch der Wunsch, die Aufmerksamkeit auf sich zu lenken. Statt ihnen aber durch große Publizität entgegenzukommen, wenn wieder einmal jüdische Grabsteine beschmiert wurden, und sie dadurch noch mehr anzustacheln, täte man besser daran, sie durch soziale Maßnahmen aus ihrem Umfeld zu lösen, wie schwierig dies auch sein mag. Eine positive konstruktive Zuwendung ist effektiver als aufgebauschte Sensationsmeldungen.

Der Antisemitismus des 19. Jahrhunderts bis zum Sechstagekrieg von 1967 ist von Neid- und Hassgefühlen geprägt, er ist ganz unabhängig vom Verhalten der Juden selbst, ob individuell oder kollektiv. Dies ist der ‚klassische' Antisemitismus nach der

Aufklärung. Wenn wir in der Hitlerzeit in Deutschland mit der Straßenbahn fuhren, sagte mein Vater immer: *„Still Kinder, sonst sagen die Leute, die Juden müssen auch immer Krach machen."* Er war sich nicht bewußt, dass die Mitreisenden, wenn wir uns seine Mahnung zu Herzen nahmen und uns nur flüsternd unterhielten, dachten: *„Die Juden haben immer Geheimnisse."* Für eingefleischte Antisemiten sind Juden sowohl bolschewistische Revolutionäre als auch kapitalistische Ausbeuter, Streber und Parasiten, Schmutzfinken und Dandys.

Die Juden, beinahe zweitausend Jahre lang hilflose Opfer

Im Leben der Juden hat sich seit der Zerstörung des Zweiten Tempels im Jahr 70 n.C. bis zum Sieg der Israelis über die arabischen Staaten im Jahr 1967 viel ereignet. Aber in einer Hinsicht ist ihre Position in diesem Zeitraum trotz aller Veränderungen gleich geblieben. Als Gruppe waren sie in dem genannten Zeitraum immer schwach, unterdrückt, diskriminiert und vor allem politisch machtlos. In Europa stellten sie eine kleine Minderheit dar, gebildet zwar, aber abgesehen von einer dünnen Oberschicht relativ arm. In dem deutschen Konglomerat kleiner Fürstentümer gab es vereinzelte reiche Hofjuden, die die finanziellen Interessen der Fürsten vertraten. Manche gelangten zu Ansehen und persönlichem Einfluss.

Die Mitte des 19. Jahrhunderts einsetzende Emanzipation führte dazu, dass Juden in Mittel- und Westeuropa eine etwas prominentere Rolle im öffentlichen Leben spielten.

In Deutschland waren zwischen den letzten Jahrzehnten des 19. Jahrhunderts und 1933 die Juden in den Wissenschaften, in Literatur, Theater, Musik, der Journalistik, den freien Berufen und im Mittelstand prozentual bedeutend stärker vertreten als der Rest der Bevölkerung. Ein bis zwei Prozent hätte ihrem Bevölkerungsanteil entsprochen, in Wirklichkeit lag dieser sehr viel höher. Dass sie aufgrund der überproportionalen Präsenz in den höheren Berufen allerdings über mehr Macht verfügt hätten, ist ein Ammenmärchen, das in der antisemitischen Propaganda wirkungsvoll ausgespielt wurde. Mancher Beruf, manche Karriere, mancher Klub oder Verein blieb ihnen verschlossen. Ihr politischer Einfluss war unerheblich. Die Tragödie von Auschwitz vollzog sich vor diesem Hintergrund der politischen Machtlosigkeit, sodass sich während des Holocaust nirgendwo auf der Welt jemand wirklich für sie eingesetzt hat.

Heute, im Jahr 2003, ist die Situation eine ganz andere. Der wesentliche Unterschied, der jede tatsächliche oder angebliche antisemitische Äußerung in ein anderes Licht rückt, besteht in der Existenz des Staates Israel. Zum ersten Mal seit fast 2000 Jahren gibt es wieder ein politisches jüdisches Machtzentrum, das eine nicht zu unterschätzende Rolle im politischen Gleichgewicht der Staaten spielt. Man denke nur an das aktuelle Spannungsfeld zwischen dem Westen und der islamischen Welt. Heute ist der Einfluss Israels auf die einzig verbliebene Supermacht, die Vereinigten Staaten, unverhältnismäßig groß. Sowohl die Juden in Israel als auch in der Diaspora beziehen daraus ein Gefühl der Sicherheit. Diese, bereits im vorigen Kapitel beschriebene Nähe der beiden Staaten ist umso bemerkenswerter, als die Politik Scharons gelinde gesagt umstritten ist, sowohl in Hinsicht auf ihre Effektivität als auch auf die Achtung der Menschenrechte und die internationalen Verträge.

2. Antisemitismus nach 1967

Der Staat Israel im antisemitischen Kräftefeld

Die Idee eines jüdischen Staates, der Kernpunkt des Zionismus, ist als Reaktion auf den fast zweitausend Jahre durch Europa geisternden Antisemitismus zu verstehen. Wie gesagt geht der christliche Antijudaismus zurück bis in die Zeit der Kirchenväter. Nach der Französischen Revolution und der allmählichen Säkularisierung kamen pseudowissenschaftliche Theorien in Mode, aus denen sich Hitler und seine Ideologen ihre Blut-und-Boden-Ideologie brauten.

Zu einer lebensfähigen Idee entwickelte sich der Zionismus, als in Russland und Osteuropa, einem der Zentren des jüdischen Lebens, ein Pogrom auf das andere folgte, und auch im Westen Vorfälle wie die Dreyfus-Affäre in Frankreich die Virulenz des Antisemitismus deutlich machten. Nur die Gründung eines eigenen Staates würde den Juden auf Dauer Schutz bieten und, so glaubten die frühen Zionisten aufrichtig, letztendlich dem Antisemitismus den Garaus machen können. Ab 1906 nahm man denn auch mit großem Idealismus und außerordentlichem Einsatz den Aufbau eines solchen Staates in Angriff.

Dieser Idealismus ist erwähnenswert, weil er zeigt, dass der Antisemitismus eine Wahnidee ist, die mit der Wirklichkeit nichts zu tun hat. Glaubte doch einer der größten Experten auf diesem Gebiet es besser zu wissen. In *Mein Kampf* schrieb Hitler:

[...] wenn auch der Selbsterhaltungstrieb des jüdischen Volkes nicht kleiner, sondern eher noch größer ist als der anderer Völker, wenn auch seine geistigen Fähigkeiten sehr leicht den Eindruck zu erwecken vermögen, dass sie der intellektuellen Veranlagung der übrigen Rassen ebenbürtig wären, so fehlt doch vollständig die allerwesentlichste Voraussetzung für ein Kulturvolk, die idealistische Gesinnung.[76]

Mangelnder Idealismus sollte nicht die einzige antisemitische Behauptung sein, die die jüdischen Pioniere Lügen straften.

Israel im Kreuzfeuer

Es ist ein bitteres Beispiel der historischen Dialektik, dass der jüdische Staat, der gegründet wurde, um Juden vor dem Antisemitismus zu schützen, heute eine der Hauptursachen für ein neues Phänomen zu werden droht, das oft mit ihm verwechselt wird: für den Anti-Israelismus. Zwar erhält dieser neue Sprössling auch Nahrung aus den alten antisemitischen Wurzeln, aber die gegenwärtige Politik des Staates Israel sorgt schon ganz allein dafür, dass er so in die Höhe schießt.

Dass dem Anti-Israelismus so leicht Berührungspunkte mit dem traditionellen Antisemitismus vorgeworfen werden können, liegt vor allem daran, dass sich viele Juden nach außen hin völlig kritiklos hinter die israelische Politik stehen, auch wenn diese gegen Menschenrechte und Völkerrecht verstößt. Hierdurch kann Kritik am Staat auch leicht als Kritik an diesen jüdischen Menschen aufgefasst werden. Es ist begreiflich, dass die junge, von allen Seiten bedrohte Nation nach dem Zweiten Weltkrieg, nach der fast vollständigen Vernichtung der europäischen Juden, praktisch über dem Gesetz stand. Auch überrascht es nicht, dass sich Juden außerhalb Israels mit ihrem potentiellen Zufluchtsort identifizierten. Aber nach dem Sieg Israels über die arabischen Nachbarländer, die im Juni 1967 den spektakulär gescheiterten Versuch unternahmen, Israel von der Landkarte zu fegen, lief etwas völlig schief. Dem ehemaligen israelischen Generalstaatsanwalt Michael Ben-Yair zufolge (siehe Anm. 41) entschied sich Israel dafür, eine Kolonialmacht zu werden und in den besetzten Gebieten ein Apartheid-Regime zu errichten.

1967 sahen nur Wenige voraus, dass Israel mit dem Siedlungsbau und dem Festhalten an den eroberten Gebieten einen falschen, um nicht zu sagen fatalen Weg einschlug. Der Osloer Friedensprozess, der 1993 begonnen hatte, ließ auch die Wenigen, die offen die Siedlungspolitik kritisierten, auf ein gutes Ende hoffen. Eine klare Verurteilung der israelischen Politik hörte man von den Juden in der Diaspora kaum. Im Gegenteil, eine unkritische Parteinahme wurde für die meisten zu einem Reflex. Ein wichtiger Repräsentant dieser Haltung war und ist Elie Wiesel, der als Auschwitz-Überlebender, Verfasser zahlreicher Publikationen und Friedensnobelpreisträger in weiten Kreisen großes Ansehen genießt. Er, der es besser wissen sollte, möchte sich in der Öffentlichkeit nicht zu Kriegsverbrechen äußern, die von Israelis begangen werden. Er verteidigte dies im September 1982 in einem Interview mit dem Argument, es sei ausdrücklich *nicht* die Aufgabe der Juden, die israelische Politik zu bewerten. Sie müssten ausschließlich von dem, was sie erlitten haben, Zeugnis ablegen.[77]

Eine solche Haltung wäre natürlich in den ersten Jahrzehnten nach dem Krieg völlig verständlich gewesen. Auch mir wäre es nicht im Entferntesten eingefallen, vor 1967 die Politik des jungen Staates zu kritisieren. Um sich von ihr distanzieren zu können, dafür war die große Katastrophe des Holocaust noch zu nahe. Heute, da diese traumatischen Ereignisse ferner gerückt sind, erscheint es der nichtjüdischen Welt immer weniger annehmbar, dass alles mit dem Mantel der Liebe zugedeckt wird. Jedem, der der Auffassung ist, in der Politik, ja auch in einem Kriegszustand müsse man sich an Normen halten, fällt es zunehmend schwerer, das Vorgehen der israelischen Regierung kritiklos zu akzeptieren, auch wenn die israelische Propaganda dies als notwendige und unvermeidliche Reaktion auf den palästinensischen Terrorismus hinstellt.

Selbstverständlich sind die palästinensischen Selbstmordaktionen gegen wehrlose Bürger reiner Terrorismus und wie alle Anschläge verabscheuenswürdig. Aber sie finden ihre Entsprechung im israelischen Staatsterrorismus, von der kollektiven Bestrafung der palästinensischen Bürger durch Reise- und Ausgangsverbote, Vernichtung der Ernte, Einschränkung des Zugangs zu Gesundheitseinrichtungen, Schulen und Arbeitsplätzen bis hin zur Zerstörung von Häusern – in denen sich manchmal noch die Bewohner befinden – und Angriffen mit Panzern, Hubschraubern und F-16-Kampfjets. Ganz zu schweigen von den so genannten gezielten Tötungen. Den unschuldigen Zivilisten, die dabei auch oft als ‚Kollateralschäden' anfallen, wird es herzlich gleichgültig sein, ob ihr Tod beabsichtigt war oder nicht. Ihren Angehörigen ebenfalls. Zudem sollte man sich vergegenwärtigen, dass die Gesamtzahl der Opfer seit der zweiten Intifada auf palästinensischer Seite drei mal so hoch ist wie die auf israelischer Seite. Mit einem solchen Overkill versucht der Staat Israel gegen unabhängige Milizen wie Hamas und Islamischer Jihad zu kämpfen, die sich durchweg der inzwischen fast gänzlich zerstörten Palästinensischen Autonomiebehörde entziehen. Eine brutale, beinahe sechsundreißigjährige Besatzung, deren Ende nicht abzusehen ist, bedeutet für die Palästinenser unvorstellbares Leid. Aber die Mehrheit der israelischen Bevölkerung scheint dafür blind und taub zu sein.

Haben die Juden ein Monopol auf Leiden?

Zwei Jahrtausende Verfolgung, die in den Holocaust mündeten, ließen bei vielen Juden das Gefühl aufkommen, kein Volk leide so wie das ihre. Wie ich im 6. Kapitel ausführe, spielt hierbei die jüdische Tradition des Gedenkens eine wichtige Rolle. Die ständige, berechtigte Angst vor palästinensischen Selbstmordattentaten verstärkt dieses Gefühl und fügt der Leidensgeschichte der Juden ein neues Kapitel hinzu. Der Monopolanspruch auf das Leiden impliziert automatisch die Bagatellisierung des Leidens anderer, in concreto das der Palästinenser, deren Los dadurch noch drückender wird. Denn Anerkennung des Unrechts, das man erfährt, mildert das Leid; Leugnung oder Verharmlosung verstärkt es.

Der Monopolanspruch auf das Leiden hat auch eine demoralisierende Wirkung auf die israelischen Soldaten, die dadurch noch mehr verrohen, als dies durch den permanenten Kriegszustand ohnehin schon der Fall ist. Das durch diese Kombination von Affekten verursachte oft harte, inhumane Auftreten der israelischen Streitkräfte hat ihrem Ansehen außerhalb Israels geschadet. Das gilt auch für die jüdischen Bürger, wo auch immer auf der Welt, die sich jeglicher Kritik enthalten und dadurch den Eindruck erwecken, alles gutzuheißen.

Latenter und virulenter Antisemitismus

Der in der christlichen Welt immer latente Antisemitismus, der sich in den letzten fünf Jahrzehnten kaum manifestiert hat, findet heute aufs Neue Anknüpfungspunkte. Um es noch einmal zu wiederholen: Der virulente, aggressive Antisemitismus benötigt keinen Anlass, sich zu äußern. Der latente, endemische

Antisemitismus, der auch bei kultivierten Menschen zu finden ist, war durch den Holocaust lange Zeit tabu, bricht sich nun aber desto leichter Bahn, je offenkundiger etwa das Vorgehen der israelischen Armee dazu Anlass gibt. Wir stoßen hier auf ein komplexes Phänomen.

Dass eingefleischte Antisemiten alles verurteilen, was Juden tun und was mit dem Judentum zu tun hat, bedeutet nicht, dass jeder, der sich kritisch zu jüdischen Angelegenheiten äußert, deswegen ein Antisemit ist. Er kann schließlich Recht haben. Warum sollte er dann schweigen müssen? Es kann doch nicht so sein, dass der Holocaust alle, die ihn überlebt haben, und alle ihre Nachkommen bis in alle Ewigkeit gegen jede Kritik feit! Ja, die Unterdrückung berechtigter Kritik kann sogar eher auf unterschwelligen Antisemitismus hinweisen als ihr Aussprechen. Ein einigermaßen intelligenter Mensch, der sich bewusst macht, nicht frei von antisemitischen Affekten zu sein, wird durch die Erinnerung an den Holocaust daran gehindert, offen seine Meinung zu äußern. Da er nicht ausschließen kann, dass bei seinem Urteil Ressentiments mitspielen, derer er sich schämen müsste, geht er einer Konfrontation lieber aus dem Weg. Einerseits hat diese Einstellung manche Juden recht verwöhnt, andererseits reagieren sie hierdurch übersensibel auf jedes Anzeichen tatsächlichen oder vermeintlichen Antisemitismus.

Der Haltung beider Parteien liegt Unsicherheit zugrunde, die bei Juden einem Gefühl der Bedrohung entspringt, das ihr Urteil trübt und übersteigerte Reaktionen auslöst. Nichtjuden, die sich zu einer Kritik aufraffen, fühlen sich dagegen zu Unrecht des Antisemitismus bezichtigt. Unberechtigte Vorwürfe schüren eher die Kritikbereitschaft, als dass sie diese dämpfen, wodurch ein Teufelskreis entsteht, und der Antisemitismus sich von einer Randerscheinung zu einer wirklichen Bedrohung entwickelt.

Ist der Antisemitismus manchen Juden (unbewusst) willkommen?

Die Art, wie manche Juden meinen, Nichtjuden Antisemitismus vorwerfen zu müssen, stimmt nachdenklich. Ein Vorfall in den Niederlanden im August 2003 illustriert dieses Phänomen recht anschaulich. Gretta Duisenberg, die Ehefrau des ehemaligen Präsidenten der Europäischen Zentralbank Wim Duisenberg, hatte aus Protest gegen das Vorgehen Israels in den besetzten Gebieten eine palästinensische Flagge an ihrem Haus angebracht. Ihre jüdischen Nachbarn bauschten diese Aktion dermaßen auf, dass sie die Spalten des *Nieuw Israelitisch Weekblad* erreichte. Nicht genug damit, dass ein jüdischer Anwalt einer völlig unbekannten ‚Föderation Jüdische Niederlande' Anzeige gegen Gretta Duisenberg erstattete, er wandte sich auch an den Jüdischen Weltkongress in New York mit dem Antrag, Wim Duisenberg in den Vereinigten Staaten zur Persona non grata zu erklären. Auf diese ganze Affäre trifft folgender Ausspruch zu, den ich einmal irgendwo gelesen habe: *Früher war ein Antisemit jemand, der etwas gegen Juden hatte; heute ist es jemand, gegen den Juden etwas haben.*

Diese übertriebene Reaktion auf einen höchstens irritierenden Vorfall ist kontraproduktiv. Man will den Antisemitismus bekämpfen, schürt ihn aber nur. Liegt diesem Verhalten ein Denkfehler zugrunde? Es hat den Anschein, als seien diese Menschen der Ansicht, der Holocaust habe stattfinden können, weil sich die Juden wie Lämmer zur Schlachtbank führen ließen, folglich müsse man sich schon bei dem geringsten Verdacht auf Antisemitismus auf die Hinterbeine stellen. Zwölf Jahre Antisemitismus haben mich gelehrt, dass Angriff nicht immer die beste Verteidigung ist, schon gar nicht, wenn Angst im Spiel ist. Wenn man heutzutage den endemischen Antisemitismus bekämpfen will, muss man ihm auf ernst zu nehmende Weise begegnen, nicht durch törichte Vorwürfe und Forderungen, während man nur den Splitter im fremden, aber nicht den Balken im eigenen Auge sieht, das heißt, die heutige Politik Israels.

Nun kann man Menschen, die unter Traumata und Schuldgefühlen leiden, Überreaktionen manchmal nachsehen, aber das gilt nicht für die Wahnideen, die uns Staatsmänner und Politiker auftischen und die meist eine geheime Agenda verhüllen und vielleicht auch verbrecherische Absichten. Bereits im vorigen Kapitel wurde die Äußerung des als gemäßigt geltenden Schimon Peres[78] zitiert, der in Washington verkündete, die europäische Kritik an dem Vorgehen der israelischen Armee im Flüchtlingslager Jenin im Westjordanland sei Ausdruck von Antisemitismus. In die gleiche Kerbe schlug Shlomo Gur[79], der israelische Sekretär des EU-Israel-Forums, auf einem Symposium im November 2002 in Tel Aviv, als er von einer schwarzen Wolke des Antisemitismus über den Beziehungen zwischen der EU und Israel sprach. Solche Äußerungen sind deshalb so infam, weil sie einen Spuk heraufbeschwören aus keiner anderen Absicht heraus, als Kritikern den Mund zu stopfen. Oder steckt mehr dahinter? Benutzen diese Regierungsvertreter den Antisemitismus, um orientierungslose Juden zu bewegen, nach Israel, in das gelobte Land, auszuwandern? Es kann kein Zufall sein, dass der israelische Innenminister Eli Yishai unmittelbar nach Peres' Vorwürfen die französischen Juden dazu aufrief, schnellstens ihre Koffer zu packen und nach Israel zu emigrieren.[80]

Dieser böse Verdacht scheint sich zu bestätigen. So fand in der Woche vom 4. August 2003 in Jerusalem eine Konferenz statt, auf der jüdische Organisationen aus aller Welt sowie Vertreter der israelischen Regierung und der Universitäten eine gemeinsame Strategie für einen ‚Krieg gegen den Antisemitismus' entwickelten. Natan Sharansky, Minister für Diaspora-

Angelegenheiten, Gesellschaft und Jerusalem, schrieb in diesem Zusammenhang:

Der neue Antisemitismus erscheint in der Maske der ‚politischen Kritik an Israel', er besteht aus einer diskriminierenden Einstellung und einer doppelten Moral gegenüber dem israelischen Staat und stellt zugleich dessen Daseinsberechtigung in Frage.[81]

Nachdem er beklagt hat, dass das Band zwischen den Juden in der Diaspora und in Israel im Laufe der letzten Jahre zunehmend schwächer geworden und eine gewisse Entfremdung eingetreten sei, kommt er zu dem Schluss:

In einer etwas absurden Weise gibt uns der Kampf gegen den Antisemitismus eine neue Gelegenheit, die Kluft zu schließen. [...] Wenn es uns gelingt, die Entfremdung zu überwinden, wenn wir es schaffen, die zerrissenen Teile des jüdischen Volkes wieder zusammenzusetzen und das Gefühl zu vermitteln, dass *wir wieder Brüder sind – dann haben wir eine Chance. Wir dürfen diese Gelegenheit nicht verpassen.*

Das Widerwärtige an all dem ist nicht nur die Unwahrhaftigkeit, sondern auch die Unmenschlichkeit, mit der Israel den Kampf gegen die Palästinenser auf dem Rücken leidgeprüfter europäischer Juden austrägt.

Antisemitismus als Deus ex machina

Kontraproduktive Reaktionen wie in der Gretta-Duisenberg-Affäre können nicht mangelndem Denkvermögen oder sozialem Neid zugeschrieben werden. Sie rühren meines Erachtens von einem bestimmten psychischen Verhaltensmuster her, namentlich dem der sogenannten ‚kognitiven Dissonanz'. Uri Avnery von der Friedensbewegung Gush Shalom hat das Verhalten jüdischer Israelis einmal mit diesem Begriff in Zusammenhang gebracht. Es handelt sich um ein Gefühl des Unbehagens, das entsteht, wenn das Bild, das man von sich selbst hat, nicht mehr mit der Wirklichkeit übereinstimmt. In diesem konkreten Fall bedeutet es, dass Israelis lieber die Palästinenser verteufeln, als über das aggressive Vorgehen der eigenen Regierung und eigene Fehler nachzudenken.

Auch in Israel haben viele Juden das Leiden ihrer Familienangehörigen und Verwandten in der NS-Zeit in solchem Maße verinnerlicht, dass sie sich selbst kaum noch anders als in der Rolle des Opfers sehen können. Das nicht immer korrekte Vorgehen gegen die Palästinenser verdrängen sie. Die ständige Angst vor Selbstmordanschlägen verstärkt den an und für sich verständlichen Leidensdruck sowie die Überzeugung, die Palästinenser seien einzig auf die Vernichtung Israels aus. Solche Palästinenser gibt es unzweifelhaft, aber dass diese weder von der Truppenstärke noch von der Ausrüstung her dazu in der Lage sind, wird von den Israelis ignoriert. Was immer die israelischen Streitkräfte tun – Erniedrigung der Palästinenser, Zerstörung ihrer Häuser und Infrastruktur, gezielte Tötung, Beschießung von Krankenwagen –, die Israelis rechnen es sich nicht als Verfehlung an, weil zweitausend Jahre Verfolgung sie von vornherein von aller Schuld freispricht.

Unbestritten ist, dass sie in den vergangenen Jahren in ständiger Angst leben mussten. Dies verursacht tatsächliches Leiden. Wahr ist allerdings auch, dass die kognitive Dissonanz, die psychologische Unmöglichkeit, sich selbst anders denn als Opfer zu sehen, sie blind macht für die Rolle des Unterdrückers, die sie nun schon sechsunddreißig Jahre lang spielen und die ihre prekäre Situation mitverschuldet hat. Nein, Kriegsverbrecher können jüdische Israelis niemals sein.

In scharfem Kontrast zu dem Leben in ständiger Angst steht das Leben der meisten Juden in den Niederlanden. Aber trotz ihrer im Allgemeinen angenehmen Existenz betrachten auch sie sich als Opfer, historisch gesehen nicht ganz zu Unrecht. Auch sie hatten unter dem NS-Regime zu leiden. Aufgrund dieser Schicksalsverbundenheit identifizieren sie sich so gründlich mit den Juden in Israel, dass sie zu unkritischen Verteidigern der israelischen Politik werden. Aber da sie sich nicht völlig vor den Fernsehbildern von israelischen Soldaten schützen können, die wie Vandalen in den palästinensischen Städten hausen, stellt sich wiederum die kognitive Dissonanz ein. Sie wird als besonders schlimm erfahren, da man im Unterschied zu den israelischen Brüdern und Schwestern ein einigermaßen sorgloses Leben führt. Aber dagegen gibt es ein Heilmittel. Man braucht sich nur einzubilden, heftigem Antisemitismus ausgesetzt zu sein. Das verstärkt das Opfergefühl und verschafft Linderung. Und so fungiert latenter oder virulenter Antisemitismus als Deus ex machina, ein bedenklicher Prozess. Die Angst vor Judenfeindlichkeit ist historisch gesehen verständlich, aber irreale, unberechtigte Angst, die sich der Selbstkontrolle entzieht oder einem unbewussten Bedürfnis entspringt, kann zu einer ‚Self-fulfilling Prophecy' werden.

Ist Kritik an Israel gleichbedeutend mit Antisemitismus?

Wir erwähnten bereits die harte Besatzungspolitik und die überzogenen Reaktionen des israelischen Staatsterrorismus auf die Anschläge verschiedener palästinensischer Gruppierungen. In den Augen vieler wäre das Auftreten Israels erst dann gerechtfertigt, wenn die palästinensischen Terrorangriffe auch nach Ende der Besatzung und der Räumung aller jüdischen Siedlungen auf palästinensischem Gebiet anhalten würden. Aber selbst dann wäre eine gewisse Zurückhaltung geboten, denn die Art und Weise, wie Israel in letzter Zeit in dicht bevölkerten palästinensischen Wohngebieten hauste, ist barbarisch. Hinzu kamen noch die Pläne, den Krieg gegen den Irak zur Vertreibung oder Deportation aller Palästinenser zu nutzen. Hierüber wurde so offen gesprochen, dass die jordanische Regierung von der israelischen Regierung ein Dementi verlangte. Was Scharon verweigerte.[82]

Wenn nun solche Pläne kritisiert werden, hat das nichts mit Antisemitismus zu tun. Jede gegenteilige Behauptung unterliegt einem Denkfehler, wie ihn schon Aristoteles beschrieben hat. *Alle Schimmel sind Pferde, aber das bedeutet nicht, dass alle Pferde Schimmel sind.* Auch wenn alle Antisemiten Israel kritisieren, sind nicht alle, die Israel kritisieren, antisemitisch. Die oben zitierten Äußerungen von Schimon Peres und Natan Sharansky kommen einem Kritikverbot gleich, erreichen aber nur, dass sich Israel außerhalb der Gemeinschaft zivilisierter Nationen stellt. Die Juden, wo immer auf der Welt, die trotz alledem weiterhin die Politik Israels bedingungslos unterstützen, sind für diese mitverantwortlich und werden mit ihr kritisiert – was wiederum bei ihnen das Gefühl weckt, verfolgt zu werden. Sie sollten sich jedoch klarmachen, dass sie nicht länger Opfer, sondern selbst Täter sind und gut daran täten, mehr auf den Balken im eigenen Auge zu achten.

Nichtjuden andererseits sollten sich allmählich von dem Schuldgefühl hinsichtlich des Holocaust befreien und Juden, die offensichtliche Verbrechen begehen, kritisieren dürfen. Niemand darf sich seiner Verantwortung entziehen. Die Mitverantwortung jedes freien Menschen, auch und gerade wenn er Jude ist, wird anschaulich von der israelisch-niederländischen Dichterin Tsafi Levi beschrieben: *Denn auch die Hände derer, die wie gelähmt zusehen, färben sich rot.* Wer als Freund der Juden gelten will, versagt, wenn er seinen jüdischen Bekannten die kritische Wahrheit vorenthält. Mangelnde Auseinandersetzung mit Kritik kann auf die Dauer fatale Folgen haben. Der Wahn, unantastbar zu sein, begünstigt die Fortsetzung des unmenschlichen Handelns, wodurch die Gefahr droht, dass tatsächlichem Antisemitismus letztlich Tür und Tor geöffnet wird.

Epilog

Zusammenfassend können wir sagen, dass es außer der oft ethisch verwerflichen Politik Israels gegenwärtig keinen Anlass gibt, das Aufleben eines bedrohlichen Antisemitismus zu erwarten. Berechtigte Kritik an der Politik des Staates Israel muss prinzipiell und deutlich von antisemitischen Worten und Taten unterschieden werden. Es besteht die Gefahr, dass die meisten Juden aus einem falsch verstandenen Gefühl der Loyalität heraus Israel weiterhin vorbehaltlos unterstützen. Dadurch wird es immer schwieriger werden, die Kritik an der Politik des Staates von der an jüdischen Individuen zu unterscheiden. Juden, die sich so sehr mit ihrem Staat identifizieren, dass sie jede Anfeindung immer wieder und zunehmend auf sich selbst beziehen, werden immer öfter den Kritiker als Antisemiten abstempeln. Dieser wird seinerseits einen solchen Vorwurf als unberechtigt und ungerecht empfinden und es wird ihm immer schwerer fallen, negative Gefühle gegenüber seinem Beleidiger zu unterdrücken.

Sobald sich Gefühle der Ablehnung – so deutlich sie sich anfänglich auch nur auf die Sache beziehen mögen – mehr und mehr auf Personen, jüdische Personen in diesem Fall, beziehen, entsteht eine kritische Situation. Denn mit letzterem nähert man sich dem alten Antisemitismus, während die Kritik am Staat Israel im Prinzip nichts mit ihm zu tun hat. Man muss einen Staat kritisieren können, und Juden dürfen ihr Gewissen nicht verleugnen. Wenn sie dies dennoch tun und eine falsche oder sogar inhumane Politik verteidigen zu müssen glauben und obendrein noch grundlose Beschuldigungen erheben, dürfen sie sich nicht wundern, wenn wieder antisemitische Ressentiments geweckt werden. Wäre es nicht besser, die Juden in der ganzen Welt oder zumindest ein großer Teil von ihnen würde Israel *heute* das Mandat entziehen, in ihrem Namen zu sprechen? Indem sich jüdische Organisationen viel mehr als bisher öffentlich von der aktuellen Politik Israels distanzieren würden. Darüber hinaus müssten sich jüdische Bürger, wo auch immer, in großer Zahl aktiv – und damit sichtbar – für Friedensgruppen einsetzen.

SECHS

Das Ende des Judentums, das Ende einer Geschichte
Was die Zukunft Ihnen erzählen könnte

Keine Leidenschaft beraubt den Geist so wirkungsvoll all seiner Handlungs- und Urteilskraft wie die Angst.

Die einzige Voraussetzung für den Triumph des Bösen ist, dass gute Menschen nichts tun.

Edmund Burke (1729-1797)

1. Ein persönlicher Abriss des klassischen Judentums

Einleitung – Demographie versus Ethik

Das Ende des Judentums wurde bereits früher prophezeit, zumindest das des Judentums in der europäischen Diaspora.[83] Bernard Wassersteins Ansatz unterscheidet sich jedoch in mehreren Hinsichten von meinem. Sein 1996 veröffentlichtes Buch *Vanishing Diaspora* ist eine wissenschaftliche Studie der Zukunft – oder besser gesagt der Zukunftslosigkeit – der Juden in Europa. Es lässt den Rest der Welt unberücksichtigt und bezieht auch Israel kaum in die Analyse mit ein, dessen Zukunft Wasserstein übrigens recht optimistisch beurteilt. *Es ist einzigartig, weil die Juden dort in der Mehrzahl sind*, schreibt er.

Das Land wurde geschaffen und aufgebaut mit der ausdrücklichen Zielsetzung, das Überleben des jüdischen Volkes und seiner Kreativität zu gewährleisten. Außer wenn eine unvorstellbare Katastrophe eintritt, gibt es keinen Grund, am Fortbestand Israels zu zweifeln.

Diese Schlussfolgerung ist umso bemerkenswerter, als sich Wassersteins pessimistische Prognosen hinsichtlich des europäischen Judentums vor allem auf demographische Daten stützen. Aber gerade diese sind es, die Israelis heute um das Fortbestehen ihres Landes bangen lassen.[84] Professor Arnon Sofer hat berechnet, dass der Anteil der Juden an der Gesamtbevölkerung Israels auf Grund der hohen Geburtenraten der arabischen Bevölkerung von heute 71 Prozent auf 68 Prozent im Jahr 2020 sinken wird. Der Negativtrend wird sich noch verstärken, wenn die Fürsprecher eines Groß-Israel ihren Willen bekommen. Nach den Berechnungen von Professor Sergio DellePergola wird dann im Jahr 2010 nur noch 44 bis 47 Prozent der Bevölkerung jüdisch sein, und 2050 gerade einmal 37 Prozent.[85] Dies ist einer der Hauptgründe, warum die Nationalisten offen für den ‚Transfer' der Palästinenser aus Israel und den besetzten Gebieten plädieren, wobei ‚Transfer' ein Euphemismus für Deportation ist. Das Risiko, dass die israelische Regierung ein solches Verbrechen tatsächlich in Angriff nimmt, ist nicht zu unterschätzen.

Die Möglichkeit, dass der jüdische Staat zu einer solchen Politik Zuflucht nimmt, führt mich zum wichtigsten Unterschied zwischen Wassersteins und meiner Sichtweise. Wie gesagt kam Wasserstein zu seiner Schlussfolgerung aufgrund der demographischen Analyse aller europäischen Länder, in denen es jüdische Gemeinden von einigem Umfang gibt. Meine eigene Voraussage, das Judentum werde innerhalb der nächsten zweihundert Jahre verschwinden, beruht nicht auf systematischer wissenschaftlicher Forschung. Im Gegenteil, meine Argumentation ist qualitativer Art und bezieht sich auf die Säkularisierung der jüdischen Gemeinschaft, die eventuelle vollständige Assimilierung und *last but not least* die ethische Komponente.

Dass auch Wasserstein ein Auge für diese Entwicklungen hat, geht aus einem Zitat auf der vorletzten Seite seines Buches hervor.[86] Er zitiert den ehemaligen Präsidenten des Jüdischen Weltkongresses Nahum Goldmann: *Im Laufe der Geschichte sind Völker verschwunden, aber nicht durch Mord, sondern durch Selbstmord.* Wasserstein fügt dem hinzu: *Sollten die europäischen Juden letztendlich verschwinden, dann wird dies geschehen, weil sie als Kollektiv den Willen zum Überleben verloren haben.* Ich möchte noch einen Schritt weitergehen: Ein Volk, das die ethischen Werte verrät, die sein Überleben über viele Jahrhunderte hinweg gewährleistet haben, wird nicht vital genug sein, in einer immer homogeneren Welt seine Identität zu bewahren. Hier sind einige Anmerkungen angebracht.

Bei einer so komplexen Materie empfiehlt es sich, zunächst die Schlüsselbegriffe zu klären. Was versteht man unter dem jüdischen Volk? In gewisser Hinsicht können die Juden ein Volk genannt werden, wenn es sich auch von fast allen anderen als Volk unterscheidet. Nicht weil sie zur selben Rasse gehören – das ist keineswegs der Fall, wie ich im dritten Abschnitt dieses Kapitels ausführen werde –, sondern weil sie, obwohl in aller Welt verstreut, über anderthalb Jahrtausende an ihrem Glauben festhielten. Zudem haben viele von ihnen eine gemeinsame Geschichte der Verfolgung und Diskriminierung, die zwar je nach Land und Zeit verschieden war, aber doch zu jenen kollektiven Erfahrungen beitrug, die zur Bildung eines Volkes nötig sind. Weiter stellt sich die Frage, inwiefern man ein Volk auf der Grundlage einer bestimmten Ethik definieren kann. Wie ich im vierten Abschnitt zeigen werde, betrachten viele jüdische Denker die Ethik als den eigentlichen Kern des Judentums. Unvermeidlich stellt sich nun die Frage nach der Umschreibung von Juden und Judentum. Aber beide Begriffe sind viel zu komplex für eine knappe Definition. Im Grunde ist dieses Kapitel beziehungsweise dieses ganze Buch eine einzige Umschreibung dessen, was ‚Judentum' und ‚Jüdischsein' beinhalten sollten. Ich bin davon überzeugt, dass jeder Leser seine eigenen Vorstellungen von diesen Begriffen hat. Aber dieses Buch sollte auch diejenigen, die andere Ansichten vertreten, zum Nachdenken anregen.

Ich habe die vermessene Behauptung aufgestellt, das Judentum habe seine elementaren ethischen Werte verraten, was bei vielen Juden ein so starkes Schuld- und Schamgefühl hervorgerufen habe, dass die Gefahr bestehe, dass sie schließlich dem Judentum ganz den Rücken zukehren. Diese radikale Auffassung bedarf einer Erklärung. Wie gesagt, es lässt sich darüber streiten, ob die Ethik das Wesen des Judentums ausmacht. Ich persönlich bin fest davon überzeugt, und mit mir sind es viele andere Juden, die sich mehr oder weniger mit ihrer von Moses Mendelssohn geprägten mitteleuropäischen Herkunft verbunden fühlen. Dies gilt auch für diejenigen aus anderen Ländern, die die Ideale der Propheten noch irgendwie ernst nehmen.

Das Judentum der Diaspora erreichte seinen Höhepunkt meines Erachtens zwischen 1750 und 1933.* In dieser Zeit fanden die großen Leistungen auf geistigem, wirtschaftlichem und moralischem Gebiet in Mitteleuropa statt, mit Deutschland als Zentrum. Hierauf komme ich noch zurück, wie auch auf die ethische Seite des Judentums. Aber zunächst möchte ich mich seiner Schattenseite zuwenden, nämlich der elitären Auffassung, die Juden seien das ‚auserwählte Volk', der Akzeptanz von Chauvinismus und Xenophobie, der öffentlich verkündeten Meinung, die ‚bessere Rasse' dürfe ethnische Säuberungen durchführen, und der Tatsache, dass ein anderes Volk unterdrückt und erniedrigt wird – mit Zustimmung eines Teils der jüdischen Geistlichkeit, die so ihre eigene Auffassung von den zentralen Lehrsätzen des Judentums hat. Sie enthalten offensichtlich auch Elemente, die zu barbarischen Taten anstiften.

---

* Übrigens erlebte das Judentum auch im 11. und zu Anfang des 12. Jahrhunderts unter den Muslimen in Spanien eine Blütezeit.

Eines der am meisten ins Auge fallenden Merkmale des Judentums ist der Hang, sich in der eigenen Gruppe abzuschotten. Dies hängt mit der Vorstellung zusammen, die Juden seien das auserwählte Volk, das einzige Volk, mit dem der einzig wahre Gott einen Bund geschlossen hat. Die strengen Speisegesetze erschweren den Kontakt mit Nichtjuden zusätzlich. Ich erwähnte bereits, dass dieses Bedürfnis, sich von anderen zu unterscheiden, zum Entstehen des Antisemitismus beigetragen hat. Aber gleichzeitig hat es auch das Überleben des Judentums seit der Antike gewährleistet.

Dieses Bedürfnis, sich gegen andere abzusetzen, stellt aber bei weitem nicht das gefährlichste Element des Judentums dar. Diese zweifelhafte Ehre kommt einem Aspekt zu, der so düster und bedrohlich ist, dass es mich, aufgewachsen in der besten Tradition des deutschen Judentums, fast achtzig Jahre gekostet hat, ihn zu entdecken und seinen Platz im Judentum nicht zu leugnen. Ich wurde traurigerweise erst darauf aufmerksam, als ich Interviews mit fanatisch-religiösen Kolonisten in den besetzten Gebieten las. Sie verteidigten ihre Aggression, die Pogrome und Mordanschläge, indem sie auf diese dunkle Seite des jüdischen Glaubens hinwiesen, die es seit dem Beginn des Judentums immer schon in der Thora, im Alten Testament also, gegeben hat. Obwohl es keine erbauliche Lektüre ist, möchte ich hier doch einige Stellen zitieren. Es muss darauf hingewiesen werden, dass solche Beispiele gemeinhin weder in aufgeklärten jüdischen Kreisen noch von Christen, denen die jüdische Bibel Maßstab ist, erwähnt werden. So wird etwa in einer maßgeblichen Sammlung talmudischer Kommentare keine der im weiteren zitierten Bibeltexte behandelt.[87]

Josua 8, 24-28 berichtet von der Zerstörung der Stadt Ai und dem von Gott aufgetragenen Mord an allen zwölftausend Einwohnern; in Josua 10, 28-39 widerfährt den Städten Makkeda, Libna, Lachisch, Gezer, Hebron und Debir das gleiche Schicksal. Josua 21, 44 beschreibt den glücklichen Zustand eines Landes, in dem eine solche erfolgreiche ethnische Säuberung stattgefunden hat: *Und der HERR gab ihnen Ruhe ringsumher [...] und keiner ihrer Feinde widerstand ihnen, sondern alle ihre Feinde gab er in ihre Hände.** Ähnliche Beispiele von Genozid und der Taktik der verbrannten Erde findet man im Buch der Richter 9, 45, im ersten Buch Samuel 15, 3 und 18 und nochmals im gleichen Buch 27, 9 und 11.

Es ist kaum zu glauben, dass heutzutage jüdische Religionsfanatiker ihr Auftreten mit diesen Bibelstellen rechtfertigen. So sagte etwa Yigal Amir, der Mörder Itzhak Rabins:

Hätte ich an der Einnahme von Eretz Israel [das in der Bibel verheißene Land] in biblischer Zeit teilgenommen, hätte ich auch Säuglinge und Kinder, wie im Buch Josua beschrieben, getötet.[88]

Wir können uns also leider nicht mit dem Gedanken trösten, dass solch unmenschliches Verhalten einer fernen Vergangenheit angehört oder nur noch in Ländern vorkommt, deren Bevölkerung von unseren hehren Idealen relativ unbefleckt ist. Und ebenso wenig handelt es sich ausschließlich um religiöse oder nationalistische Fantatiker. Heute stößt diese Denkweise, die früher nur Anhänger extrem rechter Ideen öffentlich vertraten, leider auf immer geringeren Widerstand bei dem weniger fanatischen Teil der israelischen Bevölkerung. Die Diskussion – zwar

---

* Es gibt einen bestimmten Grund, warum mich dieser Text besonders verstört. In meiner Jugend wurde von den Nazis ein Lied gesungen, das lautete: Deutschland, oh Deutschland, was bist du doch schön, weit und breit kein Jud' mehr zu sehn.

noch nicht über Genozid, wohl aber über die Vertreibung aller Palästinenser, die westlich des Jordan leben – hat jetzt sogar die höchsten politischen Kreise erreicht. Wie bereits im fünften Kapitel erwähnt,[89] ging Scharon nicht auf die Forderung der jordanischen Regierung ein, solche Pläne öffentlich zu dementieren.* Meiner Ansicht nach ist es höchst tragisch, dass diejenigen, die mit solchen Gedanken spielen, zu dem gleichen Volk gehören, das mit seiner Ethik den Grundstein zum modernen Sozialstaat gelegt und so viel zu seiner Entstehung beigetragen hat.

Die positiven Leistungen des klassischen Judentums – Sabbat und soziale Ethik

Das Judentum hat viel Positives zur modernen Welt beigetragen. Der gesetzliche Ruhetag, der Sabbat, wurde durch Vermittlung des Christentums und des Islam in weiten Teilen der Welt Allgemeingut. Dass es einen Tag in der Woche gibt, an dem nicht gearbeitet wird, ist wichtig. Dass die Orthodoxen dieses Gebot so zwanghaft auslegen, tut dem Wert des Tages keinen Abbruch, denn er erlaubt einem, nachzudenken, zu lernen und zu diskutieren – Dinge, die der Menschheit zum Guten gereicht haben.

Die historische Tatsache, dass das jüdische Volk die soziale Ethik der westlichen Welt formuliert hat, scheint auf gewisse Gegebenheiten in biblischen Zeiten zurückzugehen. Ein Fremder weckt automatisch Unsicherheit und Angst. Die wichtigsten

---

* Es ist so interessant wie bedrückend, dass auch diese etwas mildere Form der ethnischen Säuberungen ihr Vorbild in der Thora hat. So lesen wir im 4. Buch Mose 33, 55: Wenn ihr aber die Bewohner des Landes nicht vor euch her vertreibt, so werden euch die, die ihr übriglasst, zu Dornen in euren Augen werden und zu Stacheln in euren Seiten und werden euch bedrängen in dem Lande, in dem ihr wohnt.

Regeln der Gastfreundschaft bezogen sich daher auf ihn. Solange sich der Gast im Haus befindet und am gemeinsamen Tisch sitzt, können sich sowohl er wie der Gastgeber sicher fühlen. Das Gebot der Gastfreundschaft – das Geben und Annehmen von Speisen als Zeichen der Friedfertigkeit – galt für beide Seiten. Es zu brechen, war ein tief verwurzeltes Tabu. Aber wegen ihrer strengen Speisevorschriften konnten sich die Juden nicht daran halten. Vielleicht mussten sie sich deshalb etwas anderes einfallen lassen.

Die Regeln, an denen sich die Juden im Umgang mit Fremden zu halten haben, sind klar und gut begründet. Sie sind im 3. Buch Mose 19, 33-34 festgelegt:

Er soll bei euch wohnen wie ein Einheimischer unter euch, und du sollst ihn lieben wie dich selbst; denn ihr seid auch Fremdlinge gewesen in Ägyptenland.

Obwohl diese Übersetzung, an die wir uns gewöhnt haben, nicht ganz korrekt ist, war sie gut genug, um als Grundlage unserer sozialen Ethik zu dienen. Korrekter wäre: *Du sollst lieben deinen Anderen (Rea), er ist wie du.* Durch die folgende Begründung „denn ihr seid auch Fremdlinge gewesen" ist diese Übersetzung viel logischer. Sie stimmt auch mit der Hermann Cohens überein.[90] Nachdem die Juden zu Beginn ihrer Geschichte Fremdlinge gewesen waren, sollten sie dies wieder für die Dauer von fast zweitausend Jahren werden. Wenn es Menschen gibt, die wissen, wie es ist, Fremde zu sein, dann sind sie es.

Auch das zweite Buch Mose 20, 10 enthält ein für die heutige Ethik noch immer wesentliches Gebot, nämlich dass die Sabbatruhe auch für „den Knecht und die Magd" gilt. Die Tatsache, dass dieses Gebot im fünften Buch 5, 14 wiederholt wird, unterstreicht seine Bedeutung. Dass es auch tatsächlich befolgt wurde, auf jeden Fall in Deutschland vor 1933 und vermutlich auch anderswo in Europa, steht mir noch deutlich vor Augen. In meiner Jugend, als man in bürgerlichen Kreisen noch Personal hatte, wusste jeder, dass Angestellte am liebsten bei jüdischen Familien arbeiteten, weil sie sich dort generell freier fühlten und rücksichtsvoller behandelt wurden. Im vierten Abschnitt dieses Kapitels komme ich auf den Stellenwert der sozialen Ethik im deutschen Judentum nach Moses Mendelssohn zurück.

Intellektuelle Tradition

Großen Einfluss hat das Judentum auf die Methode der Textexegese ausgeübt. Dafür gibt es viele Belege. Bereits im ersten nachchristlichen Jahrhundert plädierte der Kreis um den Rabbiner Jochanan Ben Zakkai dafür, den Tempeldienst durch das Studium der Thora zu ersetzen.[91] Für ihn und seine Schüler sei dies Ziel und Zweck des Lebens, heißt es doch im Talmud:

Wenn du viel Thora gelernt hast, rechne es dir nicht als Verdienst an, denn dazu wurdest du ja erschaffen.[92]

Wer dies für eine übertriebene Form des Intellektualismus hält, hat recht; es ist zudem nur eine von vielen ähnlichen Äußerungen.

Da dem Studium eine so große Bedeutung beigemessen wurde, mussten alle Jungen lesen und schreiben lernen.[93] Ab etwa 150 n. Chr. scheint es üblich gewesen zu sein, dass sie vom sechsten oder siebten Lebensjahr an die Schule besuchten. In einem Land wie den Niederlanden wurde die Schulpflicht erst in der zweiten Hälfte des 19. Jahrhunderts eingeführt.

Bis zum Beginn des 19. Jahrhunderts hatten die Juden nur einen kleinen Anteil an den intellektuellen Entwicklungen außerhalb ihres eigenen Kulturkreises. Es gibt jedoch mindestens zwei Ausnahmen. Die erste betrifft die völlig undogmatische Auslegung des Alten Testaments. Im Talmud finden sich die gegensätzlichsten Kommentare verschiedener Rabbiner nebeneinander. So wurde der Schüler von Anfang an mit den unterschiedlichsten Auffassungen konfrontiert. Er musste eigenständig – zusammen mit dem Lehrer und den Mitschülern – über ein Problem nachdenken. Diese Übung, nicht von vornherein eine Autorität anzuerkennen, sondern sich allein auf das eigene Denken und die Diskussionen mit anderen zu verlassen, hat sicher die Methoden der modernen Wissenschaft beeinflusst. Alle Standpunkte und Interpretationen können stichhaltig sein, solange sie nur gut unterbaut sind. Dies gilt nicht nur für Debatten zwischen Rabbinern, sondern auch für die zwischen einem Rabbiner und seinen Schülern.

Während dogmatische Positionen verpönt waren, verdiente es jede gut fundierte und überzeugend vorgetragene Ansicht, gehört zu werden. Zu diesem Zweck lernte der Schüler eine Diskussionstechnik nach den so genannten hermeneutischen Regeln. So schreibt der Talmud jedem vor, der die Thora studieren will: *Suche dir einen Lehrer und sorge dafür, dass du einen Mitschüler hast und traue ihnen auch im Zweifelsfall.*[94] Umgekehrt wird gleichfalls darauf hingewiesen, dass auch der beste Lehrer etwas von einem intelligenten jungen Schüler lernen kann: *Dieser Vortrag [des Meisters] ist kein Monolog; vielmehr sind die Studenten an der Erarbeitung des Kommentars beteiligt: sie können Fragen stellen und Probleme aufwerfen*, lautet eine der Regeln.[95] Die Offenheit für die Ideen eines brillanten Studenten, etwas, was in der modernen Wissenschaft so geläufig ist, findet sich also schon in der Lehrtradition des klassischen Judentums. In diesem Zusammenhang kann ich der Versuchung nicht widerstehen, zwei Anekdoten aus meinem Leben als theoretischem Physiker zu erzählen.

Einige meiner Bekannten waren Assistenten bei dem berühmten Physiker und Nobelpreisträger Wolfgang Pauli in Zürich gewesen. Einer von ihnen, Ralph Kronig, später Professor in Delft, erzählte mir Folgendes. Pauli hatte ihn angestellt, um ihm ein Jahr lang als intellektueller Sparringspartner zu dienen. *Was erwarten Sie von mir, Herr Pauli*, hatte Kronig ihn in einem ersten Gespräch gefragt. *Herr Kronig*, antwortete Pauli, *es ist Ihre Aufgabe, mir regelmäßig, aber wohl begründet zu widersprechen.* Pauli war jüdischer Herkunft. Ich selbst habe jedoch eine ähnliche Erfahrung mit meinem Professor der theoretischen Physik Jan de Boer gemacht, der zwar kein Jude, aber ganz offensichtlich von seinen vielen jüdischen Kollegen beeinflusst worden war. Nachdem ich nach meinem ersten Staatsexamen einen Forschungsauftrag zu seiner Zufriedenheit ausgeführt hatte, sagte er:

Weil ich dich als meinen Schüler angenommen habe, werden wir jeden Freitagnachmittag von zwei bis fünf Uhr zusammenarbeiten, nur wir beide. Nun weiß ich, dass ich momentan mehr von theoretischer Physik verstehe als du, aber ich bin mir sehr wohl bewusst, und das solltest du auch sein, dass auch meinem Verständnis und meinem Begriff der Physik Grenzen gesetzt sind. Vielleicht gehe ich einer Sache nicht genug auf den Grund, vielleicht begehe ich einen logischen Fehler. Wenn ich also in unseren Gesprächen etwas sage, das du für falsch hältst, dann solltest du nicht sagen: „Professor, was Sie gerade ausgeführt haben, ist Unsinn!" Sondern: „Professor, ich begreife Ihre Argumentation nicht ganz." Dann versuche ich es noch ein Mal. Es ist durchaus möglich, dass ich selbst die Sache nicht ganz begriffen habe und dass du mich deshalb nicht richtig verstanden hast.

Diese Einstellung eines nichtjüdischen Wissenschaftlers passt ganz und gar in die talmudische Tradition.

Man könnte sagen, der wichtigste Beitrag des Judentums zur Weltgeschichte war die Erfindung des Monotheismus. Es ist unstrittig, dass die beiden größten monotheistischen Religionen, das Christentum und der Islam, ihren Ursprung im Judentum haben. Aber man kann sich die Frage stellen, wie diese historische Tatsache zu bewerten ist, positiv oder negativ.

Von rein philosophischem Standpunkt aus – zumindest von dem der Metaphysik – kann man die Idee einer *prima causa* oder eines Schöpfers gegenüber dem Polytheismus als einen Fortschritt betrachten. Aus moralischer Sicht ist dies nicht so eindeutig und zwar aus mindestens zwei Gründen. Erstens wirft die Vorstellung eines Schöpfer-Vaters sofort das Problem des gerechten Gottes auf: Wie kann Gott das Böse in der Welt zulassen? Eine viel gewichtigere Frage ist jedoch, ob der Monotheismus nicht zu unzähligen Kriegen und Verbrechen geführt hat. Die Kreuzzüge, die Inquisition, der Dreißigjährige Krieg und der Holocaust können nicht von ihren monotheistischen, christlichen Elementen losgelöst werden. Das unmenschliche Vorgehen der Juden in alttestamentlichen Zeiten im Namen ihres einzigen wahren Gottes habe ich oben bereits erwähnt. In der modernen Zeit haben sowohl Juden als auch Muslime und Christen im Namen ihres Gottes zahllose Verbrechen begangen. Die Erfindung des Monotheismus kann somit nicht ausschließlich als Glücksfall betrachtet werden.

2. Überleben

Einleitung

Das Überleben des jüdischen Volks ist an sich schon eine bemerkenswerte Sache. Eine Vielzahl von Faktoren hat dazu beigetragen, dass es als einziges Volk der Völker der Antike bis auf den heutigen Tag seine Identität bewahrt hat, wobei man zwischen den Jahrhunderten vor der Aufklärung und der Französischen Revolution und denen danach unterscheiden muss.

Da es in Deutschland vor der von den Nazis herbeigeführten Katastrophe jahrhundertelang jüdische Gemeinschaften gab, die immer wieder auch Blütezeiten erlebten, beschränke ich mich vor allem auf dieses Land. Abgesehen von Italien haben in keinem anderen Land Westeuropas so lange Juden gelebt. Nirgendwo sonst waren sie so erfolgreich und so einflussreich wie dort. Nur in Deutschland verstand es die jüdische Gemeinschaft, zum richtigen Zeitpunkt eine adäquate Antwort auf das wichtigste – und noch immer aktuelle – Problem des modernen Juden zu finden: Wie kann man ein emanzipierter, moderner Bürger sein und gleichzeitig den wichtigsten Werten des Judentums treu bleiben? Und ausgerechnet in diesem Land wurde die größte Katastrophe, die jemals über die Juden hereingebrochen ist, geplant und ausgeführt.

Vor der Aufklärung spielten der Gottesdienst im Allgemeinen und die katholische Kirche im Besonderen eine vorherrschende Rolle. In diese Welt fügte sich das Judentum verhältnismäßig gut ein, wenn auch auf zwiespältige Weise. Einerseits wurzelte das Konzept eines gerechten Gottes im Judentum. Die Kirche hat dies auch nie geleugnet, sei es auch nur, weil sie das Alte Testament stets als eines ihrer zwei heiligen Bücher betrachtet hat. Andererseits waren die Juden die schändlichen Mörder Jesu, des Gottessohns, und dafür mussten sie büßen. Die Ausgrenzung und Diskriminierung der Juden sollte jedem als Warnung dienen, der es wagte, die Sohnschaft Jesu Christi zu bezweifeln.

In der Zeit, da der Gottesdienst den natürlichsten sozialen Rahmen darstellte, überlebten die Juden als Gruppe vor allem durch ihr Festhalten am Religionskodex der Halacha mit ihren 613 religiösen Pflichten. Mochte ihr Leben auch schwer sein, geprägt von Armut, Verfolgung und Vertreibung, so bot die enge Gemeinschaft doch einen gewissen Schutz. Man kümmerte sich um die Armen und Schwachen, sodass für die, die auf solche Hilfe angewiesen war, das Verlassen der Gemeinschaft gar nicht in Frage kam. Durch die starke soziale Kontrolle war dies auch fast unmöglich. Obwohl es somit nicht leicht war, Jude zu sein, unterlag es keinem Zweifel, dass man einer war und was das bedeutete.

Reformation

Zu Beginn des 16. Jahrhunderts verlor die katholische Kirche durch die Reformation in einigen Ländern, in denen Juden lebten, an Macht. Die Glaubensspaltung hatte weitreichende Folgen. Auf politischem Gebiet trug die Reformation Luthers nicht wenig zu einem der wichtigsten Ereignisse in der europäischen Geschichte bei, dem Dreißigjährigen Krieg.

Der Verlust des Monopols der katholischen Kirche über das Denken und Handeln der Menschen machte den Weg für eine Reihe bedeutender Entwicklungen frei. Das Zeitalter der Aufklärung kündigte sich an. Und die wissenschaftliche Revolution des 17. Jahrhunderts sollte auf Dauer einen kaum zu überschätzenden Einfluss auf das tägliche Leben erlangen.

Folgen des Dreißigjährigen Krieges

Nichts bewirkt so greifbare gesellschaftliche Veränderungen wie eine historische Katastrophe. Für die deutschen Staaten stellte der Dreißigjährige Krieg eine solche Katastrophe dar. Er veränderte auch die Position der Juden[96], eine Veränderung, die nach Ansicht vieler letztendlich dramatische Folgen haben sollte.[97] In diesem zerstörerischen Kampf wurden gleichzeitig mindestens drei Konflikte ausgetragen:[98] zwischen dem Kaiser und den deutschen Fürsten, zwischen Katholiken und Protestanten und zwischen den wichtigsten europäischen Mächten, die auf dem Boden des Heiligen Römischen Reiches Deutscher Nation um die Vorherrschaft auf dem Kontinent kämpften.

Das Resultat der beiden ersten Konflikte war, dass Deutschland weniger zentralistisch regiert wurde, sodass die Juden mehr Chancen erhielten, sich an die neue Situation anzupassen. Der Westfälische Friede schränkte die Macht des Habsburger Kaisers stark ein. Der Krieg hatte Deutschland verwüstet, von etwa 21 Millionen Bewohnern des Reiches hatte ein Drittel den Tod gefunden.[99] Die Landesfürsten, die fast völlige Souveränität erlangt hatten, mussten ihre Länder wieder aufbauen. Schon während des Krieges hatten die Juden eine wichtige Rolle gespielt, nicht nur als Finanziere für die verschiedenen Parteien, sondern auch als Lieferanten von Waffen und anderer Ausrüstung. Nun wurden ihre Finanzkraft und ihr Handelsgeist noch mehr in Anspruch genommen. So rückte ein Phänomen, dass es schon im Mittelalter sporadisch gegeben hatte, stärker in den Vordergrund: das Hofjudentum.

Die Hofjuden

Nach Schätzungen gab es im 17. und 18. Jahrhundert einige Tausende dieser privilegierten Juden.[100] Sie und ihre Familien stellten über die Ghettomauern hinweg den ersten Kontakt zu der sie umringenden christlichen Gesellschaft her. Aber auch den anderen Juden war es nun in zunehmendem Maße möglich, Handel zu treiben, unter anderem mit Seide, Metall, Pferden und Vieh. So kamen immer mehr von ihnen in Berührung mit der Welt außerhalb des Ghettos. Die ersten Juden begannen als Hausierer über Land zu ziehen. Konnten Mitte des 17. Jahrhunderts nur wenige Hofjuden Deutsch lesen und schreiben, so beherrschten hundert Jahre später alle einigermaßen erfolgreichen jüdischen Kaufleute die deutsche Sprache. Der westjiddische Dialekt blieb jedoch bis Anfang des 19. Jahrhunderts weiterhin die Umgangssprache. Anfang des 18. Jahrhunderts erhielten Juden Zugang zu einer Reihe von protestantischen Universitäten.

Die ersten Schritte in die Außenwelt wurden möglicherweise durch ein dramatisches Ereignis innerhalb der jüdischen Gemeinschaft selbst erleichtert, nämlich durch das Auftreten eines charismatischen falschen Messias, Sabbataj Zewi aus Smyrna um 1650. Trotz seines wenig rühmlichen Schicksals – er wurde gezwungen, zum Islam überzutreten – war sein Einfluss durch die sabbatianischen Sekten während des gesamten 18. Jahrhunderts sehr stark. Diese Episode untergrub die Autorität der Rabbiner, sodass die sabbatianische Bewegung ironischerweise den Weg für die nächste wichtige Entwicklung im Judentum ebnete.[101] Dies betraf die Haskala, die jüdische Version der Aufklärung.

Aufklärung

Kant definiert die neue Weltsicht in Anlehnung an einen Ausspruch des römischen Dichters Horaz: *Sapere aude! Habe Mut, dich deines eigenen Verstandes zu bedienen!*[102] Der Mensch solle sich aller irrationalen, dogmatischen Ansichten entledigen, einschließlich der Intoleranz und des Aberglaubens, die durch die Hegemonie der Religion und der Kirche damals noch so stark waren.[103] Angesichts dieser Ziele hatten die Aufklärungsphilosophen im Allgemeinen wenig für das Judentum übrig.[104] In ihren Augen bildeten die Juden eine Glaubensgemeinschaft, deren Religion noch etwas irrationaler und ungebildeter war, als es Religionen sowieso waren. Diese Art der Kritik war vor allem in Frankreich zu Hause, wo Voltaire mit gehässigen Bemerkungen über die Juden nicht hinterm Berg hielt.[105] Als die Religion immer mehr von der Wissenschaft – und Pseudo-Wissenschaft – verdrängt wurde, kamen in Frankreich auch die ersten Theorien über die Minderwertigkeit der jüdischen Rasse in Mode.

Interessanterweise rückte ausgerechnet die Aufklärung in Deutschland die Juden in ein viel positiveres Licht.[106] Wie der amerikanische Historiker Fritz Stern so anschaulich beschrieben hat, war Deutschland damals kein Nationalstaat wie Frankreich oder Großbritannien. Wenigstens bis 1871, als Bismarck das deutsche Kaiserreich ausrief, bildete die deutsche Kultur das

Substitut für diese bindende Kraft. In welchem Fürstentum oder Kleinstaat der deutsche Bildungsbürger auch wohnte, er oder sie las und zitierte Goethe, Schiller oder Lessing. Auch die Juden besaßen keinen Nationalstaat, aber ihr gemeinsamer Nenner war die Thora und die Hochachtung vor Gelehrsamkeit und Wissen. Nach Poliakov spielte noch ein zweiter Faktor eine Rolle, nämlich die Position der Hofjuden und ihrer Nachkommen.[107] Sie waren wohlhabend, und ihr Wissensdurst richtete sich immer mehr auf die deutsche Kultur.

Moses Mendelssohn

Moses Mendelssohn ist eine der wichtigsten Gestalten der modernen jüdischen Geschichte. Er wurde 1729 im Ghetto von Dessau geboren. Als Schüler des berühmten Rabbiners David Fränkel folgte er diesem 1743 nach Berlin, um sein Studium des Talmud und der Thora fortzusetzen. In der preußischen Hauptstadt lernte er bald zwei junge jüdische Universitätsstudenten kennen, beide Nachkommen von Hofjuden. Abraham Kisch gab ihm Nachhilfe in Latein, Aaron Salomon Gumpertz war bewandert in Literatur und Naturwissenschaften.[108] Der letztere war für Mendelssohn der Beweis, dass Kenntnis der weltlichen Literatur, Philosophie und Wissenschaften nicht bedeutete, dass man kein gelehrter und frommer Jude war.

Zu einem Zeitpunkt, da Mendelssohn sich bereits der Philosophie zugewandt hatte, lernte er 1754 Lessing kennen, einen der führenden Vertreter der Aufklärung.[109] Es war der Beginn einer langen Freundschaft. Zwei Beispiele illustrieren den großen Einfluss, den Mendelssohn auf Lessing ausübte. Zum einen diente ein von Mendelssohn vorgelegtes Problem als Inspirationsquelle für den *Laokoon*, Lessings einflussreiches und bahnbrechendes Werk über die Ästhetik.[110] Und in seinem berühmten Drama *Nathan der Weise* setzte Lessing seinem Freund ein Denkmal. Es war das bisher wichtigste Theaterstück, in dem Juden nicht als Karikaturen auftraten, sondern als echte Menschen mit bewundernswerten Eigenschaften, eine für das damalige Publikum ganz neue Erfahrung.

Mendelssohns Einfluss auf die jüdische Gemeinschaft rührte unter anderem von der Übersetzung des Pentateuch, der ersten fünf Bücher der Thora, her, die er in überaus schönem Hochdeutsch anfertigte. Ihre Wirkung war durchaus vergleichbar mit der, die zweihundert Jahre zuvor die Lutherbibel auf die nichtjüdische Welt ausgeübt hatte. Mendelssohns noch in hebräischen Buchstaben gedruckte Übersetzung erschien zwischen 1781 und 1783.[111] Noch nicht einmal eine Generation später stand dieses Werk im Bücherschrank jeder gebildeten jüdischen Familie in Mitteleuropa.[112] Da viele Juden hierdurch Deutsch lernten, konnten sie auch die Kultur in dieser Sprache aufnehmen. Wie wir sehen werden, sollten sie dies mit großem Enthusiasmus und Eifer tun – und mit großem Erfolg.

Mendelssohns Schüler

Von denen, die stark von ihrem Meister beeinflusst wurden – und ihn beeinflussten –, müssen einige genannt werden. An erster Stelle Marcus Herz (1747-1803), der an der Königsberger Universität neben Medizin Philosophie bei Kant studiert hatte und seinen Lebensunterhalt als Arzt verdiente. Seine fünfzehn Jahre jüngere Frau Henriette sollte den ersten literarischen Salon Berlins ins Leben rufen, in dem fast alle Berühmtheiten der damaligen Zeit verkehrten, wie die Brüder von Humboldt, Schiller, Heine, Schlegel und Schleichermacher.

Ein Freund von Herz aus Königsberg, der ebenfalls bei Kant studiert hatte, war David Friedländer. Er wurde einer der besten Freunde Mendelssohns. Friedländer war ein vehementer Befürworter der Anpassung der Juden an die nichtjüdische Kultur, nicht nur im täglichen Leben, sondern auch auf religiösem Gebiet. Zusammen mit seinem Schwager Isaac Itzig gründete er 1781 die erste jüdische Schule, an der auch säkulare Fächer wie Französisch, Deutsch, Geographie und Buchhaltung unterrichtet wurden.[113]

3. Herausforderungen der Emanzipation und neuer Antisemitismus

Eine Schockwelle in der Geschichte – ein Überblick

Mit der Französischen Revolution von 1789 erhielt nach Norman Davies

[...] das Wort ‚Revolution' seine moderne Bedeutung: Es handelte sich nicht nur um einen politischen Aufstand, sondern um den Umsturz einer Machtstruktur mit all ihren sozialen, wirtschaftlichen und kulturellen Grundlagen.[114]

Die Französische Revolution hatte auch tief greifende Auswirkungen auf die jüdische Gemeinschaft, umso mehr als sich die Kontakte mit der nichtjüdischen Welt in den vorangegangenen fünfzig Jahren bereits intensiviert hatten. Besonders die Ideen über die Gleichheit aller Menschen sollten die Lebensumstände der Juden verändern. Zwar ließ der Wandel länger auf sich warten, als die Anhänger der Revolution und ihrer Ideale erhofft hatten, aber er kam, wenn auch, was die Juden betrifft, nur für kurze Zeit.

Die oben zitierte Definition des Wortes ‚Revolution' stimmt recht genau mit der Umschreibung überein, die der jüdische Historiker Dubnow 1920 machte. Er stellte die Entwicklung nach der Revolution als eine Abfolge von Emanzipation und Reaktion dar.[115] Der Naturwissenschaftler in mir sieht hierin eine historische Schockwelle, die durch die dramatischen Ereignisse von 1789 ausgelöst wurde. Dubnow identifiziert vier klar voneinander zu unterscheidende Phasen:

– Die erste Emanzipation, die französische (1789-1815). Nach der Emanzipation der Juden in Frankreich proklamierten andere Staaten unter dem Einfluss der Französischen Revolution und des Napoleonischen Kaiserreichs die Gleichheit aller Bürger.

– Die erste Reaktion, eine allgemein europäische (1815-1840). Die Rechte, die die Juden erhalten hatten, wurden fast überall widerrufen.

– Die zweite Emanzipation, die deutsche (1848-1881). In den Ländern überwiegend deutscher Kultur wurde die rechtliche, wenn auch nicht immer die faktische Gleichberechtigung der Juden eingeführt.

– Die zweite Reaktion, die antisemitische (1881-1914). Der gesellschaftliche Antisemitismus war so stark, dass die Gleichberechtigung der Juden nicht (vollständig) in die Praxis umgesetzt werden konnte.

Diese von außen einwirkenden Prozesse der Emanzipation und Reaktion lösten auch zweierlei Reaktionen in der jüdischen Gemeinschaft aus. Im Vertrauen darauf, dass die wachsende Säkularisierung schließlich das volle Bürgerrecht bringen werde, beschritten immer mehr Juden den Weg der Assimilation.* Die reaktionären Maßnahmen, die auf die jüdische Emanzipation

* Es ist interessant, dass Dubnow als früher Zionist diesen Prozess auch ‚Denationalisierung' nennt. Aber als gewissenhafter Historiker erkennt er auch, dass diese in der jüdischen Geschichte mehrmals stattgefunden hat, namentlich in der hellenistischen Zeit und während der arabischen Renaissance.

folgten, führten jedoch auch zum Aufleben des jüdischen Nationalismus. Wie wir sehen werden, entsprach dieser den allgemeinen nationalistischen Bestrebungen in den meisten europäischen Ländern, ja konnte sie sogar an Heftigkeit übertreffen.

Eine detailliertere Betrachtung

Außer durch sozioökonomische Entwicklungen wurde die Französische Revolution auch durch eine Mentalitätsveränderung ausgelöst. Der Rationalismus brachte die Aufklärung hervor, die unter anderem eine Abkehr von der absolutistischen Staatsauffassung beinhaltete. Dies führte zu Antiklerikalismus und Antiroyalismus. Eine der wichtigsten Erkenntnisse des Rationalismus war die wesentliche Gleichheit aller Menschen, heute würden wir sagen Gleichwertigkeit. Auch die Juden waren Bürger wie alle anderen, eine Auffassung, die gegen Ende des 18. Jahrhunderts keineswegs Allgemeingut war. Napoleon verbreitete diese Idee über fast ganz Europa. Ihre Verwirklichung wurde manchmal mit Gewalt erzwungen. Es ist daher nicht verwunderlich, dass nach Napoleons Sturz 1815 eine Reihe der emanzipatorischen Maßnahmen nicht gleich in das Gesetzbuch aufgenommen wurden, was für manchen Juden, der sich die westeuropäische Kultur bereits zu Eigen gemacht hatte, eine große Enttäuschung bedeutete. In dem jungen säkularen Zeitalter kam die Rückkehr zur Orthodoxie nicht in Frage, und das liberale Judentum musste sich erst noch entwickeln. Dies hatte zur Folge, dass im ersten Jahrzehnt des 19. Jahrhunderts auffällig viele Juden – beispielsweise in Berlin – zum Christentum konvertierten.[116]

In der zweiten Hälfte des 19. Jahrhunderts wurde dann im größten Teil Europas die Gleichberechtigung der Juden im

Gesetz verankert. Auch die meisten Berufe waren ihnen nun zugänglich. Mussten sie sich früher hauptsächlich auf den Handel beschränken, konnten sie nun zum ersten Mal Berufe wählen, die ihren Interessen und Talenten entsprachen. In der jüdischen Tradition standen intellektuelle Fähigkeiten in hohem Ansehen; von klein auf wurden die Kinder in diesem Geist erzogen. Das galt auch für den Einsatz und die Gewissenhaftigkeit bei der Ausübung des Berufs. Gegen Ende des 19. Jahrhunderts waren die Juden dann auch besonders erfolgreich als Juristen, Ärzte, Unternehmer, Wissenschaftler und in ihrem angestammten Beruf, dem Handel. Vor allem in Mitteleuropa waren sie in diesen Bereichen sehr bald überrepräsentiert. Diese rasche Anpassung war so bemerkenswert, dass Theodor Fontane ihr ein Gedicht widmete. In all seinen Büchern, schreibt er, habe er das preußische Land und seine Bewohner porträtiert. Aber wer gratulierte ihm zu seinem fünfundsiebzigsten Geburtstag? Nicht die Preußen, sondern gänzlich unerwartet viele, viele Juden, die sein Werk kannten und bewunderten. Um einige Zeilen aus dem Gedicht *An meinem 75ten* zu zitieren:

> *Jedem bin ich was gewesen,*
> *Alle haben sie mich gelesen,*
> *Alle kannten mich lange schon,*
> *Und das ist die Hauptsache. … „Kommen Sie, Cohn."*

Der Erfolg der jüdischen Bürger erregte Neid bei den Nichtjuden, und diese Mischung aus Neid und neuen Theorien über den Menschen und die Gesellschaft sollte sich als äußerst gefährlich erweisen.

Wie erwähnt dauerte es fast fünfzig Jahre, bis sich die Ideen, die Napoleon über Europa verbreitet hatte, mehr oder weniger durchgesetzt hatten. In dieser Periode hielt die Geschichte zwei unangenehme Überraschungen für die Juden bereit. Zum einen trat unmittelbar nach der Aufklärung, die die Gleichheit der Menschen propagiert hatte, der moderne Nationalismus in Erscheinung. Wiederum wurden die Juden als wesentlich anders als der Rest der Bevölkerung gesehen, zumindest in jenen Kreisen, in denen sie als ein eigenes Volk galten. Zum anderen kam zu dem Zeitpunkt, da die Religion als unterscheidender Faktor an Bedeutung zu verlieren begann, eine neue Doktrin auf, die pseudowissenschaftliche Rassentheorie (siehe auch das 3. Kapitel).

Obwohl die Juden aufgrund ihrer gemeinsamen Religion, ihres vielerorts gemeinsamen Schicksals in der Diaspora und ihrer gemeinsamen Kultur als ein Volk gelten konnten, waren sie in den Augen der Rassisten keines. Die Antisemiten definierten sie als eine Rasse, und dies trotz der Tatsache, dass die Juden sich, seit fast zweitausend Jahren in alle Himmelsrichtungen versprengt, vermutlich mehr mit anderen Völkern vermischt hatten – nicht zuletzt aufgrund von Vergewaltigungen* – als jede andere Bevölkerungsgruppe. Die Behauptung, die Juden seien eine Rasse – und zwar natürlich eine Rasse minderwertiger Qualität! – entbehrt auch auf Grund dieser genetischen Vielfältigkeit jeder wissenschaftlichen Grundlage. Dennoch verbreiteten sich derartige Anschauungen in ganz Europa.[117] Dass die sogenannten semitischen Rassen der germanischen unterlegen seien, drang in den siebziger Jahren des 19. Jahrhunderts in das deutsche öffentliche Leben ein. Auffälligerweise geschah dies nach dem Börsenkrach von 1873.

Das aufsehenerregendste antisemitische Ereignis, das sich als besonders folgenreich erweisen sollte, fand in Frankreich statt:

---

* Hiermit hängt das jüdischen Gesetz zusammen, daß derjenige als Jude gilt, dessen Mutter Jüdin ist.

Die Dreyfus-Affäre hielt die französische Öffentlichkeit nahezu zwölf Jahre lang, von 1894 bis 1906, in Atem. Dreyfus, der einzige Offizier jüdischer Herkunft im Generalstab wurde aufgrund gefälschter Dokumente wegen Hochverrat verurteilt. Nur durch den Protest des einflussreichen Schriftstellers Emile Zola wurde das Verfahren wieder aufgenommen und Dreyfus voll rehabilitiert.

4. Die erste Reaktion auf die Emanzipation

Bildungs- und Glaubensreform

Mendelssohn war noch ein frommer Jude gewesen, der die Kenntnis des Hebräischen fördern wollte, damit die Juden ihr geistiges Erbe besser kennenlernten. Sein junger Freund David Friedländer war viel radikaler. Er hielt sich nicht mehr an die religiösen Bräuche und setzte sich für die Reform des Glaubens ein.[118] Als Schüler der Aufklärung war er der Ansicht, man müsse die Predigten und Gebete von den mystischen Einflüssen der Kabbala befreien. Die Zeremonien müssten von ihren „orientalischen" Elementen gereinigt und moderner gestaltet werden. Aber da sich die Konservativen heftig dagegen wehrten, kamen Mendelssohns Anhänger zu dem Schluss, Veränderungen ließen sich nur über das Schulwesen erreichen. So wurden zwischen 1778 und 1816 zehn moderne Schulen gegründet, die weltliche Unterrichtsfächer mit traditioneller jüdischer Erziehung verbanden.[119]

Einer der tonangebenden Pädagogen war Israel Jacobson, der 1801 eine Schule in Seesen eröffnete. Acht Jahre später, als Jérôme Bonaparte König von Westfalen war, gründete er in Kassel eine einflussreiche Schule. Als Neuerung wurde eingeführt, dass manche Gebete auf Deutsch gesprochen, deutsche Lieder gesungen und wöchentlich die Predigt auf Deutsch gehalten wurden. Der Bau und die Einweihung einer Synagoge 1818 in Hamburg markiert den Anfang der eigentlichen

Reformbewegung. In den ersten Jahrzehnten konzentrierte man sich vor allem auf die ästhetische Seite des Gottesdienstes. Dieser musste modernisiert werden und mit mehr Anstand und Würde einhergehen. Um den traditionellen Juden Paroli bieten zu können, wurde die Reformbestrebung auch philosophisch untermauert.

Die Wissenschaft des Judentums

Zur frühen Reformbewegung gehörte der *Verein für Kultur und Wissenschaft des Judentums*, der sich dem Studium der jüdischen Geschichte und der religiösen Schriften widmete. Einer seiner wichtigsten Vertreter war Leopold Zunz, der 1832 *Die gottesdienstlichen Vorträge der Juden* veröffentlichte. In der Vergangenheit, so wies er nach, waren in vielen jüdischen Gemeinden die Predigten über biblische Geschichten in der Umgangssprache gehalten worden.[120] Das Judentum sei somit von jeher neuen Ideen und Ausdrucksformen aufgeschlossen gewesen und habe die religiöse Praxis den Zeitumständen angepasst. Veränderung gehöre auch zur Tradition.

Von allen deutschen Philosophen übte Kant den größten Einfluss auf die Entstehung des liberalen Judentums aus, und dies, obwohl er selbst den jüdischen Glauben recht rückständig fand.[121] Als Antwort hierauf wiesen die Reformer darauf hin, dass das Judentum von allen Religionen der Moral die höchste Beachtung schenke und daher für die Zukunft besonders wertvoll sei. Einer der ersten, der diese Ansicht in seinen Schriften vertrat, war Solomon Ludwig Steinheim (1789-1866). In seinem Hauptwerk *Die Offenbarung nach dem Lehrbegriff der Synagoge* (1835) legt er dar, dass in jüdischen Moraltexten häufig die Rede davon sei, der freie Mensch diene Gott, indem er aus freien Stücken sein Leben nach ethischen Grundsätzen einrichte.

Unerwartete Herausforderungen, der Vorwurf des Legalismus

In der ersten Hälfte des 19. Jahrhunderts stand die Reformbewegung vor allem im Zeichen des universalistischen Denkens der Aufklärung.[122] Die jüdischen Reformer glaubten, die Modernisierung des Judentums sei Teil des allgemeinen Fortschritts der aufgeklärten Menschheit. Aber im Laufe der Zeit traten Nationalismus und neuer Antisemitismus immer mehr in den Vordergrund. Die Emanzipation der Juden ging nicht, so stellte sich heraus, mit ihrer zunehmenden Anerkennung einher. Dies stürzte das liberale Judentum in eine unerwartete Krise.

Ab etwa 1880 machte die wissenschaftliche Erforschung alter Kulturen und Sprachen große Fortschritte. So wurde immer deutlicher, dass das Judentum viele Gebote und Rituale aus dem alten Mesopotamien übernommen hatte. Einige Wissenschaftler betonten die große Bedeutung der Gesetze für den jüdischen Glauben, wohingegen es in der Lehre Jesu um Spiritualität und Ethik gehe. Sicher, auch die jüdischen Propheten legten großen Wert auf Ethik, aber ihre Botschaft sei doch durch den exzessiven Legalismus der Rabbiner in den Hintergrund gedrängt worden.[123] Dieser halb wissenschaftliche, halb theologische Angriff auf das Judentum hatte sicher auch etwas mit dem neuen Antisemitismus zu tun. Die Antwort der liberalen jüdischen Denker ließ nicht lange auf sich warten. Ihnen, die gerade die Ethik als den eigentlichen Kern des Judentums betrachteten, war es besonders wichtig nachzuweisen, dass die individuelle und soziale Ethik in der jüdischen Tradition nicht weniger als im Christentum verankert ist. Sie wollten nicht nur die Kritik widerlegen, sondern auch die Juden in ihrer Selbstachtung stärken. Mit diesem Ziel vor Augen veröffentlichte Moritz Lazarus (1824-1903) 1898 seine *Ethik des Judentums*, ein Buch, in dem er ausführlich auf die Reformbewegung eingeht, die schon seit längerer Zeit dafür plädiere, statt der Rituale die Ethik in den Mittelpunkt zu stellen. Die jüdische Ethik, so Lazarus, unterscheide sich von der christlichen durch ihren stärkeren sozialen Charakter.

Ethik als die Essenz des modernen Judentums

Es ist hier nicht der Ort, einen Überblick über alle jüdischen Denker und Schriftsteller zu geben, die sich in dieser Periode mit der Bedeutung der Ethik beschäftigt haben. Ich möchte nur anhand einiger Zitate zeigen, dass sie alle die soziale Ethik für den Kern des Judentums hielten.

In *Response to Modernity* nennt Michael A. Meyer den Philosophen Hermann Cohen (1842-1918), Begründer der neukantianischen *Marburger Schule*, den bedeutendsten jüdischen Denker des ausgehenden 19. Jahrhunderts.[124] Cohen habe die jüdischen Zeremonien nur insofern für wichtig gehalten, als sie ethische Werte symbolisieren konnten. Er glaubte, dass

[...] die Einheit Gottes eines Tages ihre Entsprechung in der Einheit der Menschheit finden werde. Seiner Ansicht nach war der Messianismus die wichtigste und originellste Frucht des jüdischen Geistes. Und dabei zielte er nicht auf etwas, was irgendwann in ferner Zukunft eintreten werde, sondern auf den immerwährenden Auftrag moralischer Erhebung.

Der letzte große Vertreter des liberalen deutschen Judentums war der Rabbiner Dr. Leo Baeck (1873-1956). Er überlebte den Holocaust und ging nach dem Krieg nach England. Ich möchte einige Sätze aus der Erstausgabe seines Hauptwerks, *Das Wesen des Judentums* (1905), zitieren:[125]

Der Mensch ist im Ebenbild Gottes geschaffen. [....] Wie groß immer der Gegensatz zwischen Menschen ist, die Gottesebenbildlichkeit ist ihnen allen charakteristisch und gemeinsam. [...] Der edelste Adel, der einem Menschen gegeben sein kann, ist allen gegeben. Ihn einem absprechen hieße ihn allen rauben. [...] Simon ben Asai sprach: „Dies ist das Buch der Menschengeschichte. Da Gott den Menschen schuf, schuf er ihn im Ebenbilde Gottes" – hierin ist die Summe der Thora enthalten.*

Im Kapitel *Der Glaube an den Mitmenschen* gibt Baeck der Konsequenz dieses Gedankens noch klareren Ausdruck:

Mit dem religiösen Begriff „Mensch" ist notwendig zugleich der Begriff „Nebenmensch" gegeben, auch er eine der großen Entdeckungen des israelitischen Genius. Und damit auch der Begriff der Humanität in ihrem wahren Sinne, in dem des Verständnisses für die innerste Art des Nebenmenschen, der Achtung vor der Menschenwürde, vor dem Göttlichen in allem, was Menschenantlitz trägt. [...] Die Achtung, die wir dem Nebenmenschen schulden, ist so nicht ein einzelnes Gebot, nicht ein Gebot unter Geboten. Die Anerkennung des Nächsten stellt vielmehr den ganzen Inhalt der Sittlichkeit dar, den ganzen Reichtum dessen, was Gott von uns, um

* Einer der so genannten Tannaim, der Gelehrten, die die mündliche Lehre, die Mischna (die als Grundlage des Talmuds dient) aufgeschrieben haben. Er wirkte im ersten Jahrzehnt des 2. Jahrhunderts n. Chr.

unserer von Gott gegebenen Menschenwürde verlangt. Sie bezeichnet den Inbegriff der Pflicht.

Das Erbe des amerikanischen Judentums

Wie groß die Wirkung dieser ethischen Renaissance auf das Judentum war, geht aus der kurzen Grundsatzerklärung des amerikanischen Zweigs des liberalen Judentums hervor.[125] Im so genannten Pittsburgh Programm von 1885 heißt es unter anderem:

Wir betrachten die mosaische Gesetzgebung als eine Anzahl von Regeln, die das jüdische Volk für die Aufgabe erziehen sollten, die es als Volk in Palästina hatte. In der heutigen Zeit erkennen wir nur ihre ethischen Gesetze als verbindlich an und bewahren wir nur solche Zeremonien, die unser Leben erheben und heiligen; wir verwerfen hingegen all diejenigen, die nicht mehr zu den Erkenntnissen und Gewohnheiten der modernen Gesellschaft passen.

Mir erscheint dieser Text auf bewundernswürdig klare Weise wiederzugeben, was das moderne Judentum ausmachen sollte. Der letzte Punkt des Programms betrifft die Mitverantwortung moderner Juden für soziales Unrecht:

In völliger Übereinstimmung mit dem Geist der mosaischen Gesetzgebung, die die Beziehungen zwischen Reich und Arm zu ordnen versucht, halten wir es für unsere Pflicht, an der großen Aufgabe unserer Zeit mitzuwirken, auf der Grundlage von Recht und Gerechtigkeit die Probleme zu lösen, die die Gegensätze und Mängel der heutigen Gesellschaftsordnung mit sich bringen.

Die nächste amerikanische Grundsatzerklärung stammt erst aus dem Jahr 1937. Das Datum legt nahe, dass sich in ihr die Erfahrungen des Ersten Weltkriegs und das bedrohliche Aufkommen des NS-Regimes in Deutschland spiegeln.

Ethik und Religion: Im Judentum bilden Religion und Sittlichkeit eine unverbrüchliche Einheit. Gott suchen bedeutet nach Heiligkeit, Gerechtigkeit und Tugend streben. Die Liebe zu Gott ist unvollständig ohne die Liebe zum Mitmenschen. Das Judentum betont die Verwandtschaft der menschlichen Rasse, die Heiligkeit und Würde des menschlichen Lebens und der Person und das Recht des Einzelnen auf freie Entfaltung seiner Persönlichkeit. Gerechtigkeit für alle, ungeachtet der Rasse, Konfession oder Klassenzugehörigkeit, ist ein unveräußerliches Gut und eine Verpflichtung, der sich niemand entziehen kann.

Der letzte Punkt dieser Erklärung trägt die Überschrift *Frieden*:

Das Judentum hat von den Tagen der Propheten an der Menschheit das Ideal des universellen Friedens verkündet. Die geistige und physische Entwaffnung aller Völker ist eines ihrer wesentlichsten Grundsätze. Es verabscheut jegliche Gewalt und stützt sich auf moralische Erziehung, Liebe und Mitmenschlichkeit, um den Fortschritt zu sichern. Es betrachtet Gerechtigkeit als das Fundament des Wohlergehens der Völker und als Voraussetzung für dauerhaften Frieden.

5. Die andere Antwort auf den neuen Antisemitismus: Zionismus

Nationalismus in Europa

Die Geschichte hatte, wie gesagt, nach der Französischen Revolution für die Juden zwei unangenehme Überraschungen in petto. Der Sturz des Ancien Régime weckte Hoffnungen. In der Napoleonischen Zeit, von 1806 bis 1812, erhielten die Juden im französischen Herrschaftsbereich (unter anderem in Westfalen) die vollen Bürgerrechte, doch war dieser Fortschritt in der Regel nur von kurzer Dauer. Einerseits fasste die Gleichheitsidee im Zuge der Expansionspolitik Napoleons auch in anderen Ländern Fuß, andererseits weckten Besetzung und Kriege vielerorts ein Nationalbewusstsein, das sich wie ein Flächenbrand ausbreitete. Die nationalistischen Gefühle, Ansichten und politischen Strömungen sollten kennzeichnend für das ganze neunzehnte und zwanzigste Jahrhundert sein. Auf die Stellung der Juden hatte dies zweierlei Auswirkungen. Zu Beginn des 19. Jahrhunderts waren sie noch immer oder wieder ‚Fremde' im eigenen Land, wenn auch auf andere Weise als vor der Aufklärung. Die Schlagworte der Französischen Revolution mochten zwar nun auch für sie gelten, aber die Juden waren nicht eigentlich Teil der Nation. Der Nationalismus implizierte, dass ein moderner, homogener Nationalstaat* kein anderes Volk in seinen Grenzen zu tolerieren bereit war, also auch die Juden nicht. Bezeichnend für diese Ansicht ist der berühmte Ausspruch eines Befürworters der Emanzipation, des Grafen Clermont-Tonnère, der schon im Dezember 1789 in der Nationalversammlung verkündete: *Den Juden als Nation ist alles zu verweigern, den Juden als Menschen aber ist alles zu gewähren.*[127]

Der ‚Bindestrich-Jude'

Schon vor der Aufklärung und der Französischen Revolution galten die Juden als Fremde. Fremde mit einem anderen Glauben, zwar nicht einem völlig unbekannten, aber einem *falschen* Glauben. In zahlreichen Ländern und Gegenden waren sie die einzigen Fremden. Die starke Nationalstaatsbewegung nach der französischen Zeit zwang nun die Juden, ihre separate Ethnizität, beziehungsweise den Anspruch, zu einem sich von der Mehrheit unterscheidenden Volk zu gehören, zu bagatellisieren. Unzählige sollten es sogar ganz leugnen. Ein Jude in Frankreich oder Deutschland betrachtete sich als Franzose oder Deutscher mosaischen Glaubens. So wurden viele deutsch-jüdische Bürger (der ‚Bindestrich-Jude')[128] Mitglied des *Central-Vereins deutscher Staatsbürger jüdischen Glaubens.* Die nationale Begeisterung zu Beginn des Ersten Weltkrieges machte auch vor den jüdischen Bürgern nicht halt. Sie waren Deutsche jüdischen Glaubens, die als Patrioten Seite an Seite mit ihren christlichen Kriegskameraden für ihre Heimat kämpften und starben. Und es gab eine ganze Reihe von ‚Bindestrich-Juden', die einander in den Schützengräben zweier feindlicher Armeen gegenüber lagen.

Es war nicht ganz unproblematisch, ein ‚Bindestrich-Jude' in der Armeeuniform eines europäischen Landes zu sein. Im zunehmend antisemitischen Klima Frankreichs fand man in den höheren Kreisen offensichtlich nichts dabei, einen untadeligen und völlig assimilierten Juden wie Alfred Dreyfus bewusst fälschlich des Landesverrats zu bezichtigen. Als der Prozess 1894 begann, war ein anderer ‚Bindestrich-Jude', ein ebenfalls völlig assimilierter österreichischer Journalist, Korrespondent der Wiener *Neuen Freien Presse* in Paris. Er hieß Theodor Herzl (1860-1904). Er sollte den Antisemitismus, der vor seinen Augen ein ganzes Land in den Bann schlug, ein Land, das sich selbst als Kulturnation rühmte, nie mehr vergessen. Er hatte sich zuvor kaum mit dem Judentum verbunden gefühlt. Nun änderte sich seine Einstellung. *Der Feind macht uns ohne unseren Willen zu einem Volke*, schrieb er.[129] Nur ein eigenständiger jüdischer Staat verheiße noch Rettung. Aus dieser Idee heraus entstand die Schrift *Der Judenstaat*, die 1896 erschien.

Die Ereignisse in Russland

Als Herzl seine Schrift veröffentlichte, wusste er nicht, dass bereits 1892 in Russland ein Buch erschienen war, in dem der jüdische Arzt Leo Pinsker ähnliche Ideen verkündete.[130] So wie Herzls Triebfeder die antisemitische Welle in Frankreich war, so verfasste Pinsker sein Buch anlässlich der Pogrome, die 1881 von Elisawetgrad aus ihren Anfang nahmen. Sie setzten sich auch im folgenden Jahr fort und sollten sich 1903 und 1904 wiederholen. Diese Übergriffe wurden im Polizeistaat des Zaren Alexander III. staatlich geduldet. Vielfältige Restriktionen, nicht zuletzt die Beschränkung des Zugangs zu den höheren Schulen, sorgten dafür, dass allein im Jahr 1881 achttausend Juden in die Vereinigten Staaten emigrierten.

Wie groß die Verzweiflung der osteuropäischen Juden war, belegt die Tatsache, dass bis 1914 drei Millionen ihrem Beispiel folgten. Aber in der Verzweiflung keimte neue Hoffnung auf. Eine erste kleinere Auswanderungswelle erreichte auch Palästina. Angeregt wurden diese Pioniere von Moses Lev Lilienblum (1843-1910), der sich als Verfechter einer Glaubensreform einen Namen gemacht und schon 1881 in Artikeln die Wiedergeburt Palästinas als nationale Heimstätte für die Juden propagiert hatte. Die Bewegung wurde unter dem Namen *Freunde von Zion* bekannt. Ziel sei es, so Lilienblum, die Kolonisierung Palästinas so voranzutreiben, dass innerhalb eines Jahrhunderts praktisch alle Juden aus dem feindlichen Europa in das Land ihrer Väter, auf das sie ein Anrecht hätten, übergesiedelt seien.

Die extrem antisemitische Politik Alexander III. erschwerte den Juden das Leben immer mehr. 1882 wurden sie in ihrem Wohnrecht beschränkt. Diejenigen, die eine Zeit außerhalb ihrer Heimatgegend verbracht hatten, mussten eine Erlaubnis einholen, wenn sie nach Hause zurückkehren wollten. Sogar Männern, die ihren Militärdienst fern der Heimat abgeleistet hatten, wurde die Rückkehr oft verweigert, eine äußerst zynische Form der Repression und Erniedrigung. Auch der Umzug in ein anderes Dorf war in vielen Fällen verboten. 1887 wurde der Anteil der Juden an staatlichen Bildungsanstalten begrenzt.

Angesichts dieser Umstände war es nicht verwunderlich, dass nicht nur die Zahl der Emigranten in die Vereinigten Staaten rasch zunahm, sondern auch die der Befürworter einer nationalen Heimstätte in Palästina. Die Freunde von Zion gründeten Gruppen in verschiedenen Städten. Ihr Zentrum war Odessa, wo Pinsker und Lilienblum eine Organisation für die territoriale

Wiedergeburt des jüdischen Volkes ins Leben riefen. Die Gründungskonferenz fand 1884 in Kattowitz statt.

Die ersten Pioniere, die erste Alija

Im Frühling 1882 wurde in Charkow eine vornehmlich aus Studenten bestehende Gruppe unter dem Akronym Bilu (*Beit Jakob lechu unelcha*, ‚Haus Jakobs, wir wollen aufbrechen') gegründet, die sich zum Ziel setzte, in Palästina landwirtschaftliche Musterkolonien aufzubauen. Einige hundert Anhänger schlossen sich der Bilu an verschiedenen Orten Russlands an. Im Juni oder Juli jenes Jahres wanderten einige Dutzend von ihnen nach Palästina aus. Als die türkischen Behörden sie daran hinderten, in Jaffa an Land zu gehen, mussten sie nach Port Said in Ägypten ausweichen und von dort durch die Sinai-Wüste bis nach Palästina reisen. Dass die dort lebenden Araber sie nicht mit offenen Armen empfingen, versteht sich. Die türkische Regierung war nicht bereit, ihnen ein hinreichend großes Grundstück für die Kolonisierung abzutreten, und so arbeiteten viele als Landarbeiter auf den bereits bestehenden landschwirtschaftlichen Betrieben, wie Mikweh Israel, der 1870 von dem Pariser Wohltätigkeitsverein ‚Alliance' gegründet worden war. Anderen gelang es, ein Stück Grund zu erwerben und die erste Landwirtschaftskolonie unter dem Namen Rischon Lezion zu gründen.

Hitze, Trockenheit und Krankheiten setzten ihnen in der neuen alten Heimat zu. Der Anfang war für sie, die als Studenten an harte Arbeit nicht gewöhnt waren, nicht leicht. Aber sie schlugen ein neues Kapitel der jüdischen Geschichte auf. Als die ersten nichtreligiösen, nationalistischen Kolonisten waren sie nach Palästina gekommen, und damit war der Damm gebrochen. In den Annalen des Zionismus gilt diese Einwanderungswelle als die Erste Alija, der erste Schritt in die Zukunft im Land der Väter. Im gleichen Jahr 1882 folgten zwei Gruppen aus Rumänien, und im Jahr darauf weitere aus Russland.

Die Urbarmachung des Landes, das jahrhundertelang brach gelegen hatte, erforderte nicht nur viel Arbeit, sondern auch beträchtliche Geldmittel. 1884 kam den Pionieren der Pariser Bankier, Philanthrop und Kunstsammler Baron Edmond Rothschild zu Hilfe, der Millionen in das Werk der Kolonisten steckte. Später sollte es zu einem Zerwürfnis zwischen den von Rothschild ernannten Verwaltern, die dem nationalen Ideal des Judentums gleichgültig gegenüber standen, und den Siedlern kommen, was den Schwung des Beginns hemmte.

Bevor Herzls bahnbrechende Schrift *Der Judenstaat* erschien und bevor ein Jahr später, 1897, der erste zionistische Weltkongress stattfand, sind noch zwei Ereignisse erwähnenswert. In Odessa schloss sich Asher Ginsberg, der mit seinen Schriften über die zionistische Ideologie unter dem Pseudonym Achad Haam bekannt werden sollte, den protozionistischen Pionieren Pinsker und Lilienblum an. Leider, oder vielleicht muss man sagen tragischerweise, war sein Einfluss beschränkt. Nach einem Besuch in Palästina 1891 veröffentlichte er einen Artikel mit dem Titel *Die Wahrheit aus Palästina.* Darin heißt es:

Jüdische Kolonisten verhalten sich gegenüber den Arabern feindlich und grausam. Sie machen ihnen unberechtigte Vorwürfe und prügeln sie schamlos ohne ausreichenden Grund und sind darauf auch noch stolz.[131]

Chaim Weizmann, der Israels erster Staatspräsident werden sollte, nannte diesen Artikel eine klassische Studie über zionistische Geschichte und Literatur.[132] Über den Verfasser schreibt er:

Für ihn bedeutete Zionismus die Wiedergeburt des nationalen Judentums vom Geistigen her. Seine kolonisatorische Arbeit und sein politisches Programm waren nur zu begreifen, wenn man sie als organische Bestandteile einer Umerziehung des jüdischen Volkes auffaßte.

Das andere wichtige Ereignis war die Gründung einer Grundschule in Jaffa Anfang der neunziger Jahre, wo in modernem Hebräisch, in Iwrith, unterrichtet wurde. Sowohl die Gründung der Schule als auch die Umwandlung der alten Sprache in eine Umgangssprache war vor allem den Bemühungen eines Mannes zu verdanken, Eliezer Ben-Jehuda.

Herzl als Katalysator

Als Herzls Schrift erschien, sah die Situation in Europa folgendermaßen aus: In Russland führte virulenter Antisemitismus zu massenhafter Auswanderung in die Vereinigten Staaten und nach Palästina, wo sich eine kleine Gruppe junger Idealisten niederließ. Viele russische Studenten aus dem Bürgertum waren nach Westeuropa geflohen und studierten in Städten wie Berlin, Zürich und Genf, wo sich russische Zirkel bildeten. Sie hingen dem Ideal der Palästinophilen an, deren Zentrum Odessa war. Auch in Deutschland gab es einen starken, aber noch nicht virulenten Antisemitismus, der vor allem von dem populären Geschichtsprofessor Heinrich von Treitschke und dem Hofprediger Stöcker salonfähig gemacht wurde. In Österreich nutzte Karl Lueger, Führer der Christlichsozialen Partei, die latent vorhandene antisemitische Stimmung. Die radikale Kehrtwendung, die ein assimilierter, emanzipierter Jude wie Theodor Herzl unter dem Eindruck der antisemitischen Hetze in Frankreich vollzogen hatte, wurde bereits erwähnt. *Der Judenstaat* hatte eine starke Wirkung auf die russischen Studenten an den westeuropäischen Universitäten. So schreibt Chaim Weizmann in seiner Autobiographie:

Er kam wie ein Blitz aus heiterem Himmel. [...] Grundsätzlich enthielt der „Judenstaat" für uns keinen einzigen neuen Gedanken. [...] Es fiel uns auch auf, dass dieser Herzl seine Vorgänger auf dem Gebiet in seinem kleinen Buch nicht erwähnte – Männer wie Moses Heß, Leon Pinsker und Nathan Birnbaum. Letzterer war Wiener wie Herzl und hatte das Wort „Zionismus" geprägt, den Namen, unter dem die Bewegung bekannt wurde. [...] Trotzdem hinterließ „Der Judenstaat" tiefen Eindruck. Nicht die darin ausgesprochenen Gedanken, aber die Persönlichkeit, die dahinter stand, sprach uns an. Hier war Wagemut, Klarheit, Energie. [...] zionistische Studentenvereinigungen an andern Universitäten, in Montpellier, Paris etc. waren vielleicht noch stärker davon ergriffen. Und sie waren auch Herzls erste Hilfstruppen.[133]

Der Organisator und Inspirator Herzl berief den ersten Zionistischen Weltkongress ein. Im August 1897 versammelten sich zweihundert Delegierte in Basel. Weizmann zitiert stolz, was Herzl unmittelbar nach dem Kongress schrieb:

Und dann [...] stand vor unsern Augen ein russisches Judentum auf, von dessen Kräften wir nicht einmal etwas geahnt hatten. 70 Delegierte kamen aus Rußland, und es war uns allen klar, dass sie die Anschauungen und Gefühle der 5 Millionen Juden dieses Landes vertraten. Wie beschämend für uns, die wir uns ihnen so überlegen gefühlt hatten! All diese Professoren, Ärzte, Rechtsanwälte, Industrielle, Ingenieure und Kaufleute standen auf einer Bildungsstufe, die gewiss nicht niedriger als die unsrige war. Fast alle beherrschten zwei oder drei Sprachen. Dass sie auch in ihrem Beruf tüchtig sein mussten, wurde durch die einfache Tatsache bewiesen, dass sie es in ihrem Land zu etwas gebracht hatten, in einem Lande, wo es für Juden so besonders schwer ist, etwas zu erreichen.[134]

Aber trotz alledem, so Weizmann, gab es große Differenzen zwischen dem westlichen und dem russischen Zionismus:

Und doch, trotz seiner intuitiven Einsicht und seinem großherzigen Verstehen konnte Herzl seine eigene Einstellung zum Zionismus nicht ändern. Wieviel weniger war es also den kleineren Geistern um ihn herum möglich! Der westliche Zionismus war für uns ein mechanischer, sozusagen ein soziologischer Plan, dem eine abstrakte Idee zugrunde lag, die nicht in der Überlieferung und der Gefühlswelt des jüdischen Volkes wurzelte. [...] Wir, die unglücklichen russischen Juden, sollten nach Palästina geschickt werden von ihnen, den emanzipierten Westjuden. Und wenn Palästina nicht erreichbar war, so musste eben ein anderes Land gefunden werden.

Wir wurden gerechtfertigt in unserer Haltung gegen die westlichen Führer, als Herzl in einem entscheidenden Augenblick der zionistischen Geschichte – kurz nach dem Kischinewer Pogrom – versuchte, Palästina durch Uganda zu ersetzen. Nur als augenblickliche und vorbeugende Maßnahme, wie er behauptete. [...] Die Tatsache, dass das Judentum durch Überlieferung mit allen Fasern an Palästina hing, schien über das Verständnis der Westjuden zu gehen.

Die Braut ist schon vergeben

Was man in der Evozierung dieses starken Bandes der Juden mit Palästina in Weizmanns Autobiographie vermisst, illustriert nichts besser als eine Anekdote, die ich Avi Shlaims Buch *The Iron Wall* entnehme:

Da die Wiener Rabbiner nach dem Kongress in Basel Herzls Ideen überprüfen wollten, schickten sie zwei Abgesandte nach Palästina, um sich an Ort und Stelle ein Bild zu machen. Nach einiger Zeit traf ein Telegramm mit der Mitteilung ein: „Die Braut ist schön, aber schon vergeben."[135]

In einer Periode, in der der Nationalismus erstarkte und der Respekt vor der Bevölkerung eines nichtwestlichen Landes gering war, machten Berichte, dass in Palästina bereits Araber lebten, keinen besonderen Eindruck. Auch Herzl hielt, wie das folgende Zitat belegt, die Judenfrage nicht für eine soziale oder religiöse:

Sie ist eine nationale Frage, und um sie zu lösen, müssen wir sie vor allem zu einer politischen Weltfrage machen, die im Rate der Kulturvölker *zu regeln sein wird. Wir sind ein VOLK, wir sind EIN Volk.*[136]

Herzl sah im Nationalismus eine positive Kraft, deren Möglichkeiten es auszuschöpfen galt.

Mit einer Fahne führt man die Menschen, wohin man will, selbst ins gelobte Land. Für eine Fahne leben und sterben sie, es ist sogar das einzige, wofür sie in Massen zu sterben bereit sind, wenn man sie dazu erzieht.

Dies schrieb er Baron Hirsch, der den Erfolg des zionistischen Projekts bezweifelte. Zur Verdeutlichung fügte Herzl noch hinzu: *Wissen Sie, woraus das Deutsche Reich entstanden ist? Aus Träumereien, Liedern, Phantasien und schwarzrotgoldenen Bän-*

dern.[137] Entsprechend dieser nationalistischen Einstellung glaubte Herzl, die Palästinenser würden froh über die Ankunft der Juden und den Wohlstand sein, den sie bringen würden.

Jüdischer Sozialismus

Um die Jahrhundertwende waren in West- und Mitteleuropa recht viele säkularisierte Juden in den verschiedenen sozialistischen Parteien aktiv. Beliebt waren besonders die marxistischen, die einen Messianismus nicht auf religiöser, sondern auf sozialwissenschaftlicher Grundlage vertraten und eine ideale Welt ohne Klassenunterschiede und auch ohne Antisemitismus versprachen. Wichtig ist in diesem Zusammenhang, dass es in Osteuropa eine jüdische Arbeiterbewegung unter dem Namen ‚Bund' gab. Sie konnte sozialistischen Idealen nachstreben, ohne die jüdische Identität aufgeben zu müssen. Anfang des 20. Jahrhunderts war die Zahl der Juden, die glaubten, der Sozialismus werde ein für allemal mit dem Antisemitismus aufräumen, viel größer als die derjenigen, die ihr Heil nur vom Zionismus erwarteten. Viele versuchten, die Ideale des Zionismus mit denen des Sozialismus zu verbinden.

Zu ihnen gehörten viele der etwa vierzigtausend zumeist jungen Idealisten, die nach erneuten Pogromen in Russland (1903-1907) in der zweiten Alija nach Palästina auswanderten. Nur durch vollen Einsatz aller Kräfte, so meinten sie, könne sich das jüdische Volk unter den schweren Bedingungen in der neuen Heimat seiner Probleme entledigen. Nicht mehr die von dem Geld Rothschilds entlöhnten Araber sollten die harte Arbeit verrichten, sondern sie selbst. Aus diesen sozialistischen Idealen heraus gründeten sie 1910 den ersten genossenschaftlichen Landwirtschaftsbetrieb, den Kibbuz Deganja.

Widerlegung von Vorurteilen und Pervertierung guter Eigenschaften

Eines der Vorurteile gegen Juden, das auch in Hitlers *Mein Kampf* zu finden ist, lautete, dass sie zu keiner idealistischen Gesinnung in der Lage seien. Wenn je ein Vorurteil widerlegt wurde, dann dieses. Denn nach 1910 nötigten die Kibbuzniks der nichtjüdischen Welt jahrzehntelang Bewunderung und höchsten Respekt ab, weil sie ihre Ideale in die Tat umsetzten und dafür nicht selten große Opfer brachten. Ein anderes Stereotyp lautete, Juden seien zu feige, um gute Soldaten zu sein, ein Mythos, der sich auch trotz ihres großen Einsatzes als Soldaten im Ersten Weltkrieg hartnäckig hielt. Die Art und Weise, wie beide Vorurteile widerlegt wurden, weckt bei mir ambivalente Gefühle. Denn diesen beeindruckenden Leistungen haften auch negative Seiten an, die nicht selten die Oberhand gewonnen und das in den ersten Jahren Erreichte zunichte gemacht, deformiert oder gar pervertiert haben.

Ein Beispiel dafür ist der traditionelle Kibbuz. Vor der Besetzung der palästinensischen Gebiete verfolgte er zwei voneinander unabhängige Ziele. In erster Linie war er ein Ort, an dem der Eigennutz dem Gemeinwohl untergeordnet war: dem Aufbau eines eigenen Landes für ein versprengtes Volk. An zweiter Stelle sollte er als bewaffnetes, wenngleich defensives Bollwerk gegen Eindringlinge aus den arabischen Nachbarländern dienen. Aber seit dem Sechstagekrieg von 1967 hat sich die Situation völlig geändert und zwar durch die zunehmende Paranoia der meisten Juden in Israel und in der Diaspora. Mit der Entstehung dieser Paranoia und dem Grund, warum sie das Verhalten eines ganzen Volkes in hohem Maße zu bestimmen vermag, beschäftigt sich der folgende Abschnitt. Hier geht es mir darum, darauf hinzuweisen, dass die Kibbuz-Idee heute oft dadurch pervertiert wird, dass Kibbuzim auf palästinensischem Gebiet mit dem alleinigen Ziel gegründet werden, dieses Gebiet für immer in Besitz zu nehmen.

Auch das Vorurteil, Juden seien keine gute Soldaten, wurde mit beängstigender Gründlichkeit ins Reich der Fabel verwiesen. In allen Kriegen zwischen 1947 und 1973 haben die israelischen Soldaten aller Dienstgrade ihr militärisches Können und ihre Steitbarkeit unter Beweis gestellt. Die Pervertierung dieses Mutes, die meiner Ansicht nach für den heutigen Teufelskreis von israelischem Staatsterror und dem Terror palästinensischer Desperados verantwortlich ist, reicht noch weiter zurück. Weit vor der Unabhängigkeit Israels ließen sich Juden die gleichen Verbrechen zuschulden kommen, die heute so leidenschaftlich verurteilt werden: die Ermordung unbewaffneter Bürger. Auch das gezielte Töten prominenter Persönlichkeiten, die man als eine Gefahr für Israel betrachtet, hat eine lange Geschichte. Abgesehen von einigen spektakulären Anschlägen ist im Allgemeinen wenig hierüber bekannt. Dass der Irgun* am 22. Juli 1946 einen Flügel des King David Hotels in Jerusalem in die Luft sprengte, wobei neunzig unbewaffnete Bürger den Tod fanden, ist bekannt.[138] Das gilt nicht für die Terroranschläge in arabischen Vierteln, die der Irgun während des arabischen Aufstands zwischen 1936 und 1939 verübte. In den meisten Büchern über die Vorgeschichte Israels fehlen sie, aber Weizmann erwähnt sie in seiner Autobiographie, wenn er sie auch herunterzuspielen versucht:

[...] die Verwaltung in Palästina hielt sich an ihre Tradition, Juden und Araber, was die „Ruhestörungen" anging, „unparteiisch" auf

* Der Irgun war eine mit Jabotinskys nationalistischen Ideen sympatisierende Terrororganisation in Palästina zwischen 1931 und 1948.

die gleiche Stufe zu stellen. Das sah sehr nach Aufreizung der Juden zum Terror aus und es war nur zu menschlich, dass schließlich im Sommer 1938 eine kleine jüdische Minderheit aus der Reihe brach und sich die Araber – und die Verwaltung – zum Vorbild nahm.[139]

In seinem Buch *Zionism and the Palestinians* nennt Simcha Flapan die Dinge beim Namen:

Mitglieder des Irgun begannen mit terroristischen Anschlägen auf Bürger, was zu einer beispiellosen Eskalation der Gewalt führte. Man kann durchaus behaupten, dass der Irgun die Vorlage für den dreißig Jahre späteren Terrorismus der Al Fatah geliefert hat. So wurde eine in einem Gemüsekarren versteckte Bombe auf einem arabischen Markt gezündet, ein Bus beschossen und Bomben auf Märkten zur Explosion gebracht.[140]

Ein berüchtigtes Beispiel für eine andere Art von militärischem Exzess, die gezielte Tötung, ist das Attentat auf den UNO-Vermittler Graf Bernadotte am 17. September 1948, der im Auftrag eines Triumvirats der Stern-Gruppe* ausgeführt wurde, zu dem Jitzhak Schamir, der spätere Ministerpräsident von Israel gehörte.[141] Dieser meinte 1943:

Weder die jüdische Ethik noch die jüdische Tradition können dem Terror als Mittel des Kampfs seinen Wert absprechen. Der Terrorismus ist für uns in erster Linie Bestandteil der politischen Schlacht, die unter den gegenwärtigen Bedingungen geführt wird, und spielt eine große Rolle […] in unserem Krieg gegen den Besatzer.[142]

* Eine noch radikalere antibritische Abspaltung des Irgun (1941).

Die Stern-Gruppe war auch für die kaum bekannte Ermordung des britischen Ministers Lord Moyne im Jahre 1944 verantwortlich. Dazu schreibt Weizmann:

Ich finde kaum die passenden Worte, um die moralische Entrüstung auszudrücken, die ich über die Ermordung Lord Moynes empfinde. Ich weiß, dass meine Gefühle von dem Judentum der ganzen Welt geteilt wird.

Und er zeigte sich auch sehr enttäuscht über andere negative Seiten:

*[…] hier und da ein Rückgang der alten, überlieferten, zionistischen ethischen Sauberkeit, ein Anflug von Militarismus und eine Schwäche für seine äußere Aufmachung; hier und da noch etwas Schlimmeres – die tragische, nutzlose unjüdische Zuflucht zum Terrorismus, eine Umkehrung der rein defensiven Bestimmung der Haganah**.[143]

So dachte der Mann, der nicht viel später der erste Präsident des jungen Staates werden sollte. Angesichts dieser relativ unbekannten Fakten lässt sich kaum leugnen, dass die moralische Entrüstung über den palästinensischen Terrorismus nicht ganz frei von Heuchelei ist.

Die Geschichte des Zionismus und Israel ist komplex. Beeindruckend positive wie bestürzend negative Entwicklungen gingen von Anfang an Hand in Hand. Es ist nicht meine Absicht, diese ganze Geschichte zu skizzieren. Ich habe bereits im vierten

* Die Haganah war die Selbstschutzbewegung der jüdischen Siedler zwischen 1921 und 1948, die im Gegensatz zur Stern-Gruppe und dem Irgun keine terroristischen Anschläge verübte.

Abschnitt dieses Kapitels beschrieben, wie das moderne Judentum in den achtzig Jahren vor Hitlers Machtergreifung einen gewissen Höhepunkt erreichte. Meiner Ansicht nach befindet es sich momentan im Niedergang. Dass sich dieser Prozess beschleunigt, hängt hauptsächlich mit der Nachwirkung des Holocaust zusammen. Durch diese Tragödie hat das jüdische Volk in seiner Totalität die Fähigkeit zu rationalem Denken verloren, so dass es keine adäquate Antwort auf die großen Herausforderungen zu geben vermag, vor denen es steht. Ich habe im dritten Kapitel bereits einiges über die psychologischen Mechanismen gesagt, die das kollektive jüdische Bewusstsein so negativ beeinflusst haben. Ich möchte diesen Prozess nun etwas ausführlicher beschreiben.

6. Der Holocaust

Einleitung

Fast zwei Jahrtausende hat das Judentum die Vitalität gehabt, allen Problemen in der Diaspora die Stirn zu bieten. Ich fürchte allerdings, dass die Geschichte diese uralte Kultur schließlich doch auf die Knie gezwungen hat. Die Auswirkungen des Holocaust haben meiner Ansicht nach den Kern, das Wesen des Judentums zerstört, möglicherweise für immer. Damit spreche ich noch kein Werturteil aus. In Abwandlung eines Aphorismus von La Rochefoucauld könnte man sagen: Wenn das Wesen des Judentums durch die Auswirkung des Holocaust zerstört wurde, heißt das noch nicht, dass das Judentum schwach war. Es kann auch sein, dass die destruktive Kraft der Shoah, gegen die sich das kollektive Bewusstsein des jüdischen Volkes stemmen musste, zu stark war. Der bisher erfolgreiche Überlebenskampf lässt letztere Erklärung als die wahrscheinlichere erscheinen.

Fast zwei Jahrtausende tat das jüdische Volk nichts Falsches

Im fünften Kapitel sahen wir, dass der klassische Antisemitismus im Kern nichts mit dem tatsächlichen Verhalten von Juden zu tun hat. Antisemiten verabscheuen die Anwesenheit von Juden, ungeachtet dessen, was sie tun. Sie verurteilen alles, was ein Jude tut, weil er eine Jude ist. Aus dieser Prämisse, von deren Richtigkeit ich überzeugt bin, folgt logischerweise, dass die Juden in Deutschland, wo alles seinen Anfang genommen hat, nichts gegen die Ursachen des Holocaust unternehmen konnten. Mit anderen Worten, der Holocaust war eine Laune der Geschichte, Folge eines zufälligen Zusammentreffens von mehreren Ereignissen: der Erste Weltkrieg, der Versailler Vertrag, die extreme Inflation in Deutschland, die Weltwirtschaftskrise und Adolf Hitler. Wie all diese Faktoren zu Hitlers Aufstieg und damit zum Holocaust beigetragen haben, habe ich im dritten Kapitel ausgeführt.

Dieser Auffassung gegenüber steht der zionistische Mythos, eine der Ursachen des Holocaust sei die weitgehende Assimilierung vieler deutscher Juden gewesen. Ich kann nicht leugnen, dass der Versuch, die deutsche und die jüdische Identität miteinander zu versöhnen, für viele Menschen sehr problematisch war. Aber die Frage, ob die Juden in Deutschland und in Europa den Holocaust in irgendeiner Weise hätten verhindern können, muss eindeutig mit Nein beantwortet werden. Ob dies auch auf die amerikanischen Juden zutrifft, besonders im letzten Stadium der NS-Zeit, bedarf einer differenzierteren Antwort.

Die verheerenden Folgen des Holocaust

Es wurde schon viel gesagt über die unheilvollen Folgen des Holocaust für drei, wenn nicht mehr Generationen von Juden, in Israel, in Europa und in den USA. Die, die außerhalb Europas leben, haben entweder selbst noch einen europäischen Hintergrund, oder ihre Eltern und Großeltern stammen aus Europa. Alle haben Opfer in ihrer Familie zu beklagen. Entweder haben sie selbst unvorstellbare Dinge erlebt oder sie haben von dem Schrecklichen gehört, das ihren Verwandten widerfahren ist, was manchmal noch tiefgreifendere Auswirkungen haben kann. Anscheinend regt Information aus zweiter Hand die Phantasie stärker an. Man stellt sich Dinge vor, die noch schlimmer sind als das, was tatsächlich geschah. Es ist daher begreiflich, dass die zweite und dritte Generation oft mindestens genauso stark traumatisiert ist wie die erste. Denn die Holocaust-Überlebenden der ersten Generation hatten in den Jahren, die für die Charakterbildung und die psychische Stabilität am wichtigsten sind, mehr oder weniger normale Eltern. Die folgenden Generationen vermissten solche ihr Leben lang. Alle diese emotional geschädigten Individuen haben zusammen einen so großen Einfluss, dass das jüdische Volk kollektiv paranoid geworden zu sein scheint.

Irrationale Ängste

Die meisten Juden in Israel wie in der Diaspora glauben fest, dass die Palästinenser – mit Hilfe der arabischen Welt – alle Juden ins Meer treiben wollen. Diese in jüdischen Kreisen innerhalb und außerhalb Israels oft geäußerte Angst ist jedoch wenig realistisch. Natürlich äußern palästinensische und arabische Extremisten diese Drohung des Öfteren, genauso wie jüdische Extremisten, von denen manche der Regierung Scharon angehören, die Deportation aller Palästinenser ankündigen.

Die Angst der Juden ist aus zweierlei Gründen irreal. Zum einen sind die arabischen Länder – falls sie sich überhaupt je einig werden können – zu einer solchen Militäroperation gar nicht in der Lage, und zweitens macht die Angst die Israelis blind für alle Signale aus der arabischen Welt, die auf das Gegenteil hinweisen. So wurde auf dem Gipfeltreffen der Arabischen

Liga in Beirut im März 2002 die saudi-arabische Friedensinitiative für den Nahostkonflikt lanciert, die in jeder Hinsicht fair war. Im Hinblick auf Scharons grundsätzliche Einstellung war es nicht verwunderlich, dass seine Regierung dieses Angebot prompt ablehnte.[144] Viel verwunderlicher war eigentlich die Tatsache, dass die Israelis diese wichtige Initiative nicht mit landesweiten Kundgebungen unterstützten. Vielleicht war die israelische Propagandamaschine dafür verantwortlich, aber das ist gewiss nicht die einzige Erklärung. Die israelische Öffentlichkeit klammert sich offenbar dermaßen an die paranoide Überzeugung – oder vielleicht an den beruhigenden Gedanken –, dass sie für immer und ewig Opfer waren und sind, dass die Medien der Friedensinitiative der arabischen Welt wenig Interesse entgegenbrachten. Die Opfermentalität äußert sich in den beiden gängigsten Vorurteilen: „Die Araber wollen uns ins Meer treiben." und „Es gibt niemanden, mit dem wir reden können." Letzteres hat vor allem die Regierung Barak den Menschen eingebläut. Diese Einstellung ist so erstaunlich, dass sie förmlich nach einer Erklärung schreit.

Gedenken und sequentielle Traumatisierung

Wenn ich das Judentum in wenigen Worten charakterisieren müsste, würde ich sicher das ‚Gedenken' nennen. Um David Roskies zu zitieren:

Im Judentum ist das Gedenken ein Gebot, das nicht nur bestimmt an was, sondern auch wie man sich erinnern soll. […] Von der Aufforderung in Deuteronomium, der „vorigen Zeiten" (32, 7) und „dem, was Amalek euch angetan hat" zu gedenken, bis zu der immer wiederholten Bemerkung, „ihr wart Sklaven in Ägypten", ist das jüdische Gedächtnis mit der ganzen Saga gefüllt, die in der Schrift zum ersten Mal aufgezeichnet wurde und in kollektiven ritualen Zeremonien gefeiert wird.[145]

In der jüdischen Geschichte ist Verfolgung, Verbannung, Zerstörung und Tod so allgegenwärtig, dass dieses Gebot der Erinnerung viele Juden zwingt, sich intensiv gerade mit den negativen Erfahrungen auseinanderzusetzen. Nicht zufällig ist der heiligste Ort des Judentums die Klagemauer, Überbleibsel des von den Römern zerstörten Zweiten Tempels. Zur rituellen Erinnerung an das Elend in biblischen Zeiten kommt die an spätere Verfolgungen, Vertreibungen und Pogrome. Es ist daher nicht undenkbar, dass ein Ereignis von der Größenordnung des Holocaust die Spannkraft der kollektiven jüdischen Seele übersteigt.

Soviel ich weiß, ist noch relativ wenig über den Unterschied zwischen individueller und kollektiver Verarbeitung traumatischer Erlebnisse bekannt, aber man kann sich vorstellen, dass rituelles Gedenken früherer Leiden jede traumatische Erfahrung in der Gegenwart verstärkt*.[146] Diese Hypothese stimmt mit der Theorie überein, die Dr. Hans Keilson, ein niederländischer Psychiater deutsch-jüdischer Herkunft, auf Grund von Erfahrungen mit jüdischen Holocaust-Überlebenden entwickelte. Er nannte dies die Theorie der „sequentiellen Traumatisierung". Kurz zusammengefasst heißt das, dass ein bedrohliches Ereignis umso traumatischer ist, je mehr traumatische Erfahrungen ihm vorausgingen. Aufgrund einer solchen Theorie lassen sich natur-

* Neben den weiter unten zitierten prophetischen Worten Nietzsches gehen auch Dominick LaCapras Vermutungen in diese Richtung (vgl. Anm. 146). Er zitiert aus einem Artikel von Charles Maier: Ich glaube, daß wir in gewissem Sinne süchtig nach dem Gedenken sind [...] Ich denke, daß es Zeit ist, sich zu fragen, ob diese Abhängigkeit nicht zu Neurasthenie und Beschädigung führen kann.

gemäß nur Aussagen machen, die einen Durchschnitt von Individuen betreffen, das Verhalten Einzelner kann selbstverständlich von ihr abweichen, ohne dass sie dadurch ihre Gültigkeit verlöre. Obwohl meine persönlichen Erfahrungen nicht mit ihr übereinstimmen, bin ich gleichwohl davon überzeugt, dass sie für die meisten Holocaust-Überlebenden sehr wohl gilt; daher möchte ich eine Ergänzung vorschlagen.

Eine mögliche Ergänzung zur Theorie von Keilson

Die Ergänzung ist nötig, um die fast krankhaft zu nennende Fixierung auf den Holocaust, die kleineren Katastrophen der Vergangenheit und die paranoiden Ängste zu erklären, unter denen so viele Juden leiden. Vor einigen Jahren lieferte *Ha'aretz* ein amüsantes Beispiel dieser Paranoia in Form eines Gespräches zwischen Peres und Scharon. Peres klagte bei dieser Gelegenheit, er, als Außenminister, sei verantwortlich für die internationalen Beziehungen, aber die fehlende Strategie auf diesem Gebiet bringe „die ganze Welt gegen uns" auf. *Die ganze Welt ist doch sowieso gegen uns*, sagte Scharon. *Dann sollten wir sie vielleicht besser verlassen*, antwortete Peres zynisch.[147]

Im November 2002 fand allerdings ein weniger amüsanter Vorfall statt, aus dem hervorgeht, wie tief der Verfolgungswahn in das kollektive jüdische Bewusstsein eingedrungen ist und wie sehr er für politische Zwecke missbraucht wird. Eine Gruppe ultra-orthodoxer Zeloten hatte sich dazu berufen gefühlt, in der so genannten Grotte der Patriarchen mitten im arabischen Teil von Hebron einen Bittgottesdienst abzuhalten. Beschützt von bewaffneten Leibwächtern aus den Siedlungen waren sie anschließend alle wohlbehalten wieder zu Hause angekommen, nur die letzten Leibwächter waren in einen gut vorbereiteten

Hinterhalt geraten. Im anschließenden Feuergefecht fanden zwölf dieser bewaffneten Fanatiker den Tod. Am 19. November schrieb *Ha'aretz* über die Berichterstattung zu diesem Vorfall:

Ultra-orthodoxe Zeitungen machten daraus ein Pogrom gegen jüdische Gläubige. Als hätte sich alles in irgendeinem kleinen Ort in Galizien zugetragen und polnische Offiziere hätten weggeschaut, während die Kosaken ein Massaker anrichteten.

Die Siedler verwenden absichtlich die Terminologie aus der Diaspora. Sie ziehen bewusst einen Vergleich zwischen der Verzweiflung schwacher Juden, Opfer grausamer Pogrome, und der Situation in den besetzten Gebieten.

Wieder ist es ihnen gelungen, von der Debatte über ihre Anwesenheit in Hebron [...] mit schauerlichen Berichten über einen Angriff auf unschuldige Gläubige abzulenken – nichts vermag besser die schmerzlichsten Erinnerungen der Bevölkerung wachzurufen.

Brüder, das Dorf brennt. [...] Das jüdische Volk ist in Gefahr.[148]

Bemerkenswert an diesem Beispiel, dem sich zahllose andere aus den israelischen Medien hinzufügen ließen, ist nicht nur, dass man grauenhafte Vorfälle heraufbeschwört, die sich vor hundert oder mehr Jahren zugetragen haben, sondern auch, dass man so viel Erfolg damit hat. Erklären lässt sich dies meiner Ansicht nach mit einer Ergänzung zu Keilsons Theorie: Im religiösen Kontext wird der schmerzlichen Ereignisse der Vergangenheit so oft und so intensiv gedacht, dass dieses Erinnern die gleiche Wirkung hat wie die vorausgegangenen traumatischen Erfahrungen selbst, das heißt, dass es jedes folgende Trauma verstärkt. Und an erinnerungswürdigen Ereignissen dieser Art besteht wahrlich kein Mangel. Meiner Auffassung nach hängt der Hang zur Paranoia, die man bei so vielen Juden antrifft, hiermit zusammen. Paranoia ist ein übersteigertes Angstgefühl, das gefährlich und schädlich ist, mögen auch die Juden in der Vergangenheit dazu noch so berechtigt gewesen sein. Aber jede Angst, zumal übertriebene Angst, hat den Effekt einer Self-fulfilling Prophecy und ist dadurch kontraproduktiv.

Ein allzu gutes Gedächtnis kann katastrophale Folgen haben. Nietzsche schrieb 1874:

Die Heiterkeit, das gute Gewissen, die frohe Tat, das Vertrauen auf das Kommende – alles das hängt, bei dem Einzelnen wie bei dem Volke, davon ab, dass es eine Linie gibt, die das Übersehbare, Helle von dem Unaufhellbaren und Dunkeln scheidet, davon dass man eben so gut zur rechten Zeit zu vergessen weiß, als man sich zur rechten Zeit erinnert, davon dass man mit kräftigem Instinkte herausfühlt, wann es nötig ist, historisch, wann unhistorisch zu empfinden. Dies gerade ist der Satz, zu dessen Betrachtung der Leser eingeladen ist: das Unhistorische und das Historische ist gleichermaßen für die Gesundheit eines Einzelnen, eines Volkes und einer Kultur nötig.[149]

Betrachtet man unter diesem Gesichtspunkt die kollektive geistige Gesundheit des jüdischen Volks, so lässt sich ein ernsthaftes Problem konstatieren, dessen Ursache sehr wohl im Wesen des Judentums liegen könnte: in dem Gebot, sich zu erinnern.

Paranoia und Macht

Es versteht sich von selbst, dass jemand, der sich von Angst und Misstrauen leiten lässt, der sich bedroht, verfolgt und diskriminiert fühlt, wenig Lebensfreude empfindet. Das ist für ihn persönlich und für seine Umgebung schlimm genug. Aber noch viel schlimmer ist es, wenn es sich um ein Volk handelt, das über große militärische Macht verfügt. Dann ist es an der Zeit, die Alarmglocke zu läuten. Im Fall Israels ist dies besonders beunruhigend. Die dort grassierende Paranoia steht in keinem Verhältnis zur militärischen Stärke des Landes. Zu allem Unglück ergreifen die meisten Juden in der Diaspora, die an der gleichen Obsession leiden, vorbehaltlos Partei für die israelische Politik, oft Hand in Hand mit christlichen Fundamentalisten. Ihr gemeinsamer Einfluss auf die heutige amerikanische Politik und auf Präsident Bush ist beträchtlich,[150] so dass es kaum äußere Kräfte gibt, die darüber wachen, dass sich Israels Politik gegenüber den Palästinensern in vertretbaren Grenzen hält – eine gefährliche Situation.

7. Israel – Eine Desillusion

Nur wenige Zionisten vor 1933

Viele Juden, zu denen auch ich mich zähle, die in ihrer Jugend nicht mit den zionistischen Idealen aufwuchsen, haben später ihre Meinung geändert. Wir waren noch jung. Die beängstigenden Maßnahmen, die das NS-Regime gegen die Juden ergriff, führten einen Gesinnungswandel herbei. War die Repression schon Grund genug, Zionist zu werden, so trug das Verbot nichtzionistischer Jugendorganisationen – zu einer gehörte ich selbst bis 1936 – das seinige dazu bei.[151] Sie waren Teil der Lebenswelt vieler deutscher Juden gewesen, die stolz auf das waren, was sie für ihr Vaterland getan hatten. Nicht wenige von ihnen hatten im Ersten Weltkrieg an der Front gekämpft. Es fiel ihnen schwer, auch meinen Eltern, ihr Weltbild zu ändern. Sie konnten sich nicht vorstellen, dass der ganze Spuk nicht bald vorbei sein würde. Aber sie verspotteten mich nicht mehr, wenn ich vom zionistischen Jugendbund nach Hause kam.

Massenhafte Bekehrung zum Zionismus

Als nach dem Zweiten Weltkrieg der ganze Umfang der Verbrechen bekannt wurde, gewann das zionistische Ideal logischerweise enorm an Popularität. Der Großteil der Juden, wo immer auf der Welt, bekehrte sich zum Zionismus, erst recht nachdem

Ben Gurion als erster Ministerpräsident am 14. Mai 1948 die Unabhängigkeit Israels ausgerufen hatte. Äußerst wichtig war, dass es nach der Katastrophe, die über das jüdische Volk hereingebrochen war, jetzt und für alle Zeiten eine Heimstätte für die Juden gab, die ihnen jederzeit offen stand. Der Zionismus hatte sein wichtigstes Ziel erreicht. Hoffnungsvoll war auch, dass der neu gegründete Staat sich zur völligen sozialen und politischen Gleichheit aller Bürgerinnen und Bürger verpflichtete, ungeachtet ihrer Rasse, ihrer Religion und ihres Geschlechts, und dass Glaubens- und Gewissensfreiheit sowie die Freiheit der Sprache, Erziehung und Kultur gewährleistet waren.

Nicht eingelöstes Versprechen

Es ist nicht meine Absicht zu analysieren, warum die Situation in Israel heute so meilenweit von den damaligen Erwartungen entfernt ist. Die Entwicklungen sind dermaßen kompliziert und die Interpretationen beider Seiten, der israelischen wie der palästinensischen, gehen so weit auseinander, dass eine solche Analyse im Grunde sinnlos ist. Beide Parteien sind zweifellos für den wachsenden Hass und das Misstrauen verantwortlich. Die Israelis setzen ihre oft grausame Besatzungs- und völkerrechtswidrige Siedlungspolitik fort, die Palästinenser hören nicht auf, Anschläge gegen unschuldige Bürger auf israelischem Staatsgebiet zu verüben. Dies ist genauso verbrecherisch und kontraproduktiv wie die Beschießung dicht besiedelter palästinensischer Gebiete, die Vernichtung der Ernte, die Zerstörung von Häusern und alles andere, womit das palästinensische Volk kollektiv und individuell gedemütigt wird.

Für beide Parteien ist das Leben schwer geworden, fast untragbar für die Palästinenser, aber auch – etwas weniger, aber doch schlimm genug – für die Israelis. Jede Busfahrt, jeder Besuch eines Restaurants oder Cafés kann der letzte sein. Die enormen Kosten, die für den Sicherheitsbereich und für den Schutz der Siedlungen aufgewendet werden müssen, haben die israelische Wirtschaft in eine Krise wie nie zuvor gestürzt. Die Arbeitslosenrate hat einen Höchststand erreicht, und noch nie lebten so viele Menschen unter der Armutsgrenze. Kurz, die Politik, die Israel in den vergangenen fünfzig Jahren in der Palästinafrage verfolgt hat, ist gescheitert. Wie beschämend niedrig das moralische Niveau der Politik nach 1967 auch ist, etwas anderes wiegt noch schwerer. Man könnte mit Fouché sagen: *C'est plus qu'une crime, c'est une faute*, es war mehr als ein Verbrechen, es war ein Fehler. Dennoch wurde Scharon, nachdem er auf die Selbstmordattentate zwei Jahre lang mit kontraproduktiven Vergeltungsschlägen geantwortet hatte, wiedergewählt, ohne dass er irgendeine Kursänderung angekündigt hätte. Und das, obwohl auf beiden Seiten bedeutend mehr Opfer zu beklagen waren, als in jedem vergleichbaren Zeitraum zuvor.

Dies bedeutet, dass Israel nicht länger ein sicherer Zufluchtsort ist, einer der Hauptgründe, warum fast alle Juden – wie überhaupt alle Menschen guten Willens – Israel jahrzehntelang unterstützt haben. Angesichts der Lage, in die die Politiker das Land manövriert haben, ist es erstaunlich, dass von Immigration überhaupt noch die Rede ist. Dass es noch Juden gibt, die Israel den Vereinigten Staaten, Kanada oder Australien vorziehen, belegt, wie stark die Paranoia mancher Juden in der Diaspora ist; wenn auch bei manchen ultranationalistische Gefühle und religiöse Motive eine Rolle spielen. Deutlich scheint, dass das Hauptziel der zionistischen Bewegung, ein sicherer Ort für alle Juden, nicht verwirklicht wurde. Und vermutlich wird dies, wenn überhaupt, auch in den nächsten Jahren nicht erreicht werden.

8. Schlussfolgerung: völliges Scheitern

Die Juden

Das Judentum der Diaspora erlebte, wie ich im vierten Abschnitt ausführte, im Mitteleuropa der zweiten Hälfte des 19. Jahrhunderts bis zur Machtergreifung Hitlers seinen Höhepunkt. Dafür lassen sich zwei Argumente anführen. Zum einen war seit der Zeit des Rabbi Joschua Ben Josef aus Nazareth, der gewöhnlich Jesus genannt wird, die Hinwendung zum ethischen Fundament des Judentums nie so stark gewesen wie in diesen achtzig Jahren, zum anderen spielten emanzipierte Juden eine herausragende Rolle in der Entwicklung der modernen geistigen Welt. Es war die Zeit von Einstein, Freud, Marx, Ehrlich, Disraeli, Rathenau, Kafka, Roth, Zweig, Werfel, Mahler, Menuhin und Oistrach, um nur einige zu nennen.

Ein historisch gesehen noch wichtigerer Beitrag des Judentums geht zurück auf die ersten Jahrhunderte unserer Zeitrechnung, in denen die beiden großen aus dem Judentum hervorgegangenen monotheistischen Religionen entstanden. Mit ihrem Siegeszug verbreiteten sich auch viele Elemente der sozialen Ethik des Judentums. Das Sozialstaatsprinzip, das zur Grundlage der Gesellschaftsordnung des Westens geworden ist, wäre ohne seine Wurzeln im Judentum undenkbar gewesen. Der jüdischen Lehre zufolge hat der Hilfsbedürftige *Anspruch* auf Unterstützung der Gemeinschaft. Und der Wohlhabende hat die *Pflicht*, der Gemeinschaft die nötigen Mittel zur Verfügung zu stellen. Hilfe zu erhalten ist weniger demütigend, wenn der Empfänger weiß, dass der Reiche ohne ihn seiner *Verpflichtung* gegenüber der Gemeinschaft gar nicht nachkommen kann. Im Christentum verhielt es sich anders. Christen überließen die Hilfe der Mildtätigkeit, sodass die Bedürftigen *dankbar* sein mussten für die Suppe, die ihnen von der Kirche oder von reichen Damen ausgeteilt wurde. Hierin liegt der wesentliche Unterschied zwischen dem modernen Sozialstaat und der Armenhilfe früherer Jahrhunderte.

Wenn wir behaupten, dass die Juden nach dem Zweiten Weltkrieg die hohen ethischen Prinzipien verraten haben, nach denen das moderne Judentum im Jahrhundert davor strebte, muss gleich angefügt werden, dass auch nur wenige Christen den hohen moralischen Anforderungen ihres Glaubens genügen. Wer wüsste das besser als ein Überlebender von Auschwitz? Dennoch lässt sich folgendes konstatieren: Es steht außer Frage, dass die Deutschen aus der NS-Vergangenheit eine Lehre gezogen haben. Sie haben nach dem Zweiten Weltkrieg bewiesen, die demokratischen Prinzipien begriffen und in hohem Maße internalisiert zu haben. Die Nachkriegshistoriker, die meinten, die Deutschen seien aufgrund ihrer Geschichte für eine autokratische, gar diktatoriale Regierungsform prädisponiert, haben sich geirrt. Den Deutschen ist es zudem gelungen, normale, freundschaftliche Beziehungen zu ihrem Erzfeind Frankreich aufzubauen. Sie haben viel getan, um Wiedergutmachung zu leisten für das, was nicht wiedergutzumachen ist. Ohne Übertreibung kann man sagen, dass die israelische Gründergeneration nicht unwesentlich von tatkräftigen Deutschen unterstützt wurde, die, obwohl sie selbst vor der gewaltigen Aufgabe standen, das eigene Land – wenn auch mit Unterstützung der USA – wieder aufzubauen, beträchtliche Mittel zur Verfügung stellten. Kurz, das deutsche Volk zeigte und zeigt aufrichtige

Reue, etwas, was im Judentum von wesentlicher Bedeutung ist und Teschuwa genannt wird, das heißt: Reue und Umkehr.

Dies steht im Kontrast zur Reaktion der jüdischen Bevölkerung in ihrer Totalität auf das außergewöhnlich große Problem, mit dem sie sich nach dem Zweiten Weltkrieg konfrontiert sah. Einerseits mussten sie soviel erduldetes Leid verarbeiten, andererseits fügten sie einem anderen Volk, das – von einigen Ausnahmen abgesehen – ganz und gar unbeteiligt war an der jüdischen Tragödie, unsägliches Leid zu. Dies war und ist ein großes Dilemma. Nun haben die Palästinenser natürlich das ihrige dazu beigetragen, indem sie auf die jahrelange harte und demütigende Besatzung mit roher Gewalt reagierten, gegen die, wenn sie die Form von Selbstmordanschlägen annimmt, kaum etwas auszurichten ist. Aber dass die meisten Juden in Israel und der Diaspora wieder zurückgreifen auf die nationalistische, rachsüchtige Seite des Judentums, ist eine große Enttäuschung.[152] Sie wird von all denjenigen geteilt – es ist leider eine Minderheit –, die die soziale Ethik, gleichfalls ein wesentliches Merkmal des Judentums, ernst nehmen. Zu ihnen gehören die Friedensaktivisten innerhalb und außerhalb von Israel und die mutigen Israelis, die den Militärdienst in den besetzten Gebieten verweigern. Ich weiß nicht, wie all diese Menschen die gegenwärtige Situation des Judentums im Einzelnen beurteilen, aber ich, aufgewachsen mit den moralischen Prinzipien, die für die Reformer in den achtzig Jahren vor Hitler so wichtig waren, bin davon überzeugt, dass das Judentum Verrat an sich selbst geübt hat.

Zionismus

Die Lage, in der sich Israel befindet, ist rein pragmatisch betrachtet in nahezu jeder Hinsicht problematisch. Der Staat ist kein sicherer Zufluchtsort mehr, sodass eines der Hauptziele des Zionismus in Frage gestellt wird. Der Grund dieses Scheiterns besteht darin, wie ich im Weiteren näher ausführen werde, dass der Zionismus an seinen anachronistischen Ausgangspunkten festgehalten hat. Hätten die führenden Köpfe aller politischen Parteien in Israel ihn weniger dogmatisch aufgefasst, dann hätte sich vielleicht die Erkenntnis durchsetzen können, dass in der zweiten Hälfte des 20. Jahrhunderts weder der Kolonialismus noch das Nationalstaatsprinzip lebensfähig waren. Dann hätte die Geschichte in eine andere Bahn gelenkt werden können. Die letzte Chance hierzu bot sich nach dem Krieg vom Juni 1967. Aber die Einstellung, die den Israelis zufolge so typisch für die Palästinenser ist, kennzeichnet sie selbst gleichermaßen, ja, noch mehr, weil sie als die stärkere Partei mehr Spielraum für Friedensinitiativen haben. *Die Palästinenser verpassen niemals eine Gelegenheit, eine Gelegenheit zu verpassen*, lautet ein Ausspruch, der Abba Eban zugeschrieben wird. Also verpassten die Israelis die letzte Gelegenheit.

Den Weg, den sie nach dem Sechstagekrieg einschlugen, beschrieb der ehemalige israelische Generalstaatsanwalt Michael Ben-Yair mit folgenden eindringlichen Worten[153]:

Der israelische Staat wurde geboren, weil die zionistische Bewegung erkannt hatte, dass sie eine Lösung für die Verfolgung der Juden finden musste und weil die aufgeklärte Welt die Notwendigkeit dieser Lösung anerkannt hatte. Dass die aufgeklärte Welt die moralische Berechtigung dieser Lösung anerkannte, war ein wichtiger prinzipieller Faktor bei der Gründung von Israel. Mit anderen Worten, Israel wurde auf einer klaren moralischen Grundlage erstellt. Ohne eine solche moralische Grundlage wäre es zweifelhaft, ob die zionistische Idee Realität hätte werden können. […] Der Sechstagekrieg wurde uns aufgezwungen; aber der siebte Tag des Krieges, der am

12. Juni 1967 begonnen hatte und bis heute dauert, ist das Produkt unserer eigenen Wahl. Wir entschieden uns enthusiastisch dafür, eine kolonialistische Gesellschaft zu werden, die internationale Verträge ignoriert, Land enteignet und israelische Kolonisten in die besetzten Gebiete schickt. Wir engagieren uns bei Raubzügen und fühlen uns auch noch zu all diesen Handlungen berechtigt. Leidenschaftlich wünschen wir, die besetzten Gebiete zu behalten. Zu diesem Zweck haben wir zwei Rechtssysteme entwickelt: eines – progressiv und liberal – in Israel; und das andere – grausam und ungerecht – in den besetzten Gebieten. Tatsächlich errichteten wir in ihnen, sobald wir sie eingenommen hatten, ein Apartheid-Regime. Dieses repressive Regime existiert bis heute.

Es versteht sich von selbst, dass ich dem Urteil dieses Rechtsexperten weitgehend zustimme. Aber aus den vorigen Kapiteln dieses Buches lässt sich auch schließen, dass ich nicht mit dem Passus einverstanden bin, Israel habe sich am siebten Tag des Sechstagekrieges dafür entschieden, eine kolonialistische Gesellschaft zu werden. Nein, ich fürchte, Ben-Yair hätte eigentlich schreiben müssen: Am siebten Tag entschieden wir uns dafür, den kolonialistischen Charakter unseres Staates nicht länger zu verschleiern, sondern ungeniert der Weltöffentlichkeit zu zeigen. Der siebte Tag hätte auch genutzt werden können, um ein für allemal mit der kolonialen Tradition gegenüber den Palästinensern zu brechen und sie fortan als gleichwertige Partner zu behandeln. Darin hat meines Erachtens der Zionismus als Ideologie entscheidend versagt. Dies ist umso tragischer, als die verantwortlichen Politiker hätten wissen können, wie gefährlich die Ignorierung der palästinensischen Rechte war. Denn schon 1929 schrieb Herbert Samuel, von 1920 bis 1925 der erste Hochkommissar von Palästina, an Weizmann:

Nach einem Jahr in Palästina bin ich zu dem Schluss gekommen, dass der arabische Faktor vom Zionismus unterschätzt wird. Sofern der Zionismus nicht einen besonders umsichtigen Kurs steuert, könnte er an dem arabischen Felsen Schiffbruch erleiden.[154]

Dies sind prophetische Worte. Diejenigen, die die Palästinenser nicht ernst nahmen – alle zionistischen und israelischen Entscheidungsträger vor und nach der Staatsgründung –, erkannten den kolonialen Kontext ihrer Ideologie nicht oder wollten ihn nicht sehen. Benjamin Beit-Hallahmi von der Universität von Haifa schrieb in seinem Artikel *Explaining the Resistance to Colonialism in West Asia*:

Der Kolonialismus ist ein System, unter dem die zugewanderte Bevölkerung eines bestimmten Gebietes politische Rechte hat, die der einheimischen Bevölkerung vorenthalten werden. […] Der Kolonialismus beruht auf und wird ermöglicht durch die Ungleichheit beider Parteien, sowohl was die Macht als auch was die Technologie betrifft.[155]

Eine solche Situation schlägt sich in einer tiefen Verachtung der einheimischen Bevölkerung nieder. Das belegt auch ein Interview mit dem ehemaligen Ministerpräsident Ehud Barak, der seinen Einfall, den Palästinensern eine Ansammlung unzusammenhängender ‚Bantustans' als Staatsgebiet zu offerieren, als bewundernswerte Großzügigkeit darstellte. Sogar George W. Bush erkannte in seiner Rede Anfang 2002 den Palästinensern das Recht auf einen *lebensfähigen Staat* zu. Aber Baraks großzügige Geste hätte gerade dies verhindert. In dem Interview sagte dieser ehemalige Führer der linken Arbeiterpartei Anfang 2001 über die Palästinenser, die er, ganz nach zionistischem Usus, Araber nennt:

Aufgrund der arabischen Denkweise kennt ihre Kultur den Kompromiss nicht. Der Kompromiss ist offensichtlich ein westliches Konzept, Streitigkeiten beizulegen.[156]

Und etwas später im selben Interview über das linke Lager in Israel:

Die Linken sind sich nicht einig. [...] Sie sehen, dass ihre Nachbarn nicht gutartig sind. Sie sind kein Teil der westlichen Kultur.

Die Negation von „gutartig" ist bösartig, in der Medizin eine Bezeichnung für einen lebensgefährlichen Tumor. Und in der Tat erklärte der zum Generalstabschef avancierte Moshe Ya'alon im August 2002: *Die Palästinenser sind ein Krebsgeschwür [...] lebensbedrohlich.*[157] Das er dies ernst meinte, geht aus folgender Bemerkung hervor:

Es gibt alle möglichen Lösungen für krebsartige Symptome. Einige werden sagen, es ist notwendig, Organe zu amputieren. Im Augenblick betreibe ich Chemotherapie.

Ein paar Tage später berichtete dieselbe Zeitung unter der Überschrift *Scharon billigt Ya'alons umstrittene Äußerungen über Palästinenser als Krebsgeschwür*:

Ministerpräsident Scharon sagte gestern, die umstrittenen Äußerungen von Moshe Ya'alon, dem Generalstabschef der israelischen Armee, seien „richtig und korrekt" gewesen und beschrieben „die Lage zutreffend".[158]

Ich frage mich, wie irgendein Mensch, der auch nur annähernd an die humanistischen Ideale des Westens glaubt, sich ein positives Bild von prominenten Zionisten machen kann, die sich derartig diskriminierend und unmenschlich auslassen. Anfang 2003 wurde Ariel Scharon, unverkennbar ein Vertreter dieser Denkweise, dennoch mit großer Mehrheit wiedergewählt. Ich glaube daher behaupten zu können, dass sowohl der Zionismus als Ideologie wie auch das Judentum in seinem ethischen Auftrag versagt haben.

Gott hat versagt

Wie bereits erörtert, gilt in der jüdischen Tradition das Gedenken von Katastrophen als göttliches Gebot. Für die geistige Gesundheit des jüdischen Volkes ist dies schlichtweg verheerend. Es hat zur kollektiven Paranoia unseres Volkes in Israel und in der Diaspora geführt. Dass die israelischen Politiker die Lage nicht klar einschätzen, hängt vermutlich vor allem mit dem Misstrauen und der Angst vor den Anderen zusammen. So könnte man sagen, auch Gott hat in dieser Hinsicht versagt. Sein Gebot, allen Elends zu gedenken, das uns in der Geschichte widerfahren ist, hat zu einer Situation geführt, die man inzwischen als verhängnisvoll bezeichnen kann. Es besteht die Gefahr, dass diese psychologische Prädisposition eines Volkes zu immer neuen Katastrophen führen wird.

Nun ist das Gedenken Teil der religiösen Riten, die in unserer säkularisierten Welt nur noch eine Minderheit mit einer gewissen Strenge einhält. Viel größer ist die Zahl derer, die sich als Juden definieren und sich so stark mit der israelischen Politik identifizieren, dass sie sich in der Öffentlichkeit jeglicher Kritik enthalten. Sie gehören zu einem neuen Typus, den der französische Philosoph Alain Finkielkraut schon 1980 beschrieben hat. Seine Eltern waren Überlebende des Holocaust, und er charakterisiert sich selbst als *Verfluchter durch Identifikation, Märtyrer durch Stellvertretung, Überlebender durch Vermittlung der Eltern*. Ich zitiere aus dem Vorwort zur deutschen Übersetzung seines Buches *Le juif imaginaire*:

Jude zu sein, das war für mich lange Zeit ein Recht: das Recht, mir Prüfungen anzueignen, die ich nicht erlitten hatte, und dank des Schicksals meines Volkes der Mittelmäßigkeit meines Lebens zu entrinnen. Mein Judentum war für mich ein Hauch von Leiden und Tragödie als würzende Zutat in der Banalität meines Alltagsdaseins.[159]

So verleiht der Holocaust dem Leben mancher nach dem Krieg geborener Juden eine zusätzliche Leidensdimension und fügt allem Elend, das die Juden lange vor dem Holocaust erlitten haben, dieses neue imaginäre hinzu.

Einer der ersten Denker, die im Holocaust ein einzigartiges, epochales Ereignis sahen, war Emil Fackenheim, Rabbiner und Professor für Philosophie an der Universität von Toronto:

Erst zwanzig Jahre nach dem Untergang des Dritten Reiches fing ich an, ernsthaft in Erwägung zu ziehen, dass der Holocaust möglicherweise ein einzigartiges Verbrechen in der Geschichte des Judentums und der gesamten Menschheit war.

schrieb er 1982 in seinem Buch *To Mend the World* (Die Welt heilen).[160] Analysiert man diesen Satz, kann man sich des Eindrucks nicht erwehren, dass der Theologe in ihm die Oberhand über den Philosophen und den Historiker gewann. Denn Einzigartigkeit ist vor allem ein theologischer Begriff, insofern Gott und jedes als sein Ebenbild erschaffene Individuum einzigartig sind.

Als historischer Begriff ist Einzigartigkeit nichtssagend, da jedes historische Ereignis in seiner Zeit geschieht und sich nicht wiederholt. Oder wie es Heraklit lapidar ausdrückte: *panta rhei – alles fließt. Man kann nicht zweimal in den gleichen Fluss steigen.* Die Äußerung des Philosophen Fackenheim kann somit nur in einem theologischen Zusammenhang aufgefasst werden. So wird der Holocaust zu einem Phänomen theologischer Dimension erhoben.

Vor allem Elie Wiesel hat diese Erhebung der Katastrophe in den Rang einer Religion gefördert. Maurice Friedman, ein enger Freund Wiesels, zitiert ihn in einem seiner Bücher folgendermaßen: *Am Anfang war Auschwitz, dies ist der unvermeidliche Ausgangspunkt. – Für mich, als Jude dieser Generation, ist der Holocaust der Maßstab.* Und schließlich: *Nichts darf mit dem Holocaust verglichen, aber alles muss zu ihm in Beziehung gesetzt werden.*[161] Es ist möglich, dass Wiesel mit diesen Äußerungen vor allem Einblick in sein persönliches Weltbild – nach seinen traumatischen Erfahrungen in Auschwitz – geben will, aber sie sind so allgemein gefasst, dass seine Bewunderer ihnen leicht eine religiöse Bedeutung beimessen können. *Der Holocaust,* so auch Maurice Friedman, *ist ein einzigartiges, unvergleichliches Geschehen, das nie zuvor stattgefunden hat und auch nie mehr stattfinden wird.*[162] Dies ist eine theologische Mitteilung, die unter historischem Gesichtspunkt inhaltslos ist. Einer der Kritiker der Theologisierung des Holocaust, der belgische Philosoph und Historiker Gie van den Berghe, schreibt in seinem Buch *Uitbuiting van de Holocaust* (Ausbeutung des Holocaust) über deren Vertreter:

Sie beanspruchen genau genommen einen absoluten Sonderstatus; sie wollen, dass der Holocaust als das Schlimmste anerkannt wird, was Menschen je widerfahren ist. Sie beanspruchen die Rolle des

Opfers in der absolutesten und reinsten Bedeutung des Wortes. […] 1977 bezeichnete Emil Fackenheim den Holocaust als das einzige Beispiel des Absoluten Bösen.[163]

Schließlich möchte ich noch aus einem anderen Buch von Fackenheim, *God's Presence in History* (1968), zitieren, das einige seiner Vorträge bündelt:

Elie Wiesel hat den Offenbarungscharakter des Holocaust mit der Erfahrung auf dem Berg Sinai verglichen und die Angst geäußert, dass wir nicht hinhören wollen. Wir schrecken vor diesem gewagten Vergleich zurück – aber noch mehr vor dem Nicht-Hinhören.[164]

Hier wird Auschwitz sehr deutlich in einen theologischen Zusammenhang gestellt.

Historische Ereignisse haben, wie gesagt, keine innere Bedeutung, jede Botschaft, die man aus ihnen herleiten will, muss man erst in sie hineinlegen. Das heißt, dass „der Hörer" einem Geschehen Sinn geben muss. Wenn ich selbst die Signale zu entschlüsseln versuche, die die größte Tragödie in der jüdischen Geschichte aussendet, dann höre ich leider völlig andere Töne als viele andere Juden. Ich habe den Eindruck, dass sie überhaupt nicht hinhören und dadurch eine falsche Lehre aus dem „neuen Sinai-Erlebnis" ziehen. Sie folgen Elie Wiesels Rat, den Holocaust zum Maßstab zu nehmen, in falscher Weise. Indem sie alles am Holocaust messen, erscheinen Israels Menschenrechtsverletzungen gegen die Palästinenser weniger schlimm als das, was die Juden erlitten haben. Was sie hören, sind Stimmen, die sagen: *Nur weiter so, du brauchst dich nicht schuldig zu fühlen, denn du bist lange nicht so schlimm wie die anderen es waren.* Ich höre etwas ganz anderes: *Werde nie so wie sie, die Täter!* Und auch: *Benutze Auschwitz nie als Maßstab, denn dafür eignet es sich nicht.* Ein anderer Maßstab ist nötig, nämlich das elementarste Gebot des Judentums, das in den berühmten Worten des jüdischen Schriftgelehrten Hillel lautet: *Was dir nicht lieb ist, das tue auch deinem Nächsten nicht – dieses ist die ganze Thora. Alles andere ist ihre Auslegung. Geh hin und lerne!*[165]

Dass dieser Ausspruch noch 1974 auch in Israel für äußerst wichtig gehalten wurde, geht aus der Tatsache hervor, dass der Herausgeber einer Taschenbuchausgabe der Encyclopaedia Judaica ihn dem Band über jüdische Werte als Motto voranstellte.

9. Das Ende des Judentums, das Ende einer Geschichte

Die Bedeutung des bisherigen Überlebens

Zum Schluss möchte ich noch einmal die von mir aufgestellte Behauptung wiederholen, dass man ein historisches Phänomen *deuten*, das heißt, ihm Bedeutung *verleihen* muss. Ich tue dies, indem ich eine persönliche und etwas moralistische Frage stelle: Warum ‚verdienten' die Juden es, jahrhundertelang die Diaspora zu überleben? Es wird gewiss nicht überraschen, wenn meine Anwort lautet, weil sie einen wichtigen Beitrag zum Wohl der Menschheit leisteten, namentlich auf dem Gebiet der sozialen Ethik, aber auch im geistigen und kulturellen Bereich. Knapp zwei Jahrtausende waren sie in vielen europäischen Ländern die einzigen Fremden. Sie besaßen keine politische Macht und zeigten als Gruppe einen bemerkenswerten Überlebenswillen. Da es ihnen an Macht fehlte, konnten sie andere selten unterdrücken. Im Gegenteil, nach der Emanzipation spielten sie eine wegweisende Rolle im Streben nach sozialem und individuellem Fortschritt. Die Reformer des jüdischen Glaubens, die die Religion der modernen, säkularisierten Gesellschaft anpassten, indem sie deren moralische Bedeutung betonten, vollbrachten eine großartige Leistung. Sie ebneten den Weg dafür, dass eine überdurchschnittlich große Zahl von Juden an der gesellschaftlichen Entwicklung vor allem ab der zweiten Hälfte des 19. Jahrhunderts teilnehmen konnte.

All dies scheint nun verloren gegangen zu sein. Aufgrund der kollektiven Paranoia eines beträchtlichen Teils des jüdischen Volks haben die Schattenseiten des Judentums – meines Erachtens unnötigerweise – die Oberhand gewonnen. Israel ist auf dem besten Weg, eines der Länder zu werden, von denen es im Mittleren Osten so viele gibt, mit allen entsprechenden Konnotationen. Diejenigen in der Diaspora, die dagegen nicht öffentlich aufbegehren, verraten das aufgeklärte Denken, das zu ihrem Kulturerbe gehört. Wenn sich diese Entwicklung fortsetzt, und darauf weist alles hin, dann hat das Judentum der Welt nichts mehr zu bieten. Es gibt genügend Staaten mit einer nicht sonderlich rühmenswerten Politik, so dass Israel für den Rest der zivilisierten Welt nicht länger von Interesse sein wird.

Der Untergang Israels als jüdischer Staat[166] *

Ich möchte nochmals betonen, dass die Nationalstaatsidee, wie sie das 19. Jahrhundert entwarf, seit der zweiten Hälfte des 20. Jahrhunderts ein Anachronismus ist, der einer multikulturellen und multiethnischen Gesellschaft das Feld räumen muss. Israel stemmt sich gegen den Strom, indem es die Rechte der nichtjüdischen Bevölkerung beschränkt und somit das koloniale Apartheid-Regime der letzten Jahrzehnte instand hält. Meiner Ansicht nach ist die jetzige Situation die schlimmste denkbare. Die Repression in den chaotischen und anarchistischen Palästinenser-Gebieten ist der ideale Nährboden für die Verzweiflung und den Fanatismus, aus dem heraus die Selbstmordanschläge

* Ich bin gewiss nicht der einzige, der düster in die Zukunft blickt. Avraham Burg, ein traditioneller Jude, Mitglied der Arbeiterpartei und von 1999 bis 2003 Sprecher der israelischen Knesset, schreibt (vgl. Anm. 166): Der Countdown läuft – der Countdown zum Ende der israelischen Gesellschaft.

verübt werden. Seit dem ersten dieser Attentate, am 6. April 1994 in Afula,[167] ist es Israel nicht gelungen, ein Mittel dagegen zu finden. Angemerkt muss werden, dass dieser Anschlag ein Vergeltungsakt für das Massaker in der Ibrahim-Moschee in Hebron war, wo ein fanatischer jüdischer Siedler, der „Arzt“ Dr. Baruch Goldstein, am 25. Februar neunundzwanzig betende Muslime ermordet hatte. Zum Entsetzen der Palästinenser wurde nicht die Gruppe um Goldstein zur Rechenschaft gezogen, sondern es wurde über sie selbst eine Ausgangssperre verhängt, die sechs Wochen dauern sollte. Noch täglich werden sie an dieses Blutbad erinnert. In einem Artikel in *The Jerusalem Report* vom September 2002 heißt es unter dem Titel *Schweigen, das tötet:*

Das Grab des Massenmörders Baruch Goldstein in Kiryat Arba ist ein Nationalheiligtum geworden, das israelische Soldaten und Polizisten schützen, wie sie auch diejenigen schützen, die am Grab des Mörders beten. Man fragt sich, wofür sie bloß beten. Was glauben wir tatsächlich, dass sich in den Köpfen der Leute abspielt, die an Goldsteins Grab Inspiration suchen? Welches andere Land toleriert, dass das Grab eines Massenmörders zu einem Nationalheiligtum wird? Wir aber schweigen.[168]

10. Einige Szenarien für die kommenden Jahrzehnte*

Groß-Israel ohne Palästinenser

Fast täglich lässt sich beobachten, dass Scharon und das israelische Militär die Konfrontation einer Friedensregelung vorziehen.[169] In der hier angeführten, fast beliebigen Auswahl von Artikeln vom August 2003 kommen Probleme zur Sprache wie die nicht offizielle Anerkennung der *Hudna*, der Waffenruhe, an die sich sogar die palästinensischen Extremisten über einen Monat hielten, die aber am 21. August durch die Ermordung des gemäßigten (!) Hamasführers Abu Shanab definitiv aufgekündigt wurde. Und sogar der äußerst konservative Präsident des Jüdischen Weltkongresses ist der Ansicht, dass die Errichtung der Grenzmauer durch palästinensisches Gebiet für das für den Frieden so nötige Vertrauen nicht förderlich sei. Auch hätte die Vereinbarung, alle Bauarbeiten in den Siedlungen zu stoppen, längst eingehalten werden müssen. Und die stets wiederholte Forderung, die palästinensische Autonomiebehörde müsse

* Eine ähnliche Analyse hinsichtlich einer gesicherten Zukunft für den Nahen Osten findet sich in Boaz Evrons Artikel ‚Demagography as the enemy of democracy' in *Ha'aretz* vom 11. September 2002. Er bezieht auch die große Zahl nichtjüdischer Russen in Israel in seine Analyse mit ein, was die Situation aus nationalistisch-jüdischer Perspektive nur noch verschlimmert. Auch er kommt zu dem Schluss, dass auf Dauer nur ein offener demokratischer Staat mit völliger Gleichberechtigung aller Bürger stabil sein kann.

gegen die extremistischen Organisationen vorgehen, erhöht das Risiko eines palästinensischen Bürgerkriegs.

Mit diesem Verhalten setzt sich die heutige Regierung dem Verdacht aus, es mehr auf größtmögliche Unruhe und Knebelung der Palästinenser als auf Frieden abgesehen zu haben. Die Vermutung liegt nahe, dass man den geeigneten Augenblick abwartet, um das Ideal des rechten Lagers zu verwirklichen, nämlich die Palästinenser aus dem gesamten Gebiet zwischen Jordan und Mittelmeer zu vertreiben. Ganz abgesehen von der moralischen Fragwürdigkeit einer solchen Aktion, ist es eine Illusion, die jüdische Bevölkerung eines Groß-Israel könne anschließend in Ruhe und Frieden leben. Eine zweite *Nakba*, wie die Palästinenser ihre Vertreibung und Flucht aus Palästina in Folge der israelischen Staatsgründung vom 14. Mai 1948 bezeichnen, wird gewiss noch heftigere Gefühle der Wut, der Frustration und Rache wecken und nur zu weiteren Selbstmordanschlägen in Israel oder im Ausland führen. Dass sich ein Land mit einer Mauer für alle Ewigkeit vollständig schützen kann, ist undenkbar.

Stattdessen würde eine solche ethnische Säuberung im 21. Jahrhundert die moralische Stellung Israels derart in Frage stellen, dass der jüdische Staat fortan zur Gruppe der verhasstesten und verachtetsten Paria-Staaten der Welt gehören würde. Eine Reihe von Juden innerhalb und außerhalb Israels würde darin zwar eine Bestätigung ihrer Auffassung von der ewigen Feindschaft gegen das jüdische Volk sehen, aber es verhält sich gerade andersherum. Da die Juden ab der zweiten Hälfte des 19. Jahrhunderts so gut in der europäischen Kultur integriert waren, werden sie, ungeachtet der Ereignisse im Zweiten Weltkrieg, als Teil dieser Kultur betrachtet. Aus diesem Grund stellen ernstzunehmende westliche Meinungsführer viel höhere moralische Ansprüche an Israel, als etwa an Länder wie Saudi-Arabien oder Irak.

Verbessertes Oslo-Abkommen

Auf der anderen Seite des Spektrums theoretischer Lösungen für den palästinensisch-israelischen Konflikt ist ein Szenario denkbar, das ich für sehr unwahrscheinlich halte: die Rückkehr zu einem verbesserten Oslo-Friedensprozess. Eine Verbesserung ist nötig, weil der ursprüngliche Prozess von Anfang an zum Scheitern verurteilt war. Israel unterhandelte nämlich nicht auf der Grundlage der Gleichberechtigung und beging außerdem Betrug: Es baute weiter Siedlungen in den Gebieten, die laut UN-Resolutionen den Palästinensern gehören. Ermöglicht wurde dies durch das Machtungleichgewicht zwischen beiden Vertragspartnern,[170] aber auch durch die Naivität oder die Berechnung von Arafat und seiner PLO-Behörde. Aber nehmen wir einmal an, dass das Wunder wirklich geschieht und eine Lösung des Konflikts gefunden wird. Dass alle Siedlungen geräumt werden, mit Ausnahme derjenigen, über die sich beide Parteien – in einer durch wundersame äußere Kräfte geschaffenen Atmosphäre der Gleichheit – einig werden. Die Häuser werden den Palästinensern übertragen als Teilentschädigung für den Schaden, den die Flüchtlinge zwischen 1947-1948 erlitten haben. Danach leben beide Länder in Frieden und Wohlstand nebeneinander. Aber auch ein solches Wunder würde nicht auf Dauer einen stabilen demokratischen jüdischen Staat in Israel garantieren, und zwar weil bereits heute der arabische Bevölkerungsanteil 20 Prozent beträgt und weiter steigt. Es bedarf schon weiterer Wunder, damit die Juden in fünfzig bis hundert Jahren nicht in der Minderheit sind. Dann wird sich nicht länger verschleiern lassen, dass ein Israel, das sowohl jüdisch wie demokratisch ist, eine Widerspruch in sich ist.

Meiner Ansicht nach gibt es nur ein einziges Szenario, das langfristig zu einem stabilen und lebensfähigen Staat führen kann, und zwar das einer demokratischen, multi-ethnischen Gesellschaft, in der Juden und Palästinenser – neben anderen Bevölkerungsgruppen – in Frieden zusammenleben. Wie so oft in der Geschichte wäre dies eine paradoxe Lösung, da sie dem zionistischen Ideal der Mehrheit der jüdischen Israelis zuwiderläuft. Sie wollen in einem Staat leben, in dem mindestens die übergroße Mehrheit der Bevölkerung jüdisch ist, was immer dies bedeuten mag. Dem steht gegenüber, dass eine multi-ethnische Gesellschaft durchaus an Ideen einiger Vorkämpfer des Zionismus anknüpft, unter ihnen Herzl, die sich wünschten, dass die Juden ein Volk wie jedes andere wären. Dieser Traum würde mit der Verwirklichung des vorläufig unrealistischen Szenarios sogar ganz in Erfüllung gehen. Israel würde ein Land sein wie Großbritannien mit seiner ethnischen Vielfalt oder Frankreich mit seinen afrikanischen Bevölkerungsgruppen. Nur so könnte Wirklichkeit werden, was Herzl in sein Tagbuch notierte:

Das gelobte Land, wo wir krumme Nasen, schwarze oder rote Bärte und gebogene Beine haben dürfen, ohne darum schon verächtlich zu sein. […] So dass der Spottruf „Jude!" zu einem Ehrenwort wird, wie Deutscher, Engländer, Franzose, kurz wie die Massen aller Kulturvölker.[171]

Interessanterweise kritisierte der frühere *Ha'aretz*-Chefredakteur Gershom Schocken im Jahr 1985 aus etwa den gleichen Gründen die Tatsache, dass es in Israel für einen Juden unmöglich ist, einen Araber oder einen anderen Nichtjuden zu heiraten:

In einem souveränen Staat, der auf das friedliche Miteinander verschiedener Bevölkerungsgruppen und auf normale Beziehungen zu seinen Nachbarländern hinwirken sollte, ist dieses Verbot zu einem Fluch geworden. Die innerstaatlichen Spannungen und die Isolierung in der Region werden dadurch nur verschärft.[172]

Würde irgendwann eine solche multi-ethnische Gesellschaft Realität werden, dann würde sich das jüdische Volk tatsächlich kaum oder nicht mehr von den anderen unterscheiden. Da die ersten Zionisten den Antisemitismus solchen Unterschieden zuschrieben, glaubten sie, er würde sich in Luft auflösen, wenn das jüdische Volk ein Volk wie jedes andere würde. Sollte es jemals soweit kommen, dann werden die außergewöhnlichen Schicksalsschläge, von denen das jüdische Volk getroffen wurde, nur noch ein bedenkenswertes Kapitel der Geschichte sein.

Und die Roadmap?

Man kann natürlich im November 2003 nicht über mögliche Zukunftszenarien schreiben, ohne die so genannte ‚Roadmap for Peace' zu erwähnen, die von den USA, der Europäischen Union, Russland und der UN ausgearbeitete Initiative zur Lösung des Palästinakonflikts, der manche eine echte Chance einräumten. Selbst wenn der Friedensplan durchgesetzt werden könnte, wäre dieser Friede für keinen Palästinenser mit einigem Nationalstolz und Selbstbewusstsein auf die Dauer annehmbar. Im Moment erscheint die Umsetzung dieses Plans allerdings äußerst unwahrscheinlich. In erster Linie weil Scharon auf Zeit spielt, indem er leere Versprechungen macht und konkrete Schritte hinauszögert. Wie das *NRC Handelsblad* Ende Juli unmittelbar nach Scharons Besuch im Weißen Haus berichtete:

Israel hätte nicht nur der Bildung eines unabhängigen palästinensischen Staats zustimmen und seine militärischen Aktionen zurückschrauben, sondern inzwischen bereits mehr als hundert illegale Siedlungen im Westjordanland räumen müssen. Und jede Bautätigkeit in den 150 Siedlungen, die vor dem März 2001 begann, hätte eingestellt sein müssen. Ein paar wackelige Wohnwagen und verrostete Container hat man zwar entsorgt, aber nach einigen Scharmützeln sind die Kolonisten einfach zurückgekehrt. Mit dem Baustopp in den älteren Siedlungen mit einer Gesamtbevölkerung von 220000 hat Scharon noch nicht einmal begonnen, denn darüber herrscht in seiner Regierung und vermutlich auch in seinem eigenen Kopf große Uneinigkeit.[173]

Im Gegenteil: Direkt nach Scharons Besuch bei Präsident Bush wurde am 31. Juli der Bau von zweiundzwanzig Wohneinheiten in einer Siedlung im Gaza-Streifen öffentlich ausgeschrieben.[174] In scharfem Kontrast hierzu hält man sich auf palästinensischer Seite, und das gilt auch für die Terrorgruppen, schon wochenlang zurück. Dass durch Israels Hinhaltetaktik, aber vor allem durch den unverminderten Bau der illegalen Mauer* – euphemistisch „Sicherheits*zaun*" genannt – die Geduld der Palästi-

* Der ‚Sicherheitszaun' zwischen Israel und den Palästinensergebieten ist ein Kapitel für sich und kann hier nicht behandelt werden. Er ist der konkrete Beweis für die Behauptung, die Unterschiede zwischen dem linken und rechten Lager in Israel, wenn es um den gleichberechtigten Status der Palästinenser geht, seien hauchdünn. Das gilt selbstverständlich nicht für die extremen Fraktionen auf beiden Seiten des Spektrums. Die Idee zum Zaun kam aus dem linken Lager und wurde besonders von seinem inzwischen schon wieder in der Versenkung verschwundenen neuen Star, Amram Mitzna, propagiert. Die Apologeten des Zauns führen an, eine deutliche Grenzlinie sei dem nachbarschaftlichen Verhältnis förderlich. Das Gegenteil ist jedoch wahr, wenn diese Abgrenzung mitten durch den Garten und einen Teil des Hauses des anderen verläuft.

nenser auf eine harte Probe gestellt wird, versteht sich. Bush hatte zu diesem Thema nur das Folgende zu sagen:

Ich glaube, dass die Mauer ein Problem ist und habe dies auch mit Ministerpräsident Scharon besprochen. Es ist sehr schwierig, Vertrauen zwischen Palästinensern und Israelis aufzubauen, wenn sich eine Mauer wie eine Schlange durch das Westjordanland windet.[175]

Es ist ganz in Scharons Sinn, wenn die Palästinenser schließlich tatsächlich die Geduld verlieren. Je schlimmer die Anschläge palästinensischer Extremisten, desto härter werden die Vergeltungsschläge der israelischen Armee sein und desto mehr Palästinenser werden fliehen. Das ist es, was man in Israel euphemistisch ‚freiwilligen Transfer' nennt.

Das Ende des Judentums in der Diaspora

Nun, da ich beinahe das Ende dieses Kapitels erreicht habe, komme ich noch einmal kurz auf Bernard Wassersteins Buch *Vanishing Diaspora* zurück. Durch seinen demographischen Ansatz unterschätzt er meiner Ansicht nach die Bedeutung eines Faktors, der die völlige Assimilierung der Juden in Europa beschleunigen wird. Jedenfalls bewertet er seine Folgen gänzlich anders als ich.[176]

Die multi-ethnische Gesellschaft hat die Nachfolge des Nationalstaats alter Prägung angetreten. Die Bevölkerung in einem großen Teil Europas war vor dem Zweiten Weltkrieg – und auch noch einige Jahre danach – viel homogener als heute. Juden fielen also viel mehr auf, nicht nur durch ihre „krummen Nasen, schwarzen oder roten Bärte", sondern auch durch ihre Namen, die viel schwerer zu ändern waren als heute. Und schließlich spielte der damals so rabiate Antisemitismus eine wichtige Rolle. Die Antisemiten machten sich geradezu einen Sport daraus, Juden zu erkennen. Diese konnten dadurch nur ausnahmsweise in der Masse untertauchen. Damals war man ein Jude, ob man es wollte oder nicht, weil die – antisemitische – Umgebung einen so sah. Die Freiheit, seine jüdische Identität aufzugeben, war Juden nicht oder nur selten gegeben.

Heute ist dies viel einfacher. Juden können in hohem Maße selbst bestimmen, ob sie sich als Jude betrachten wollen oder nicht. Interessanterweise kommt Wasserstein zu einem ganz anderen Schluss. *Im multikulturellen, pluralistischen Europa braucht ein Jude seine jüdische Identität nicht länger zu verbergen*, schreibt er. Aus meiner Sicht jedoch werden sich die multikulturelle Gesellschaft und das Fehlen eines virulenten Antisemitismus anders auswirken. Juden, die sich in der heutigen säkularisierten Welt weder zum Glauben ihrer Väter bekennen, noch der Holocaust-Religion etwas abgewinnen können und obendrein Israels Haltung gegenüber den Palästinensern verabscheuen, können dem Judentum viel leichter den Rücken zukehren als vor dem Krieg. Sie haben keine von außen auferlegte Verpflichtung gegenüber ihrer jüdischen Abstammung mehr. Sie haben die Freiheit der Wahl.

Es versteht sich, dass ich die Zukunft des Judentums viel pessimistischer einschätze als Wasserstein. Sein Buch erschien 1996, als der Nahost-Friedensprozess noch reale Aussicht auf Erfolg hatte. Es ist verständlich, dass er die Existenz Israels als eines jüdischen Staats nicht gefährdet sah. Seine Voraussage, das europäische Judentum werde nicht überleben, lässt sich auch auf die Vereinigten Staaten ausweiten, wie Sergio DellaPergola von der Hebräischen Universität in Jerusalem dargelegt hat.[177] Nach DellaPergolas Berechnungen gehen dem jüdischen Volk durch Mischehen mehr Kinder verloren als hinzukommen, weil sich nur ein Bruchteil von ihnen später mit dem Judentum identifizieren werde. Und dieser demographische Negativtrend könnte sich durch einen groß angelegten ‚Transfer' der Palästinenser noch dramatisch verstärken, und zwar weil die Assoziation unseres Volkes mit schweren Verbrechen, die nicht wie früher erdichtet, sondern Realität sind, die Entscheidung für eine jüdische Identität gewiss noch weniger attraktiv erscheinen ließe.

Wie im Vorwort angesprochen, ist einer der Ausgangspunkte meiner Analyse, dass sich die Säkularisierung fortsetzen wird, die die westliche Welt seit der Aufklärung kennzeichnet. Es gibt aber auch Entwicklungen, die gegen diese Hypothese sprechen.[178] So schreibt Samuel Huntington:

Sowohl das Interesse für –, wie die Bedeutung von Religionen wie Christentum, Islam, Judentum, Hinduismus, Buddhismus und der russisch-orthodoxen Kirche nehmen wieder zu. [...] Die fundamentalistischen Bewegungen haben sich dramatisch entwickelt und können immer mehr an politischem Einfluss gewinnen. Aber hinter all dem ist eine noch breitere und elementarere religiöse Entwicklung feststellbar, die dem Leben am Ende des 20. Jahrhunderts eine andere Wendung gibt. [...] Um mit George Weigel[179] zu sprechen: Die Entsäkularisierung der Welt gehört zu den prägendsten sozialen Einschnitten des späten 20. Jahrhunderts.

Ich gehe davon aus, dass die Juden Teil der westlichen Welt und ihrer Kultur sind und erwarte nicht, dass sich das Wiederaufleben der jüdischen Orthodoxie nennenswert fortsetzen wird, aber vielleicht ist hier der Wunsch der Vater des Gedankens. Sollte ich mich irren, würde aber auch dies das Ende des Judentums bedeuten. Nicht, weil es auf dem weiten Feld der Orthodoxie nicht auch Strömungen gibt, die sich ganz dem ethischen Aspekt des Judentums verpflichtet fühlen und damit dem Blut-und-Boden-

Nationalismus der Extremisten eine völlige Absage erteilen. Nein, sondern weil meiner Ansicht nach die Juden ein modernes Volk sind, das sich einen ehrenvollen Platz in der heutigen aufgeklärten westlichen Staatengemeinschaft gesichert hat. Sollte es tatsächlich aus demographischen Gründen und durch die fortschreitende Assimilierung zum Ende des Judentums kommen, dann hoffe ich, dass dieses Kulturvolk in der Endphase nicht zu einer voraufklärerischen fundamentalistischen Sekte entartet.

Mehr Macht – eine gefährliche Entwicklung

Zum Schluss möchte ich noch *eine* weitere bittere Bemerkung machen. Der bereits erwähnte Philosoph und Historiker Emil Fackenheim sprach die Befürchtung aus, die Juden könnten durch die Opfer von Auschwitz auf die Dauer als Volk verschwinden. Er wies zu Recht darauf hin, dass dies den posthumen Sieg Hitlers bedeuten würde.[180] Deshalb müsse den 613 jüdischen Geboten noch eines hinzugefügt werden, dass nämlich ein Jude die jüdische Gemeinschaft nicht verlassen dürfe. Aber ein solches Gebot, meine ich, würde nichts bewirken, weil jeder, der aus welchen Gründen auch immer das Band mit dem Judentum durchschneiden will, sich um keines der 613 oder 614 Gebote kümmern wird. Ein Soldat putzt nicht länger die Knöpfe seiner Uniform blank, nachdem er desertiert ist.

Besonders im vergangenen Jahr scheint sich eine andere Vorhersage der Antisemiten in gefährlichem Ausmaß zu bewahrheiten. Ich meine den Mythos – und bis vor kurzem war es ein solcher –, die Juden hätten es auf die Weltherrschaft abgesehen. Dadurch, dass Israel zu einer der stärksten Militärmächte aufgestiegen ist, befinden sich die Juden heute in einer völlig anderen Position als in den zwei Jahrtausenden zuvor. Bis zum Sechstagekrieg von 1967 konnte man sie als ein Volk ohne jegliche politische Macht charakterisieren. Verschiedene Faktoren haben dazu beigetragen, dass der Einfluss Israels und der Juden in der Diaspora ständig zugenommen und in den letzten Jahren einen Höhepunkt erreicht hat. Seitdem sich Präsident Bush und sein Amtskollege Ariel Scharon als Freunde gefunden haben, ist der israelisch-jüdische Einfluss auf die einzig verbliebene Supermacht beängstigend und ungesund groß geworden. Ich erwähnte bereits die so geschmacklose wie provozierende Bemerkung des israelischen Ministers Rivlin, die Rede Bushs Ende Juni 2002 hätte von einem Spitzenfunktionär des Likud geschrieben sein können. Es ist nicht das einzige Beispiel für dieses Pochen auf die eigene Stärke. So macht die wichtigste und erfolgreichste Organisation der jüdischen Israel-Lobby, das American Israel Public Affairs Committee, kurz AIPAC, auf ihrer Webseite mit Zitaten prominenter amerikanischer Politiker Eigenreklame. Zu ihnen gehört Außenminister Colin Powell:

AIPAC wurde gegründet [...], um dem jungen israelischen Staat zu helfen, die Herausforderungen der Unabhängigkeit zu meistern. Sie genießen weltweit den Ruf, auf diesem Gebiet eine der erfolgreichsten Organisationen zu sein.

Schon vorher hatte sich der ehemalige Präsident des Repräsentantenhauses Newt Gingrich ähnlich lobend geäußert: *Auf der ganzen Welt [...] gibt es keine Gruppierung, die ein öffentliches Interesse besser verteidigt als Sie.* In Israel konstatierte der bekannte Kommentator Meron Benvenisti in *Ha'aretz*:

Eine mächtige Koalition aus der rechten Regierung in Israel, einer jüdischen Lobby in den Vereinigten Staaten, dem entscheidenden Einfluss fundamentalistischer Christen und neokonservativer Regie-

rungsbeamten wird dafür sorgen, dass der Road Map das gleiche Schicksal widerfährt wie den Plänen von Mitchell, Tenet und Zinni – um nur einige amerikanische Pläne zu nennen, die mit großem Getöse angekündigt wurden und schnell wieder in der Versenkung verschwanden.[181]

In der rechtsorientierten Tageszeitung *Jerusalem Post* war über Elliot Abrams, Mitglied von Condoleeza Rices Sicherheitsrat und Nahost-Berater von Bush zu lesen[182]:

Man konnte sich immer darauf verlassen, dass Elliot Israels Kurs genau wiedergab und einschätzen konnte, wie er von der jüdischen Gemeinschaft aufgenommen werden würde. [...] Abrams konnte sich Anfang dieses Monats einen Einblick in Scharons Weltanschauung verschaffen, als er zusammen mit dem stellvertretenden Sicherheitsberater des Weißen Hauses, Steven Hadley, Israel einen geheimen Besuch abstattete. Israelischen Quellen zufolge nahm der Ministerpräsident seine Gäste mit auf einen Hubschrauberflug über die jüdischen Siedlungen im Westjordanland.

Und nochmals *Ha'aretz*:

Scharon braucht die letzten Kommentare von Richard Perle nicht zu lesen – dem geistigen Vater des Irak-Kriegs, der meint, Amerika schulde den Arabern nichts –, um zu wissen, dass er von einem Präsidenten nichts zu befürchten hat, der sich als „Nationalheld" um die Wiederwahl bewirbt.[183]

Perle gehörte bis vor kurzem sowohl zur Führung des amerikanischen Verteidigungsministeriums als auch zum Direktorium der *Jerusalem Post*, die sich inzwischen in den Händen einer rechtsextremistischen zionistischen Gruppierung befindet.

Das folgende und letzte Zitat vom 9. April 2003 stammt von Uri Avnery, dem Gründer und einer der profiliertesten Gestalten der israelischen Friedensbewegung Gush Shalom. Es handelt von der verschworenen Gemeinschaft jüdischer neokonservativer Falken, zu denen neben Perle auch Paul Wolfowitz gehört, die Nummer zwei im Verteidigungsministerium und Vater des Irak-Kriegs:

Ihr großer Augenblick kam mit dem Kollaps der Zwillingstürme in New York. Die amerikanische Öffentlichkeit und die Politiker befanden sich in einem Schockzustand, völlig orientierungslos, außerstande, eine Welt zu begreifen, die sich über Nacht verändert hatte. [...] Nur neun Tage nach dem Anschlag veröffentlichte William Kristol (Sohn des Gründers der Neokons Irving Kristol) einen offenen Brief an Präsident Bush, in dem er erklärte, dass es nicht damit getan sei, das Netzwerk Osama Bin Ladens zu zerstören, sondern dass es auch notwendig sei, „Saddam Hussein zu stürzen" und an Syrien und Iran „Vergeltung für die Unterstützung der Hisbollah zu üben".

Diese Beispiele ließen sich beliebig fortsetzen. Sie illustrieren anschaulich die Hektik, die in letzter Zeit innerhalb wie außerhalb Israels ausgebrochen ist. Es fällt auf, dass die Charakterisierung der engen Beziehung zwischen der israelischen Regierung und den Vereinigten Staaten stark an die Komplott-Theorien erinnert, die man zuvor nur von notorischen Antisemiten hörte. Aber sie ist gut fundiert und stammt entweder von patriotischen Israelis, die ihr Land in Richtung Abgrund schlittern sehen, oder solchen, die sich mit der neu errungenen Macht brüsten.

Die moderne jüdische Geschichte lehrt, dass Machtlosigkeit sehr gefährlich sein kann. Aber die Weltgeschichte liefert viel mehr Beweise dafür, dass auch zu große Macht zum Untergang eines Volkes führen kann. Im Fall der Juden bestand immer die Gefahr, dass die ansteckende Krankheit, die Antisemitismus heißt, plötzlich wieder virulent wird. Auslöser kann ein größerer Krieg sein, der weniger reibungslos verläuft als erhofft und für den die Juden – zu Recht oder zu Unrecht – mitverantwortlich gemacht werden. In einem solchen Fall werden die Juden vielleicht noch rascher von der Bühne der Weltgeschichte verschwinden, als ich aufgrund der bisherigen Entwicklungen erwarte.

Epilog

Dieses Buch gibt einen pessimistischen Ausblick auf die Zukunft des Judentums in der Welt. Auswahl und Bewertung der Fakten sind durch den dramatischen Abschnitt der jüdischen Geschichte beeinflusst, in der ich leben musste. Ich kann nicht leugnen, dass ich enttäuscht bin. Nicht über mein eigenes Leben, im Gegenteil, trotz der schwierigen Zeiten, die ich durchgemacht habe, blicke ich mit Befriedigung darauf zurück. Nein, meine Enttäuschung bezieht sich einzig und allein auf die Art und Weise, wie sich das Judentum entwickelt hat. Ich kann mir heute nicht mehr vorstellen, wie das von hoffnungsvollen und idealistischen Pionieren aufgebaute Israel gerettet werden könnte und wie Israelis und Palästinenser auf der Grundlage gegenseitigen Vertrauens einen dauerhaften Frieden schließen könnten. Die negativen Kräfte, die sich von Anfang an manifestierten, und besonders die Geringschätzung den Palästinensern und ihrem Leiden gegenüber, haben schließlich die Oberhand über den humanistischen Idealismus und die soziale Ethik gewonnen. Die Araber, besonders die Palästinenser, tragen eine Mitschuld an der gegenwärtigen, für beide Völker so aussichtslosen Situation. Angesichts der so unterschiedlichen militärischen und wirtschaftlichen Stärke kann der Teufelskreis jedoch nur durch eine Kraftanstrengung der stärkeren Partei durchbrochen werden.

Nur ein Wunder könnte einen Zustand herbeiführen, in dem Israelis und Palästinenser in Eintracht miteinander leben. Ein charismatischer israelischer Staatsmann könnte dieses Wunder vielleicht bewirken. Er oder sie müsste den urjüdischen Begriff der Teschuwa neu beleben, sodass die Israelis umkehren auf ihrem Weg zunehmender Gewalt und Gleichgültigkeit gegenüber dem Schicksal der Palästinenser. Er oder sie müsste die Bevölkerung davon überzeugen, dass jedes Bemühen um einen dauerhaften Frieden mit einer Abbitte an die Palästinenser beginnen muss, dafür, wie Israel sie in den vergangenen Jahrzehnten behandelt hat. Natürlich müsste diese Versöhnungsgeste mit einer finanziellen Wiedergutmachung einhergehen. Paradoxerweise könnten die deutschen Ausgleichszahlungen an Israel nach dem Krieg als Vorbild für diese schwierige Aufgabe dienen. Geld kann erlittenes Unrecht nicht wiedergutmachen, aber es würde zur Bildung des gegenseitigen Vertrauens entscheidend beitragen.

Dass die Welt der Rückkehr der Juden in das Land, in dem sie etwa zwei Jahrtausende zuvor gelebt hatten, zustimmen würden, war höchst unwahrscheinlich. Dazu bedurfte es einer Katastrophe unvorstellbaren Ausmaßes. Man kann nur hoffen, dass der noch unwahrscheinlichere Friede zwischen Israelis und Palästinensern tatsächlich durch ein Wunder zustande kommt. Leider ist die Angst nicht unberechtigt, dass auch er nur durch eine vergleichbare oder noch größere Katastrophe zu erreichen sein wird.

SIEBEN

Gedanken über das Wesen des Bösen

Was Goethe, Hannah Arendt und andere Philosophen, wie auch mein Leben, erzählen

1. Einführung

Es gehört schon ein gewisser Mut dazu – oder ein hohes Alter nach einem an Erlebnissen reichen Leben –, um sich auch im einundzwanzigsten Jahrhundert kritisch mit einem klassischen Werk von so unsterblichem Ruhm wie Goethes Faust zu befassen. Vergleichbares, wenn auch nicht Gleiches, gilt für kritische und korrigierende Betrachtungen über eine als bahnbrechend und ebenfalls klassisch zu bezeichnende Denkerin wie Hannah Arendt. Dass ich dies trotzdem wage, rührt wohl hauptsächlich daher, dass ich aufgrund meiner, im Buch bereits genügend angedeuteten Erfahrungen glaube, etwas von der wahren Natur des Bösen miterlebt und begriffen zu haben. Hinzu kommt, dass heutzutage umso deutlicher wird, dass die diversen Manifestationen des Bösen keineswegs auf die Zeit des Zweiten Weltkriegs beschränkt werden können. Sie werden gerade derzeit an verschiedenen Fronten und das nicht einmal weit entfernt von uns wieder sichtbar: in den Befreiungskriegen der Völker, in Europa und im Nahen Osten wie auch im Krieg gegen den Al-Quaida-Terrorismus. Dieser Essay soll also nicht nur eine intellektuelle Übung sein. Vielmehr hoffe ich, dass er dazu beitragen wird, unser Denken klarer und unser Handeln zielgerichteter im Hinblick auf die heutigen Manifestationen des Bösen werden zu lassen.

Das Böse spielt in Goethes Faust nicht nur in der Figur des Mephistopheles eine große und vielleicht sogar zentrale Rolle. Wie wir zeigen werden, ist es sowohl in der Person des Dr. Faust wie auch in der des Herrn im Himmel – wenn auch weniger explizit –, enthalten. Dass wir uns auch nach zweihundert Jahren aufs Neue damit befassen können, hängt mit der klassischen Größe des Werks zusammen. Es ist ja so, dass die größten Kunstwerke, die ewigen, gerade diejenigen sind, die sich in jedem Zeitalter aufs Neue interpretieren lassen. Der Grund dafür ist, dass in ihnen Wahrheiten, Weisheiten, Gesetze des Handelns oder der Kunst so allgemein und grundsätzlich formuliert sind, dass sie immer wieder eine neue Deutung erlauben, die dem neueren oder gar aktuellen Zeitgeschehen entspricht. Dies gilt bekanntlich schon für die griechischen Dramen und Tragödien, für die Werke Shakespeares, für Bach wie auch für Goethe oder Tschechow, um ein paar bekannte Klassiker zu nennen. Das Merkwürdige an dieser Tatsache ist, dass derartige Neuinterpretationen und Aktualisierungen des ursprünglichen Stoffes möglich, erträglich oder sogar revitalisierend sind, obwohl die Werke ihrem Ursprung nach deutlich in einer bestimmten Epoche stehen. Das Obige ist nun ganz gewiss zutreffend auf das in vieler Hinsicht sagenumwobene vielschichtige Hauptwerk Goethes, seinen Faust. In dem hier Folgenden möchte ich mich bei meiner Neuinterpretation auf einige der Hauptthemen beschränken, die alle mit dem Bösen in der Welt zusammenhängen. Eigentlich überflüssig, sei hier die Bemerkung eingeschoben, dass die von mir vorgeschlagene Neuinterpretation nie dazu verwendet werden könnte, Goethe bösartige Absichten unterzuschieben. Man könnte höchstens sagen, dass sein Genie im Stande war, gefährliche und unmenschliche

Ereignisse, die lang nach seinem Tode stattfinden sollten, „vorzufühlen“.

Nötige Neudeutung

Ich werde in dieser Arbeit Hannah Arendt mit Goethes Faust in Zusammenhang bringen, weil auch sie sich – und eigentlich viel expliziter – mit dem Bösen in der Welt befasst hat. Als sie ihre – in diesem Zusammenhang wichtigen – Arbeiten schrieb, lag gerade eine dramatische Zeit in der Geschichte Europas hinter ihr. Eine Zeit, in der das Böse in unserem Teil der Erde eine bisher noch nicht dagewesene Dimension erreicht hatte. Der hierdurch aufgewirbelte Staub war zu ihrer Zeit noch so dicht, dass, trotz ihres scharfen Geistes, eine klare Sicht auf alle wichtigen Seiten der Ereignisse schier unmöglich war. Jetzt, gute vierzig Jahre nach dem Eichmann-Prozess, hat sich der Staub zwar noch keineswegs vollständig gesenkt, aber er ist weit weniger dicht und erlaubt einen klareren Blick. Obendrein erleben wir seit dem Ereignis des 11. September neue und gefährliche Manifestationen des Terrorismus. Dessen Bekämpfung – wie auch die nicht immer zu Recht als Terrorismus bezeichneten Befreiungskriege – ist fanatischer und gefährlicher geworden. Dadurch leben wir heute in einer Welt, in der das Böse wieder in großer Nähe und in neuen Formen erscheint. Das nun ergibt neben dem klareren Blick auch neue Perspektiven. Hierdurch wird eine Neudeutung in Bezug auf einige der Hauptgedanken von Hannah Arendt sowohl möglich wie auch notwendig. Es wird deutlich, dass der hier unternommene Versuch, ein modernes Licht auf Goethes Faust wie auch auf einige Hauptgedanken von Hannah Arendt zu werfen, und obendrein diese zwei Autoren miteinander zu verbinden, anfangen muss mit einer abwechselnden Zuwendung von dem einen auf die andere. Wir fangen an mit Goethes Faust.

2. Weltumfassendes Werk mit Lücke

Aufklärung im Kantschen Sinne

Man kann schwer leugnen, dass Goethe schon fast maßlos ehrgeizig war, als er versuchte, in seiner Tragödie die wichtigsten Grundelemente der gesamten europäischen Kultur zu symbolisieren. Ob klassisches Altertum oder Renaissance, moderne (Anfang neunzehntes Jahrhundert) Wissenschaft oder mittelalterliche Magie und Alchemie, ob Hölle und Teufel oder Himmel und Engel, ob Verdammnis oder Erlösung, Gebrauch oder Missbrauch der Medizin wie auch der Theologie, beinahe alles wird in der einen oder anderen Form auf die Bühne gebracht. Was die Theologie betrifft, nimmt Goethe einen für die damalige Zeit modernen Standpunkt ein. Und das, obwohl er der französischen Variante der Aufklärung kritisch gegenüber stand. So sieht es aus, als ob er die Antwort von Kant – der in diesem Zusammenhang auch als einer der großen deutschen Aufklärer gesehen werden muss – auf die Frage ‚Was ist Aufklärung?' mit voller Überzeugung unterschreibt. Diese Antwort Kants lautet[184]: *Sapere aude*, das er übersetzt als „Habe den Mut, dich deines eigenen Verstandes zu bedienen!" Wie er weiter erläutert*, bezieht sich dieses selbstständige Denken in erster

* Der wörtliche Text dort lautet: "Ich habe den Hauptpunkt der Aufklärung, d.i. des Ausganges der Menschen aus ihrer selbst verschuldeten Unmündigkeit vorzüglich in Religionssachen gesetzt …"

Linie auf Dinge, die die Religion betreffen[185]. Nun, selbstständig denkt Goethe in theologischen Fragen von Anfang an in seinem Werk, und zwar ziemlich gründlich. Wir müssen uns natürlich in der Nennung der illustrierenden Zitate stark beschränken, greifen also ziemlich willkürlich ein paar, die wir für typisch ansehen, heraus.

Es fängt schon damit an, als Faust beim Aufzählen aller Wissenschaften, die er studiert hat, nur bei der Theologie das Wort *leider* hinzufügt [356]*. Um den ganzen Unsinn der Theologie noch weiter zu betonen, sagt er etwas weiter: *fürchte mich weder vor Hölle noch Teufel* [369]. Tatsächlich kennt nicht nur Faust keine Furcht vor Hölle noch Teufel.

Theodizee

Auch Goethe selbst ist nicht bang, eine Lösung der uralten theologischen Frage nach der Bedeutung des Bösen in der Welt – in der doch Gott gütig sein sollte – (Theodizee) anzubieten. Nach dem, was darüber im Prolog im Himmel gesagt wird, hat Gott selbst (der Herr) das Böse in der Welt benutzt, wenn nicht gar geschaffen – und das sogar mit einem gewissen Vergnügen –, um den Menschen aus seiner natürlichen Lethargie heraus zu quälen. Der Herr: *Des Menschen Tätigkeit kann allzuleicht erschlaffen, Er liebt sich bald die unbedingte Ruh; Drum geb' ich gern ihm den Gesellen zu, der reizt und wirkt und muss als Teufel schaffen.* [340-343]. Ohne die von Kant geforderte Mündigkeit in Religionssachen wäre ein derartig kühner Schritt wohl kaum denkbar. Ja, Goethe geht in seinem Sichloslösen von der alther-

* Die Nummern zwischen rechteckigen Klammern beziehen sich auf die Zeilennummer in Goethes Faust.

gebrachten Theologie noch weiter. Trotz seines schon erwähnten Ehrgeizes, die Grundelemente der gesamten europäischen Kultur zu symbolisieren, fällt eine Lücke gewaltig auf: Eines der wichtigsten kulturbestimmenden Elemente des Westens, ursprünglich eng mit der Theologie verbunden, die zwischenmenschliche, jüdisch-christliche Ethik, wird höchstens beiläufig erwähnt. Diese Ethik, ohne die unsere heutige westliche Welt gar nicht denkbar wäre, und die das beinhaltet, was Nietzsche den Wandel von der Herrenmoral zur Sklavenmoral genannt hat[186]*, fällt bei Faust dadurch auf, dass sie so gut wie ungenannt bleibt. Diese Lehre spricht sich in erster Linie ganz deutlich über unsere Pflichten den Mitmenschen gegenüber aus. Diese grundlegende Ethik unserer westlichen Welt beinhaltet auch eine Interpretation des Bösen. Es betrifft die meines Erachtens weitaus wichtigste Manifestation des Bösen, der wir uns in diesem Essay ausschließlich zuwenden wollen, das Böse, das ein Mensch dem anderen zufügt.

Das zwischenmenschliche Böse

Das zwischenmenschliche Böse ist in der jüdisch-christlichen Tradition, also im Alten Testament, primär als das Nicht-Gute definiert. Was Gutes tun bedeutet ist, – außer natürlich in den Geboten in Deut. 5, – zusammengefasst bei Ezechiel 18, 5-9,

---

* *Nietzsches Text lautet: Die Juden – ein Volk geboren zur Sklaverei wie Tacitus und die ganze antieke Welt sagt, „das auserwählte Volk unter den Völkern" wie sie selbst sagen und glauben, – die Juden haben jenes Wunderstück von Umkehrung der Werte zu Stande gebracht ... In dieser Umkehrung der Werte (zu der es gehört das Wort für „arm" als synonym mit „heilig" und „Freund" zu brauchen) liegt die Bedeutung des Jüdischen Volkes: mit ihm beginnt der Sklavenaufstand in der Moral.*

wo u.a. gefordert wird, Gerechtigkeit zu üben, keinen Wucherzins zu nehmen, ein Pfand zurückzugeben, nicht zu rauben, keinen Ehebruch zu begehen, den Hungrigen zu laben und den Nackten zu kleiden. Vor allem in Kombination mit dem schon im vorigen Kapitel angeführten Gesetz (Lev.19, 33-34), wie man Fremdlinge zu behandeln hat, ein Gesetz, das die wesentliche Gleichwertigkeit aller Menschen betont, ergibt sich schon eine erste Basis für eine zwischenmenschliche Ethik.

Wichtig ist in diesem Zusammenhang natürlich, dass in der biblischen Darstellung der Mensch den Unterschied zwischen Gut und Böse weiß und dass er einen freien Willen hat, um selbst zu entscheiden, welchen Weg er gehen will. Schon die ersten Menschen in dieser Geschichte widersetzten sich dem Willen Gottes. Von Anfang an wird also der Mensch als zu eigenem Urteil fähig dargestellt, und nicht als Maschine oder Marionette, gelenkt von Gottes Hand. Das zwischenmenschliche Böse wird vom Menschen selbst verursacht und ist der Preis menschlicher Freiheit. Ein Schluss, zu dem wohl auch Leibniz gekommen war und den Rüdiger Safranski in seinem Buch *Das Böse, oder das Drama der Freiheit*[186] wie folgt zusammenfasst: *Gott ist also nicht verantwortlich für das Böse, dass der Mensch anrichtet; er lässt es nur zu, weil er dem Menschen die Freiheit gewährt.* Dass die Bibel wünscht, dass der Mensch nur gute Taten verrichtet, um so eine bessere Welt zu schaffen, ist natürlich die wichtigste Anforderung an den Menschen, eine Anforderung, die im Neuen Testament noch einmal wiederholt und verstärkt wird. Namentlich die gute Tat aus freiem Willen wird explizit gefordert in Filemon 14.

Nichts von alledem im ‚Faust'. Mephisto, der hier auftritt als Manifestation des Bösen, hat die Aufgabe zu Taten, ja einfach zu Tätigkeit als solcher anzustacheln, keineswegs zu *guten* Taten. Diese Tatensucht geht so weit, dass Faust sogar das Neue Testament, fürwahr eine Heilige Schrift, auf dissidente Weise übersetzt [1224]: Wo stand *Im Anfang war das Wort,* wird dieses nun ersetzt durch etwas völlig anderes, nämlich [1237] *Im Anfang war die Tat.* Um zu begreifen, was das wirklich bedeutet, muss man sich vergegenwärtigen, dass in der jüdischen Tradition – die ja auch von Jesus inhaltlich beibehalten wurde – das Wort, das ist die Thora, das Gesetz, schon bestand vor der Schöpfung der Welt[188]. Neben vielem anderem, das unserem heutigen Begriff von guten Taten kaum entspricht, sind hierin – als wohl das Allerwichtigste – die Gebote, die gute Taten fordern, enthalten. Anstelle von dieser für unsere ganze Kultur so wichtigen Ethik wird nun mit einem Federstrich die Tat gestellt, ohne das Epitheton ‚gute'. Diese Substitution ergänzt nun das oben schon beschriebene Bild, wo Mephisto von dem Herrn als Hauptfunktion der Anreiz zur Tätigkeit des Menschen zugewiesen ist. Dass bei ihm, der zum Reich des Teufels gehört, von vornherein keine zur intermenschlichen Ethik gehörenden Motive eine Rolle spielen, versteht sich von selbst. Wie wir sehen werden, besitzt trotzdem auch er eine gewisse, sogar ansehnliche Moral. In dieser Hinsicht ist das Böse bei Mephisto durchaus vergleichbar mit dem Bösen bei Eichmann, das Hannah Arendt so ausführlich beschrieben hat.[189]

3. Substitution zwischenmenschlicher Grundethik

Eichmann und die Banalität des Bösen

In Arendts Beschreibung, die meines Erachtens völlig zutreffend ist, kann man über Eichmann lesen[190]: *Eichmann war nicht Jago und nicht Macbeth und nichts hätte ihm ferner gelegen, als mit Richard III zu beschliessen „ein Bösewicht zu werden". … er hätte niemals seinen Vorgesetzten umgebracht um an dessen Stelle zu rücken.* Nun leben wir 43 Jahre nach dem Prozess und haben dadurch die Möglichkeit zu mehr Abstand von den damaligen Ereignissen. Da ich obendrein den Charakter Eichmanns aus eigener Erfahrung nur allzu gut kenne, möchte ich selbst die Charakterisierung im Folgenden erweitern. Eichmann war keineswegs ein Mann ohne jegliche Moral. Im Gegenteil! Er hatte ein ausgesprochen starkes moralisches Bewusstsein in dem Sinn, dass er strenge Disziplin, große Zuverlässigkeit, sorgfältige Pflichterfüllung, strengen Gehorsam, auffallenden Fleiß und Eifer besaß. Mit anderen Worten: Durch den zuverlässigen Besitz dessen, was der ehemalige Bundeskanzler Helmut Schmidt als preussische Sekundärtugenden bezeichnet hatte, zeichnete sich Eichmann aus. Eichmann, Verkörperung dessen, was Hannah Arendt als Banalität des Bösen bezeichnet hatte, als ‚tugendhafter' Mann? Ja, in dem Sinne, dass Zuverlässigkeit, Eifer, Pflichterfüllung auch zu den Tugenden eines Menschen gerechnet werden müssen. Und seien es auch die genannten Sekundärtugenden.

Hier sind wir beim Kern der Sache. Die ‚Banalität des Bösen' ist in Wirklichkeit ‚Die Substitution des Guten'. Das heisst, eventuell vorher vorhandene humanitäre ethische Prinzipien wurden durch andere Werte ersetzt. Wenn dieser Substitutionsprozess vollständig gelingt, wie bei einem Mann wie Eichmann, der als Kamerad und Untergebener durchaus zuverlässig war, dann ist das Resultat das *‚streng disziplinierte Böse'*. Was an die Stelle der humanitären ethischen Werte tritt, kann unterschiedlich sein. Immer ist es verbunden mit einer diffusen Angst um die Existenz des Landes oder des Volkes, die der Bevölkerung von bestimmten Gruppen oder führenden Personen eingeflößt wird. Zum Beispiel Losungen wie die, die in jeder Diktatur – aber leider nicht nur da – gelehrt werden: ‚Das Vaterland ist von Feinden umringt und muss um jeden Preis verteidigt werden', ‚Alle Fremdlinge müssen vertrieben oder vernichtet werden, weil sie unser Volk aushöhlen und unterminieren', ‚Nur was die Partei, die Ideologie oder der Führer befiehlt, kann uns eine glückliche Zukunft garantieren und ist darum das Einzige, das wahr und wichtig ist, nichts anderes gilt' u.s.w. Das Letztere galt auch für Eichmann. Wie Arendt berichtet[191]: *In Jerusalem mit dokumentarischen Beweisen für seine ausserordentliche Treue gegenüber Hitler und dem omineusen Führerbefehl konfrontiert, suchte Eichmann mehrfach dar zu legen, dass im Dritten Reich ‚Führerworte Gesetzeskraft hatten' …*

Es wäre jedoch falsch zu glauben, dass derartiger Austausch humanitärer ethischer Werte nur in einem totalitären Staat stattfinden. Wie schon angedeutet, dieser Prozess findet in jedem Staat statt, der sich bedroht fühlt. Die Stärke der behaupteten Bedrohung wird in den meisten Fällen bewusst stark übertrieben, wenn die Behauptung überhaupt einen Kern von Wahrheit enthält. Dies trifft auf so verschiedene Beispiele wie das Wilhelminische Deutschland, das heutige Israel oder die heutige USA zu. Wie dies im Wilhelminischen Deutschland vor sich ging, ist in Kapitel 3 schon ausführlich dargestellt worden. Hier werden die Erinnerungen eines jüdischen Intellektuellen aus liberalem Hause beschrieben, der völlig in den Bann eines charismatischen Volksverführers, in der Erscheinungsform eines gelehrten Universitätsprofessors wie Heinrich von Treitschke, gerät. Der Einfluss von Treitschke und auch von seinem Zeitgenossen, dem Hofprediger Stoecker, auf die junge Intelligentia der letzten zwei Jahrzehnte des neunzehnten Jahrhunderts in Deutschland war sehr groß. Der deutsch-amerikanische Historiker Fritz Stern schreibt dazu[192]: *Um 1879 war es klar, dass sich die Atmosphäre im Reich gewandelt hatte. In diesem Jahr warnten zwei als untadelig legitimierte Männer in schicklichem Ton vor der jüdischen Gefahr und rechtfertigten dadurch die Existenz einer ‚jüdischen Frage'. Einer war Adolf Stöcker, Hofprediger und damit representativ für Krone und Kirche, der andere Heinrich Treitschke der als Preussens grösster Historiker gefeiert wurde, eine Zierde der Berliner Universität. Das grosse Prestige von Pastor und Professor, der Wächter der nationalen Moral, verschaffte der Kampagne gegen Juden und Liberale Beachtung und Ansehen.*

Selbstverständlich ist die Substitution der alten humanitären Werte nicht immer so vollständig und bleibend gewesen wie bei Eichmann. Bei unvollständiger Substitution, wobei Reste der alten Werte noch in einer Ecke der Psyche zurückblieben, Reste eines durchschnittlichen Gewissens, können diese nach einer gewissen Zeit und nach ausreichend schockierenden Eindrücken wieder mobilisiert werden. Beispiele hiervon finden wir bei Oskar Schindler, dem Mann von Schindlers Liste. Er hatte als Nazi und Kriegsgewinnler in Krakau begonnen, wo er durch billige Übernahme eines jüdischen Industriebetriebs in kurzer Zeit eine Menge Geld verdiente. Gleichzeitig aber wurden die Reste seines Gewissens von den Grausamkeiten, die er vor seinen Augen an Juden verübt sah, so wach gerüttelt, dass er den Rest des Krieges damit verbrachte, hunderte von Juden zu retten. Ein anderes Beispiel für unvollständige Substitution ist das des SS-Obersturmführers Kurt Gerstein. Ein Bergbauassessor, der bei dem Hygiene-Institut der Waffen-SS in Berlin die ersten Gaskammern zur Entlausung konstruierte. Sobald er merkte, wofür diese Kammern ab 1942 gebraucht wurden, versuchte er auf Grund großer Reste eines protestantischen Gewissens alles zu tun, um über Kontakte zu Schweden und dem Vatikan die demokratische Welt zu warnen. Die Welt wollte es nicht hören. Für Leute wie Schindler und Gerstein ist Goethes Wort aus Faust gültig; als er Gott zu Mephisto, nachdem er ihm den Auftrag gegeben hat, Faust zu schlechten Taten zu verführen, sagen lässt: [327] *Und steh beschämt wenn du bekennen musst: ein guter Mensch in seinem dunklen Drange ist sich des rechten Weges wohl bewusst.*

4. Mephisto als erster Repräsentant des Bösen im Faust

Man kann es Zufall nennen, man kann es aber auch als seherisch interpretieren. Mephisto, zur Welt der Teufel gehörend, also das Böse archetypisch repräsentierend, hat viele der Eigenschaften, die wir bei Eichmann als tugendhaft bezeichnen mussten. Mephisto hält sich streng an den Vertrag, den er mit Faust geschlossen hat, im auffallenden Gegensatz zu dem Letzteren. Er ist auch anderweitig zuverlässig, und wenn auch kein Freund, dann doch ein guter Kamerad. Wenn es für Faust brenzlig wird, tut Mephisto, was er kann, um ihm aus der Patsche zu helfen. Selbstverständlich hält er sich hundertprozentig an den Auftrag seines Vorgesetzten, dem Herrn im Himmel. Es ist jedoch auffallend, dass er Gelegenheiten bewusst nicht ausnutzt, die es ermöglicht hätten, Faust eher als strikt notwendig in die Hölle zu transportieren. So warnt er ihn [6188]: *Unsinnig war's, leichtsinnig zu versprechen.* Er reicht ihm dann auch die Mittel, um seine Position gegenüber dem Kaiser nicht zu verlieren. Das Bemerkenswerte hierbei ist, dass dieses Mittel, das ausgerechnet Mephisto ihm bietet, Reste von Gewissen – das, wie wir unten sehen werden, bei Faust beinah vollständig verschwunden ist –, bei ihm wachrufen. Denn nur über die in der Unterwelt verbleibenden Mütter gelingt es, Faust die vom Kaiser angeforderte Helena in den Palast zu bringen. [6216-8] *M.: Die Mütter sind es! F., aufgeschreckt: Mütter! M.: Schaudert's dich?*

Mephisto erscheint hier also als archetypisch für das ‚*zuverlässige Böse*', eine Erscheinungsform des oben genannten streng disziplinierten Bösen. Man weiß, dass man es mit einem das Böse repräsentierenden Individuum zu tun hat, dieses hat aber auch Aspekte einer Persönlichkeit, die man nicht anders als zuverlässig charakterisieren muss. Es betrifft hier also nicht gänzlich unmoralische Individuen, sondern im Gegenteil solche mit einer strengen Moral, denen aber das Fundament einer zwischenmenschlichen Ethik völlig fehlt, weil es durch etwas anderes ersetzt worden ist. Dies führt automatisch zu der Frage, wer denn eigentlich dasjenige bedenkt, das anstelle der Grundethik substituiert werden soll. Um dies beantworten zu können, müssen wir uns aufs Neue Hannah Arendt und ein klein wenig Kant zuwenden.

5. Das radikal Böse bei Arendt

Arendts Kampf mit dem Begriff

Hannah Arendt schreibt in ihrem großen Werk über die totale Herrschaft[193] … *die totale Herrschaft hat entdeckt, dass es ein radikal Böses wirklich gibt und dass es in dem besteht was Menschen weder bestrafen noch vergeben können. Als das Unmögliche möglich wurde, stellte es sich heraus, dass es identisch ist mit dem unbestrafbaren, unverzeihlichen radikalen Bösen das man weder verstehen noch erklären kann durch die bösen Motive von Eigennutz, Habgier, Neid, Machtgier, Ressentiment, Feigheit oder was es sonst noch geben mag und dem gegenüber daher alle menschlichen Reaktionen gleich machtlos sind … Es liegt im Sinne unserer gesamten philosophischen Tradition, dass wir uns von dem radikal Bösen keinen Begriff machen können, und dies gilt auch noch von der christlichen Theologie, die selbst Satan noch einen himmlischen Ursprung zugestand, wie von Kant, dem einzigen Philosophen der in der einzigen Wortprägung seine Existenz zumindest geahnt haben muss, wenngleich er diese Ahnung in dem Begriff des pervertiert-bösen Willens sofort wieder in ein aus Motiven Begreifliches rationalisierte.* Ich musste hier Frau Arendt so ausführlich zitieren, um zeigen zu können, wie ohnmächtig diese große Denkerin so kurz nach dem Holocaust (1951) noch war. Sie wusste sich nicht nur mit dem Begriff des radikal Bösen keinen Rat, sondern zeigte diese Ratlosigkeit auch in dem vergeblichen Versuch, diesen Begriff klar zu definieren*.

Mein Versuch es zu fassen: „Die Substitution des Guten“

Es ist meine in einem langen Leben erworbene Ansicht, dass man das radikal Böse in einem Menschen deutlich definieren kann. Das radikal Böse – vorläufig noch in latenter Form –, muss meiner Meinung nach verstanden werden als jegliche Überzeugung in einem Menschen, die *verneint,* dass *alle* Menschen, unabhäng von ihrer Herkunft, *prinzipiell und zutiefst gleichwertig sind.* Eine Überzeugung also, die leicht zu einer Dehumanisierung gewisser Gruppen von Menschen führt. Wenn die Ideen einer derartigen Dehumanisierung dann auch noch auf grosse Gruppen der Bevölkerung übertragen werden können, ist das radikal Böse akut und deutlich sichtbar geworden. Es fängt damit an, dass man den Bürgern eines Landes Angst machen muss vor einem Feind, der einer anderen, unterscheidbaren Bevölkerungsgruppe angehört. So wie der prominente Naziführer Hermann Göring in Nürnberg gesagt haben soll: *Die Führer können die Bevölkerung immer dazu verführen sich hinter sie zu scharen. Das ist ganz einfach. Alles was man zu tun braucht ist sie glauben zu machen, dass sie bedroht werden. Danach muss man diejenigen die von Frieden sprechen wollen schwarz machen und als unpatriotische, vaterlandslose Gesellen charakterisieren, die das Land in Gefahr bringen.*

* Es ist hier interessant zu bemerken, dass auch noch 1981 der jüdische Philosoph und Theologe Emil L. Fackenheim den Holocaust in die theologische Kategorie der Einzigartigkeit einstufte, wie im vorigen Kapitel kritisiert wurde. Es fiel ihm aber dabei selbst auf, dass er ihn durch diese postulierte Einmaligkeit nicht mehr als das radikal Böse charakterisieren konnte. Was auch Fackenheim nicht sah ist, dass das radikal Böse ein Niveau tiefer liegt als seine möglichen Erscheinungsformen als Holocaust oder als Kulackenmord etc. Wie im Folgenden dargelegt, ist es die Substitution des Guten an der Basis der zwischenmenschlichen Ethik.

Der radikal böse Mensch ist also derjenige, der die bedrohende Bevölkerungsgruppe definiert und der die Lehre bedenkt, die an die Stelle der zwischenmenschlichen Grundethik treten soll. Es ist dann nicht mehr viel nötig, um aus der bedrohenden die bedrohte Bevölkerungsgruppe zu machen. Uns auf die jüngere Geschichte beschränkend, sprechen wir also von den Stalins (alle Kulakken tot), den Hitlers (alle Juden tot und alle Slawen als Sklaven) oder den Pol Pots (alle Nicht-Kommunisten tot). Das sind also die Menschen, die die Eichmanns indoktrinieren und ihnen ihre Aufgaben zuteilen. Es sind die psychopathischen und charismatischen Führerpersönlichkeiten.

In unserer heutigen westlichen Welt – und in den Teilen, die dazu gehören wollen –, kann von vergleichbaren Massentötungen wie den genannten keine Rede sein. Die Gefahr, dass es sich bei sichtbaren Symptomen, wie Absonderung, Diskriminierung und Dehumanisierung von gewissen Gruppen der Bevölkerung um Vorbereitungen dazu handeln könnte, kann leider nicht völlig verneint werden. Diese Symptome finden wir zum Beispiel in den schon genannten Aussagen eines Mannes wie dem Chef des Generalstabs der Israelischen Armee, Moshe Ya'alon. Er behauptet im Ernst, dass die Palästinenser – die im Augenblick kaum noch zu Essen haben – zum Ziel haben, den Staat Israel Schritt für Schritt zu vernichten [194]. In dem gleichen Interview sagt er auch, dass diese Leute den Staat bedrohen wie ein Krebsgeschwür. Hiermit ist er natürlich schon beim zweiten Schritt, der vollständigen Dehumanisierung einer Gruppe angelangt.

Kann die Gefahr der Substitution eingeschränkt werden?

Wie wir gesehen haben, wird das radikal Böse am deutlichsten sichtbar in einer totalitären Gesellschaft, es ist aber keineswegs nur auf diese extreme Gesellschaftsform beschränkt. Arendt dachte, auch noch in ihrem späten Werk, dass die totalitäre Katastrophe des vorigen Jahrhunderts eng zusammenhängen würde mit der Säkularisation. So schrieb sie, anlässlich einer 1972 stattgefundenen Diskussion mit dem Philosophen Hans Jona[195]: *Ich bin ganz sicher, dass diese ganze totalitäre Katastrophe nicht eingetreten wäre wenn die Leute noch an Gott oder vielmehr an die Hölle geglaubt hätten, d.h. wenn es noch letzte Prinzipien gegeben hätte. Es gab aber keine … Man konnte niemanden anrufen.* Und wieder zeigt sie sich in Verwirrung durch einen einige Zeilen weiter stehenden Text, in dem aber die von mir so betonte Substitution der Werte wenigstens angedeutet wird. Sie schreibt nun in auffallendem Gegensatz zu dem gerade zitierten Text: *Und wenn sie verallgemeinern wollen, dann könnten Sie sagen, dass diejenigen, die noch sehr fest an die sogenannten alten Werte glaubten, am ehesten bereit waren ihre alten Werte gegen eine neue Wertordnung ein zu tauschen, vorausgesetzt man gab ihnen eine.*

Gottesglaube und Gleichwertigkeit aller Menschen

Es ist schon wahr, aus den oben zitierten Texten aus dem Alten Testament wie auch aus dem dort verfügten Grundsatz, dass wir alle nach Gottes Ebenbild geschaffen sind, folgt gewiss die Gleichwertigkeit aller Menschen. Demgegenüber stehen aber auch eine Vielzahl von Texten, denen eine völlig andere und viel weniger menschenfreundliche Bedeutung zugeordnet werden kann. Ich verweise hier an die schon im vorigen Kapitel 6 genannten Texte aus dem Buch Josuah (8, 24-28, 10, 28-39), wie auch an gleichartige Texte aus Richter (9, 45) und Samuel (15, 3 und 8). Alle diese Texte befehlen im Namen Gottes die gründlichste ethnische Säuberung. Man könnte das als überholt betrachten, wenn es nicht heutzutage viele jüdisch-orthodoxe Kolonisten in von Israel besetztem Gebiet gäbe, die sich hierauf berufen, um Quälereien von – und Angriffe auf – palästinensische Bewohner zu rechtfertigen. Von den Blut-und-Boden-Theorien die sich ebenfalls auf Texte im Alten Testament berufen, um den Raub palästinensischen Landes zu rechtfertigen, ganz zu schweigen.

Wenn auch im Neuen Testament viele ethische Grundsätze der Thora aufs Neue hervorgehoben werden, und wenn auch für Christen das Alte Testament gleichfalls gültig ist, auch hier wird von Gegenstellen – auch, und vor allem im Neuen Testament –, die essentielle Gleichwertigkeit aller Menschen aufgehoben; ganz gewiss nach der Interpretation, die die frühen Kirchenväter diesen Texten gegeben haben. Diese kirchliche Indoktrination während vieler hunderter Jahre, in der die Juden als Leugner und gar als Mörder von Gottes Sohn dargestellt werden und daher als minderwertig angesehen werden müssen, hat viele antisemitische Archetypen in die Seelen der Bevölkerung gepflanzt. Archetypen, die auch von den späteren, und oft schon säkularisierten Antisemiten immer wieder gebraucht wurden. Nach heutigem Verständnis[196] wären ohne diese tief gewurzelten Vorurteile die Katastrophe des Holocaust wohl kaum möglich gewesen.

Humanitäre Werte als Bastard von Bibel und Aufklärung

Ich muss hier im Gegensatz zu der oben aus Arendts Werk zitierten Behauptung, dass, wenn man noch an Gott oder den Teufel geglaubt hätte, der Holocaust nicht passiert wäre, zu einem anderen Schluss kommen. Weder der jüdische Glaube noch der christliche hat dem in beiden Konfessionen *auch* enthaltenen

Gedanken, dass alle Menschen gleichwertig sind, genügend stabile, die Zeiten überstehende Stützen geboten. Das, was wir heutzutage als das wichtigste humanitäre Prinzip betrachten, eben diese Gleichwertigkeit oder die jedem Menschen zustehende Menschenwürde, ist aus den Keimen der Bibel erst zum Hauptprinzip unserer Werte geworden durch die Befruchtung mit den egalitären Ideen der Aufklärung, die in der Französischen Revolution ihren ersten Gipfel fand. Es ist meines Erachtens denn auch ein romantischer Irrtum anzunehmen, wie es zum Beispiel auch Rüdiger Safranski tut,[197] dass die Massenmorde der Moderne direkte Folge der Säkularisation seien. Er sagt es aber sehr schön: *Hitler ist die letzte Enthemmung der Moderne. Seitdem kann jeder wissen wie bodenlos die menschliche Wirklichkeit ist … Wenn man von den guten Geistern verlassen ist, muss man alles selbst hervorbringen. Wenn man aufhört, an Gott zu glauben, bleibt nichts anderes mehr übrig, als an den Menschen zu glauben. Dabei kann man die überraschende Entdeckung machen, dass der Glaube an den Menschen womöglich leichter war, als man noch den Umweg über Gott nahm.* Wie schon gesagt, in Hinsicht auf Verbrechen im Namen des christlichen oder jüdischen Glaubens ein Irrtum. Die Vehemenz moderner Menschenvernichtungen ist vielmehr Folge der unglaublichen Entwicklungen auf dem Gebiet der Wissenschaft und Technik der letzten zweihundert Jahre.

6. Das radikal Böse im Faust

Nach den obigen Betrachtungen drängt sich die Frage auf, ob es das radikal Böse auch im Faust gibt. Die Antwort hierauf muss sein, ja, das radikal Böse tritt auch dort auf. Paradoxerweise ausgerechnet in der Person des Herrn im Himmel. Er ist es ja genau, er, der die „neue Ethik" formuliert, welche die humanitäre zwischenmenschliche Ethik ersetzen soll. Diese im Paragraphen Theodizee schon beschriebene Ethik der „Tätigkeit um jeden Preis" muss Mephisto im Auftrag des Herrn auch auf Faust übertragen. Dass diesem ganzen Experiment, dass Gott hier durch Mephisto mit Faust ausführen lässt, zahlreiche unschuldige Menschen geopfert werden, spielt keine Rolle. Der Zweck heiligt anscheinend die Mittel. Diese Opfer sind in erster Linie natürlich Gretchen, ihre Mutter und ihr Bruder. Alle drei finden den Tod nur, um über die Freuden der Sexualität Faust aus seiner durch Depressionen verursachten Lethargie herauszuholen. Wenn er dann einmal ein aktiver Mensch geworden ist, erweist sich sein Ehrgeiz als viel zu groß [10187-88]: *Herrschaft gewinn ich, Eigentum! Die Tat ist alles, nichts der Ruhm.* So groß tatsächlich, dass dafür zahllose weitere unschuldige Menschen aufgeopfert werden müssen [11127-31]: *Menschenopfer mussten bluten, Nachts erscholl des Jammers Qual; Meerab flossen Feuergluten, morgens war es ein Kanal.*

Und dies alles im Auftrag des Herrn im Himmel, – oder hätte ich hier schreiben sollen des Führers?

Es ist in diesem Zusammenhang äußerst interessant, dass

Safranski in seinem schon zitierten Buch *Das Böse* auf eine Stelle Goethes in *Dichtung und Wahrheit* hinweist, die vielleicht wegweisend sein könnte[198]. Hierin bezeichnet Goethe das, was ich in Nachfolge von Arendt das radikal Böse genannt habe, als das ‚Dämonische'. Goethe schreibt da: *Am furchtbarsten aber erscheint dies Dämonische, wenn es in irgendeinem Menschen überwiegend hervortritt … Es sind nicht immer die vorzüglichsten Menschen, weder an Geist noch an Talenten, selten durch Herzensgüte sich empfehlend; aber eine ungeheure Kraft geht von ihnen aus, und sie üben eine unglaubliche Gewalt über alle Geschöpfe, ja sogar über die Elemente, und wer kann sagen wie weit sich eine solche Wirkung erstrecken wird?* In diesem Sinn könnte die Figur des Herrn auch vorzüglich als Repräsentant des Dämonischen charakterisiert werden.

7. Das Böse in der Person des Dr. Faust

Als Letztes werden wir uns mit der Art des Bösen beschäftigen müssen, die wir in der Titelfigur der Tragödie finden, im Dr. Faust selbst. Wie wir gesehen haben, wird das radikal Böse nur von wenigen Menschen repräsentiert. Die heutige Psychiatrie würde diese charismatischen Menschen als psychopathische Persönlichkeiten diagnostizieren. Wenn eine derartige Persönlichkeit jedoch auf der Bühne der Weltgeschichte auftritt, wirkt sie im Allgemeinen auf so viele Menschen in so bedrohlicher Form ein, dass wir darum sagen können, dass dies die schlimmste Form des Bösen ist. Die Form des Bösen, die von Dr. Faust repräsentiert wird, ist im Einzelnen viel weniger schlimm. Sie hat aber trotzdem einen grossen Einfluss auf die Gesellschaft dadurch, dass, von vornherein, eine so große Anzahl von Menschen von dieser Form des Bösen betroffen ist. Es ist in gewissem Sinn die niedrigste, weil so häufig auftretende Form des Bösen, es ist der Egoismus in Reinkultur. Darum möchte ich das Böse im Dr. Faust als das *egoistische, egozentrische Böse* bezeichnen. Natürlich ist Faust auch der Prototyp eines nach wirklicher Erkenntnis strebenden Menschen, das Urbild eben des Faustischen Typus des Forschers. Als solcher ist er von vielen Generationen wie auch der meinen – und mir selber – dann auch idealisiert worden. Kann man das Streben eines theoretischen Physikers, der ich einmal war, prägnanter beschreiben als mit dem Faust-Wort [182-3]: *dass ich erkenne was die Welt im Innersten zusammenhält.* Nun kann man ohne eine gewisse

Dosis Narzismus auch kein Forscher oder Gelehrter werden und bestimmt kein theoretischer Physiker. Bei Faust ist das jedoch so extrem, dass er nur und ausschließlich an sich selbst und die Befriedigung seiner eigenen Wünsche denkt und dabei nicht zögert, wörtlich über Leichen zu gehen. Sogar dort in der Tragödie, wo er der Verzweiflung und der Reue am nächsten ist, und zwar in dem eingefügten Prosa-Teil unter dem Titel ‚Trüber Tag, Feld', fühlt Faust sich nicht verantwortlich für das Unglück von Gretchen. Er macht Mephisto verantwortlich und ist wütend auf ihn, dass er ihm ihr Los verschwiegen hat. Zu recht antwortete Mephisto ihm mit den Worten: *Drangen wir uns dir auf oder du dich uns [8-9],* und etwas weiter sagt Mephisto: [19-20] *Wer war's der sie ins Verderben stürzte? Ich oder du?* Diesem Typus des Bösen bin ich bei Hannah Arendt nicht begegnet, aber dafür ganz deutlich bei Arthur Schopenhauer. Dieser schreibt[199]: *Wenn ein Mensch, sobald Veranlassung da ist und ihn keine äussere Macht abhält, stets geneigt ist Unrecht zu tun, nennen wir ihn böse. Nach unserer Erklärung des Unrechts heisst dieses, dass ein solcher nicht allein den Willen zum Leben, wie er in seinem Leibe erscheint, bejaht, sondern in dieser Beziehung so weit geht, dass er den in anderen Individuen erscheinenden Willen verneint … die letzte Quelle hiervon ist ein hoher Grad des Egoismus … Daher, dass er allein sein eigenes Wohlsein sucht, vollkommen gleichgültig gegen das aller Anderen, deren Wesen ihm vielmehr völlig fremd ist, durch eine weite Kluft von dem seinigen geschieden, ja die er eigentlich nur als Larven, ohne alle Realität ansieht.*

8. Faustischer Drang und Ahrendts Wissenschaftsbesessenheit

Wie schon bemerkt, für viele Generationen von Forschern und Gelehrten ist Faustischer Drang nach Kenntnis und Begreifen der Natur ein hohes Idealbild gewesen und ist es vielleicht immer noch. Zusammenfassend lässt sich sagen, dass die tiefe Krise der ersten Hälfte des zwanzigsten Jahrhunderts auf zwei Hauptfundamenten beruht. Das eine ist die Substitution humanitärer Grundwerte bei vielen Menschen durch nationalistische und, im schlimmsten Fall, bestimmte Menschengruppen verachtende „Werte". Das andere Fundament ist – möglicherweise zu beiläufig – auch erwähnt. Es ist der unglaubliche Fortschritt von Wissenschaft und Technik in den letzten zweihundert Jahren. Das Ausmaß der Katastrophe, das in nur ein paar Jahren erreicht wurde, war nur möglich durch die Anwendung moderner Massentechnik. Es ist so unvorstellbar, dass wohl der Hegelsche Begriff des Umschlags von Quantität zu Qualität hier angewandt werden kann. Da auch Hannah Arendt sich über dieses zweite Fundament äußert, ist es sinnvoll, dass wir uns noch einmal ihrem Werk zuwenden. Sie verbindet die Erscheinung der totalitären Gesellschaft in der jüngeren Vergangenheit mit dem, was sie ‚Wissenschaftsbesessenheit' nennt. Sie schreibt[200]: *...weil die Sehnsucht moderner Massen nach wissenschaftlichen Beweisen eine so grosse Rolle in moderner Politik überhaupt spielt, ist man auf die Idee gekommen, das ganze Phänomen [der totalen Herrschaft, H.G.M.] als ein Symptom jener Wissen-*

*schaftsbesessenheit zu erklären, die die westliche Welt seit dem Aufkommen der neuzeitlichen Mathematik und Physik befallen habe. In diesem Zusammenhang scheint das totalitäre Phänomen nur das letzte Stadium eines Prozesses anzuzeigen, in dessen Verlauf „Wissenschaft zum Götzen geworden ist, der magisch alle Übel des Lebens beseitigen und die Natur des Menschen selbst verändern wird“.**

Die bei Dr. Faust deutlich anwesende Kombination von Gewissenlosigkeit und Wissenschaftsbesessenheit könnte dann als archetypisch für die erste Hälfte des zwanzigsten Jahrhunderts stehen. Ich sagte schon in meiner Einführung, dass Polyinterpretabilität, auch wenn dabei Phänomene erkannt werden, die es in der Zeit des Entstehens gar nicht gab, als Symptom der Größe eines Werkes angesehen werden darf. Ob der Einfluss dieses großen Werkes auf viele deutsche Denker, Akademiker und Forscher zur Katastrophe des zwanzigsten Jahrhunderts beigetragen hat, möchte ich jedoch offen lassen.

* Das Zitat im Zitat entnahm Arendt einer Arbeit von Erich Voegelein mit dem Titel ‚The Origins of Scientism‘ in der New Yorker Zeitschrift ‚Social Research‘, Dez. 1948.

9. Epilog, Aspekte des Bösen in der heutigen Welt

Wie ich schon im ersten Paragraphen dieses Kapitels bemerkte, auch heute, am Anfang des Jahres 2005 ist das zwischenmenschliche Böse, vor allem in seiner radikalen Form, an vielen Orten unserer Welt auf verschiedene Weisen sichtbar. Die unterschiedlichen Manifestationen, die Unsicherheiten über Ort und Zeit ihres Auftretens erhöhen die Angst vor ihm. Die Unmöglichkeit, es auf einen beschränkten Raum zu lokalisieren, macht die Bekämpfung umso schwieriger, aber, meiner Meinung nach, nicht völlig unmöglich. Könnte die obige Wesensbestimmung des Begriffs des radikal Bösen etwa wegweisend sein beim Nachdenken über die Bekämpfungsmöglichkeiten, die wir anwenden müssten? Da diese Wesensbestimmung neben philosophischen Betrachtungen auch mitgetragen wurde durch eigene, persönliche Erfahrungen mit dieser Extremform des Bösen, wäre auch auf diese Weise die von mir so angestrebte „Sinngebung des Sinnlosen" noch weiter gewährleistet.

Ich war zu dem Schluss gekommen, dass das radikal Böse in erster Linie dadurch zustandekommt, dass anstelle einer toleranten zwischenmenschlichen Ethik ein Wertesystem substituiert wird, das die wesentliche Gleichwertigkeit aller Menschen leugnet. Ein System also, das ganz prinzipiell intolerant gegenüber bestimmten Gruppen von Menschen ist. Es ist dadurch auch völlig uneins mit der von der Mehrheit der Welt anerkannten universellen Menschenrechtserklärung der Vereinten Nationen von 1948. Wie wir gleichfalls sahen, war die jüdisch-christliche

Bibel in ihrer Anerkennung der vollen Menschenwürde aller Menschen keineswegs eindeutig genug. Um die Gleichwertigkeit aller Menschen zum zentralen Punkt einer westlichen Ethik zu machen, waren neben den relevanten Stellen in der Bibel sogar die Aufklärung und die Verbreitung ihrer Werte durch die Französische Revolution noch nicht ausreichend. Erst durch die Schrecken des Holocausts und durch das hierdurch verursachte schlechte Gewissen der westlichen christlichen Völker kam die erwähnte universelle Menschenrechtserklärung zustande. Wie aber auch nach dem Zweiten Weltkrieg in Europa, trotz fehlender Juden, der Antisemitismus noch keineswegs verschwunden war, so kamen in vielen Ländern die meisten christlichen Kirchen zu der Einsicht, dass man sich öffentlich und deutlich von den judenfeindlichen Passagen im Neuen Testament distanzieren müsste. Man kann heilige Texte zwar nicht verändern, man kann jedoch den dort wörtlich stehenden Text auf neue, zeitgemäße und vor allem weniger agressive Weise interpretieren. Wenn man dabei gleichzeitig auch Erklärungen abgibt über den religionshistorischen und soziologischen Hintergrund, aus dem heraus damals ein derartiger Text entstand, so kann man erreichen, glaubwürdig zu bleiben. Wie schon ausführlich im vorigen Kapitel ausgeführt, enthält das Alte Testament – wie übrigens auch der Talmud – derartig veraltete judeozentrische und/oder grausame Texte, dass mildernde Neuinterpretation schon in talmudischen Zeiten, also vor dem 6. Jahrhundert n. Chr., nötig waren und auch gegeben wurden. Wie Michael A. Meyer schreibt[201]: *Gewisse biblische Gesetze, welche die Rabbiner damals als grausam beurteilt haben, und die darum ihrem wörtlichen Text nach nicht in Übereinstimmung sein konnten mit dem Geist der Torah, wurden aufs neue interpretiert: das Gesetz „Auge um Auge Zahn um Zahn" wurde ausgelegt als gelte es hier nur einer materiellen Vergeltung in Proportionalität.* Wie schließlich unter dem

Einfluss der Aufklärung in der deutsch-jüdischen Reformbewegung der Akzent völlig auf zwischenmenschliche Ethik verlegt wurde, ist ausführlich im vorigen Kapitel beschrieben. Dort ist auch angeführt, dass die judeozentrischen und xenophoben Passagen, die seit mehr als tausend Jahren alle Relevanz verloren hatten – vielleicht auch aus Machtlosigkeit –, zum ersten Mal wieder durch die extremistischen Rabbis fanatischer Siedler-Banden zur Rechtfertigung grausamen Auftretens gegenüber den Palästinensern benutzt werden.

Diese Agressivität von israelisch-jüdischer Seite gegenüber den Palästinensern im Nahen Osten, wie auch der Anspruch auf das gesamte Gebiet Palästinas aufgrund von biblischen Quellen, den eine nicht geringe Zahl rechts orientierter jüdischer Israelis erheben, hat leider einen negativen Einfluss auf unsere ganze Welt. Sie sind ja „nur" die Auswüchse einer schon seit 37 Jahren andauernden, grausamen und menschenunwürdigen Besatzung, die von dem mächtigsten Land der heutigen Zeit, den Vereinigten Staaten, explizit gebilligt und zum Teil finanziert wird. Die westliche Welt, und namentlich Europa, schauen noch immer tatenlos dieser amerikanischen Unterstützung der israelischen Unterdrückungspolitik zu. Da die Unterdrückten einem arabischen und größtenteils islamischen Volk zugehören, ist der Nahostkonflikt zum geopolitischen Brennpunkt einer mehr als tausend Jahre alten Spannung zwischen dem Islam und dem – wenn auch weitgehend säkularisierten – christlichen Westen geworden. Hiermit ist selbstverständlich keineswegs gesagt, dass dieser Konflikt die Ursache, oder gar die einzige Ursache, genannter Spannung ist, er ist aber ein wichtiger verstärkender Faktor. Ohne Beendigung dieses Konflikts ist eine endgültige Lösung der Spannung zwischen beiden Welten überhaupt nicht denkbar.

Durch den großen Prozentsatz muslimischer Mitbürger in den meisten europäischen Städten ist dort diese Spannung deutlich und oftmals beängstigend anwesend. Namentlich in dem früher so relativ friedlichen Holland ist durch den abscheulichen Mord am Cineasten und Publizisten Theo van Gogh, bewusst grausam von einem extremistischen Muslim ausgeführt, die Frage hochaktuell geworden, wie wir endlich zu einem friedsamen und für beide Seiten respektvollen Zusammenleben mit unseren muslimischen Mitbürgern gelangen können? Aus den Ausführungen über das Wesen des radikal Bösen müsste deutlich geworden sein, dass, genau wie in der jüdisch-christlichen Bibel, gewisse Stellen im Koran durch mäßigende Neuinterpretation entschärft werden müssen. Solange das nicht geschehen ist, ist nicht einmal das Minimum getan, das nötig wäre, um auf jeden Fall die Chancen zu verringern, dass junge, in existentielle Probleme geratene Menschen, in die Hände extremistischer Imame fallen. Diese können dann, unter Berufung auf unwidersprochene, grausame Koranstellen, den Hilfe suchenden Menschen vorspiegeln, dass diese antihumanitären Stellen den wahren Islam darstellen.

Es möge aus dem Vorigen deutlich geworden sein, dass die extremistischen Imame – genauso wie die extremistischen Siedler-Rabbis in Israel –, Personifikationen des radikal Bösen darstellen. Darum ist es zwingend, dass unsere westlichen Demokratien Mittel und Wege finden, um, unter Wahrung des demokratischen Rechtsstaats, diesen seelenverderbenden Fanatikern ihre Verführungsversuche weitgehend zu erschweren, wenn nicht unmöglich zu machen. Das allein ist selbstverständlich nicht genug. Auch die Lebensbedingungen der jungen Muslime müssen so viel Andacht und Sorge bekommen, dass es ihre Verführbarkeit durch böse Elemente ansehnlich verringert. Antworten auf die Frage, wie unsere Politiker dies alles in die Praxis umsetzen müssten, gehen weit über den Rahmen dieses Buches hinaus. Was das Los einer ungenügend sich selbst schützenden

Demokratie sein kann, in der eine bestimmte Gruppe der Bevölkerung – aus welchen Gründen auch immer – durch Frustration heilsversprechenden Volksverführern in die Hände fällt, sollte gerade in Deutschland noch immer deutlich sein. Die Weimarer Republik hatte es leider nicht verstanden, innerhalb einer demokratischen Ordnung mit denjenigen umzugehen, die die Freiheiten einer Demokratie nicht ertragen, und sie deshalb abschaffen wollten.

ANHANG

Anmerkungen

1 Bernard Wasserstein, *Vanishing Diaspora, The Jews in Europe since 1945*, Penguin Books, London, 1997.

2 Max van Weezel, ‚De schaamte nog niet voorbij', *Nieuw Israelitisch Weekblad*, 1. August 2003.

3 Eine solche Scham wird von verschiedenen Autoren beschrieben in: *„Een ander Joods Geluid", Kritische opvattingen over Israel*, Contact, Amsterdam/Antwerpen, 2003.

4 Eine theoretische Erörterung auf psychoanalytischer Grundlage über den Zusammenhang zwischen Trauma, Erinnerung und Geschichtsschreibung findet man in zwei Büchern von Dominick LaCapra: *History and Memory after Auschwitz*, Cornell University Press, Ithaca/London, 1998, und *Writing History, Writing Trauma*, Johns Hopkins, Baltimore/London, 2001.

5 Joachim Meynert, *Was vor der ‚Endlösung' geschah*, Lit Verlag, Münster, 1988, S. 160.

6 Friedrich Weinreb, *Die langen Schatten des Krieges*. Aus dem Niederländ. von Franz J. Lukassen. 3 Bde. Thauros-Verl., Weiler im Allgäu, 1989.

7 Arthur Schopenhauer, *Parerga et Paralipomena, Erster Band, Aphorismen zur Lebensweisheit, Von dem was einer vorstellt*, Reclam, Leipzig, 1890, S. 442. An dieser Stelle zitiert Schopenhauer wörtlich G. Chr. Lichtenberg: *Wenn ein Buch und ein Kopf zusammenstoßen und es klinkt hohl, ist das allemal im Buch?* Die Formulierung im Text habe ich zeitlebens Scho-

penhauer zugeschrieben. Es ist wahrscheinlich eine von mir selbst erfundene Paraphrase, die sich aber in dem hier gegebenen Zusammenhang viel besser eignet.

8 Anet Bleich, ‚Laat de Shoa erbuiten', *Nieuw Israelitisch Weekblad,* 18. Mai 2001.

9 Ari Shavit, ‚Between two worlds', *Ha'aretz Magazine,* 2. Februar 2001.

10 Mark Roseman, *Die Wannsee-Konferenz: wie die NS-Bürokratie den Holocaust organisierte,* Econ-Ullstein-List-Verlag, München/Berlin 2002, S. 31.

11 Ian Kershaw, *Hitler,* 2. Bde. Allen Lane, London, 1998-2002, Bd. 2, S. 470f.

12 Shulamit Aloni, ‚Murder of population under cover of rightousness', *Ha'aretz Magazine,* 6. März 2003.

13 Amir Oren, ‚At the gates of Yassergrad', *Ha'aretz Magazine,* 26. Januar 2002.

14 Gideon Samet, ‚You won't be able to say „we didn't know"', *Ha'aretz Magazine,* 28. Januar 2002.

15 Amos Harel, ‚Arafat calls for urgent Quartet meeting on Israeli „escalation"', *Ha'aretz Magazine,* 1. August 2003.

16 Nadav Shragai, ‚No government has the right to set up a foreign state in the land of Israel', *Ha'aretz Magazine,* 24. Juni 2003.

17 Ari Shavit (Interviewer), ‚The enemy within', *Ha'aretz Magazine,* 30. August 2002.

18 Avi Shlaim, *The Iron Wall, Israel and the Arab World,* Penguin Books, London, 2001, S. XII.

19 Yishai Rosen-Tzvi in einer Rede bei der Friedensdemonstration am 9. Februar 2002 in Tel Aviv, zitiert in: *De moed om te weigeren,* Stichting SIVMO und EAJG, Amsterdam, 2002, S. 45.

20 J.L. Heldring, ‚Mensen en Symbolen', *NRC Handelsblad,* 4. Dezember 2002.

21 Mark Roseman, op. cit. S. 16.

22 Siehe Anm. 17.

23 Arnon Regular, Amos Harel und Baruch Kra, ‚Settlers attack Palestinian olive harvesters, kill one', *Ha'aretz Magazine*, 7. Oktober 2002.

24 ‚Blind Evil', Leitartikel, *Ha'aretz Magazine*, 19. September 2002.

25 Amira Hass, ‚The mirror does not lie', *Ha'aretz*, 1. November 2000.

26 Ha'aretz Magazine Service and Agencies, ‚Tehran warns Israel against strikes on Bushehr reactor', *Ha'aretz Magazine*, 18. August 2003.

27 Carl Friedman, ‚Niks geleerd', *Trouw*, 24. Februar 2001.

28 Houston Stewart Chamberlain, *Die Grundlagen des Neunzehnten Jahrhunderts*, Bruckmann, München, 1899.

29 Fritz Stern, *Gold und Eisen, Bismarck und sein Bankier Bleichröder*, Ullstein, Reinbek bei Hamburg, 1988, S. 702f.

30 Christian von Krockow, *Kaiser Wilhelm II. und seine Zeit*, Siedler, Berlin, 1999, S. 76, 77.

31 Ian Kershaw, op. cit., Bd. 1, S. 390.

32 Gerald Reitlinger, *Die Endlösung; Hitlers Versuch der Ausrottung der Juden Europas 1939-1945*, ins Deutsche übertragen von J.W. Brügel, Colloquium Verlag, Berlin, 1961, S. 23-24.

33 Ebd. S. 26.

34 Friedrich Nietzsche, *Der Wille zur Macht*, Kröner Taschenbuch Ausgabe, 1969, Nr. 934.

35 Friedrich Nietzsche, *Unzeitgemäße Betrachtungen II*, Alfred Kröner Verlag, Stuttgart, 1921, S. 134.

36 David S. Wyman, *Das unerwünschte Volk, Amerika und die Vernichtung der europäischen Juden*, Fischer Taschenbuch Verlag, Frankfurt a. M., 2000, S. 287f.

37 Baruch Kra, ‚Police allow Kach to hold Purim commemoration at Goldstein's Grave', *Ha'aretz Magazine*, 8. März 2001.

[38] Salomon Bouman, ‚Hebron, stad van haat, bloed en angst', *NRC Handelsblad*, 3. April 2001.

[39] Leo Baeck, *Das Wesen des Judentums*, Nathansen & Lamm, Berlin, 1905, S. 114.

[40] Ari Shavit, ‚Between two worlds', *Ha'aretz Magazine*, 2. Februar 2001 (siehe Anm. 9).

[41] Michael Ben-Yair, ‚The war's seventh day', *Ha'aretz Magazine*, 3. März 2002.

[42] Victor Klemperer, *LTI, Notizbuch eines Philologen*, Verlag Philipp Reclam, Leipzig, 1975.

[43] Siehe Anm. 9.

[44] Elsbeth Etty, ‚Tweede Wereldoorlog moet moreel ijkpunt blijven', *NRC Handeslblad*, 23. September 2002.

[45] Yossi Klein, ‚Displaced people', *Ha'aretz Magazine*, 24. April 2002.

[46] Konrad Kwiet und Helmut Eschwege, *Selbstbehauptung und Widerstand deutscher Juden im Kampf um Existenz und Menschenwürde 1933-1945*, Hamburg, 1984. S. 198

[47] Siehe Anm. 11.

[48] Prof. Avraham Oz, University of Haifa, ‚A Message from the Middle East', 24. September 2002.

[49] Avi Shlaim, op. cit. S. 12.

[50] Martin Gilbert, *Israel, a History*, Transworld Publishers, London, 1999, S. 68.

[51] Göran Rosenberg, *Das verlorene Land*, Jüdischer Verlag im Suhrkamp Verlag, Frankfurt a. M., 1998, S. 155, 161.

[52] Shulamit Aloni, ‚Our foppish self-righteousness', *Ha'aretz Magazine*, 23. Juli 2003.

[53] Chaim Weizmann, *Memoiren; das Werden des Staates Israel.* Aus dem Engl. übersetzt von Thea-Maria Lenz, Phaidon, Zürich, 1953, S. 564.

[54] Avi Shlaim, op. cit. S. 54.

55 Theodor Herzl, *Altneuland*, Haifa Publishing Company, 1962, S. 54.

56 ebd. S. 100.

57 Martin Buber, ‚Old Zionism and modern Israel', *Jewish Newsletter*, 2. Juni 1958.

58 Avraham Oz, ‚A Message from the Middle East', 24. September 2002.

59 Benny Morris, ‚A new exodus for the Middle East?', *The Guardian*, 3. Oktober 2002.

60 David Welch, *Germany, Propaganda and Total War, 1914-1918*, The Athlone Press, London, 2000, S. 58; M.L. Sanders und Philip M. Taylor, *Britische Propaganda im Ersten Weltkrieg, 1914-1918*, aus dem Englischen übers. von Angela Adams, Colloquium-Verlag, Berlin, 1990, S. 122.

61 Avi Shlaim, op. cit. S. 311.

62 Yoav Peled, ‚Was Barak telling the truth?', *The Guardian*, 24. Mai 2002.

63 Siehe Anm. 12.

64 Lily Galili, ‚Israeli-Russian Journalist calls for castration as anti-terror step', *Ha'aretz Magazine*, 18. Januar 2002.

65 Ari Shavit, ‚Dear God, this is Effi', *Ha'aretz Magazine*, 20. März 2002.

66 Joris Luyendijk, ‚Nooit veilig, altijd bang', *NRC Handelsblad*, 11./12. Januar 2003.

67 Reuters, ‚Peres equates European criticism of Israel to anti-Semitism', *Ha'aretz Magazine*, 22. April 2002.

68 Salomon Bouman, ‚Een „zwarte wolk" van antisemitisme', *NRC Handelsblad*, 27. November 2002.

69 CRC-Korrespondent in Tel Aviv, ‚Rede lijkt wel werk van Likoed', *NRC Handelsblad*, 25. Juni 2002.

70 Robert M. Seltzer, *Jewish People, Jewish Thought*, Macmillan, New York, 1980, S. 175.

[71] ebd. S. 175.

[72] A.S. Rijxman, ‚Het antisemitisme als reisgenoot in de joodse geschiedenis', in: *Bijdragen en mededelingen van het Genootschap voor de Joodse Wetenschap*, Amsterdam, 2002, S. 45.

[73] Henri Atlan, ‚Chosen People', in: Arthur A. Cohen und Paul Mendes-Flohr (Hrsg.), *Contemporary Jewish Religious Thought*, Collier Macmillan Publishers, London, 1988, S. 55.

[74] Exodus 19, 8.

[75] Hans Jansen, *Christelijke Theologie na Auschwitz*, Boekencentrum, Den Haag, 1982, S. 105.

[76] Adolf Hitler, *Mein Kampf*, 11. Kapitel.

[77] Mark Chmiel, ‚Elie Wiesel and the Question of Palestine', *Tikkun* 17, Nr. 6, November/Dezember 2001, S. 61.

[78] Siehe Anm. 67.

[79] Siehe Anm. 68.

[80] Yossi Melman, ‚Yishai urges French Jews to immigrate after Le Pen advance', *Ha'aretz Magazine*, 23. April 2002.

[81] Natan Sharansky, ‚Anti-Semitism is our problem', *Ha'aretz Magazine*, 10. August 2003.

[82] Aluf Benn, ‚P.M. rejects Jordan's request to rule out „transfer" in Iraq war', *Ha'aretz Magazine*, 28. November 2002.

[83] Bernard Wasserstein, op. cit. S. 280.

[84] Avraham Tal, ‚How the Jewish Majority can turn into a minority', *Ha'aretz*, 26. Oktober 2001.

[85] Akiva Elder, ‚Transfer is dead, long live apartheid', *Ha'aretz Magazine*, 23. November 2001.

[86] Bernard Wasserstein, op. cit. S. 289.

[87] C.G. Montefiore und H. Loewe, *A Rabbinic Anthology*, Schocken Books, New York, 1974.

[88] Amnon Kapeliuk, *Rabin, ein politischer Mord*, Droemersche Verlagsanstalt, München, 1999, S. 54. Rabins Witwe schreibt im Vorwort: „Aber nur das Buch von Amnon Kape-

liuk deckt anhand eindringlicher Analysen alle relevanten Hintergründe auf. So nennt er zum Beispiel die für die Vorbereitungen des Mordes an meinem Mann Verantwortlichen beim Namen. [....] Kapeliuk zeigt, woher der Mörder die politische und religiöse Rechtfertigung für seine Tat erhielt." Avi Shlaim (vgl. Anm. 18) scheibt hierzu: „Amir war nicht verrückt: Er war durch seine Rabbiner ausgebildet und hat für sie den Abschusshebel gezogen."

89 Siehe Anm. 82.

90 Hermann Cohen, *Religion der Vernunft aus den Quellen des Judentums*, Fourier, Wiesbaden, 1988, S. 137.

91 Günter Stemberger, *Das klassische Judentum*, Beck, München, 1979, S. 16f.

92 Jacob Neusner, *Torah from our Sages, Pirke Avoth*, Rossel Books, Dallas, Texas, 1984, Kap. II, Nr. 8, S. 72.

93 Günter Stemberger, op. cit. S. 110.

94 Jacob Neusner, op. cit. S. 30.

95 Günter Stemberger, op. cit. S. 123.

96 Mordechai Breuer und Michael Graetz, *Deutsch-jüdische Geschichte in der Neuzeit, Bd 1: Tradition und Aufklärung: 1600-1780*, Beck, München, 1996, S. 99.

97 William L. Shirer, *The Rise and Fall of the Third Reich*, Fawcett World Library, New York, 1962, S. 135.

98 Norman Davies, *Europe, a History*, Pimlico, London, 1997, S. 563.

99 Norman Davies, op. cit. S. 568.

100 Mordechai Breuer und Michael Graetz, op. cit. S. 107.

101 Mordechai Breuer und Michael Graetz, op. cit. S. 223.

102 Henriette Herz, *Berliner Salon, Erinnerungen und Portraits*, Verlag Ullstein, Frankfurt-Berlin-Wien, 1984, S. 221.

103 Norman Davies, op. cit. S. 596.

104 Norman Davies, op. cit. S. 598.

[105] Léon Poliakov, *Geschichte des Antisemitismus*, Bd. 5, Heintz, Worms, 1983, S. 100.

[106] Léon Poliakov, op. cit. S. 185.

[107] Léon Poliakov, op. cit. Bd. 6, S. 29.

[108] Alexander Altmann, *Moses Mendelssohn*, Routledge & Kegan Paul, London, 1973, S. 23.

[109] Alexander Altmann, op. cit. S. 27.

[110] Alexander Altmann, op. cit. S. 70.

[111] Mordechai Breuer und Michael Graetz, op. cit. S. 294.

[112] Howard M. Sachar, *The Course of Modern Jewish History*, Weidenfeld and Nicholson, London, 1958, S. 49.

[113] Alexander Altmann, op. cit. S. 352.

[114] Norman Davies, op. cit. S. 74.

[115] S.M. Dubnow, *Die neueste Geschichte des jüdischen Volkes*, Bd.1, Jüdischer Verlag, Berlin, 1920, S. 66-74.

[116] Deborah Hertz, *Die jüdischen Salons im alten Berlin*, Philo, Berlin/Wien, 2002, S. 331.

[117] Robert M. Seltzer, op. cit. S. 628.

[118] Joseph M. Blau, *Modern Varieties of Judaism*, Columbia University Press, New York/London, 1966, S. 28.

[119] Mordechai Breuer und Michael Graetz, op. cit. S. 344.

[120]Joseph M. Blau, op. cit. S. 35.

[121] Michael A. Meyer, *Response to Modernity, A History of the Reform Movement in Judaism*, Wayne State University Press, Detroit, 1995, S. 65.

[122] Ebd. S. 200ff.

[123] Ebd. S. 204.

[124] Ebd. S. 205ff.

[125] Leo Baeck, op. cit. S. 93-95.

[126] Michael A. Meyer, op. cit. S. 388-394.

[127] S.M. Dubnow, op. cit. S. 88.

[128] Joseph M. Blau, op. cit. S. 24.

129 S.M. Dubnow, *Die neueste Geschichte des jüdischen Volkes*, Bd. III, Jüdischer Verlag, Berlin, S. 331.

130 S. M. Dubnow, op. cit. S. 184ff.; Göran Rosenberg, op. cit. Kapitel 5.

131 Tom Segev, *Elvis in Jerusalem, Post Zionism and the Americanisation of Israel*, Henry Holt, New York, 2002, S. 39.

132 Chaim Weizmann, op. cit. S. 60.

133 Chaim Weizmann, op. cit. S. 70.

134 Chaim Weizmann, op. cit. S. 85ff.

135 Avi Shlaim, op. cit. S. 3.

136 S.M. Dubnow, op. cit. (III) S. 333.

137 S.M. Dubnow, op. cit. (III) S. 335.

138 Martin Gilbert, op. cit. S. 134.

139 Chaim Weizmann, op. cit. S. 581.

140 Simcha Flapan, *Zionism and the Palestinians*, Harper & Row, New York, 1979, S. 116.

141 Martin Gilbert, op. cit. S. 228.

142 Noam Chomsky, *Offene Wunde Nahost: Israel, die Palästinenser und die US-Politik*. Aus dem Amerikan. von Michael Haupt. Europa-Verlag, Hamburg, 1999, S. 250.

143 Chaim Weizmann, op. cit. S. 641.

144 BBC News, 27. Februar 2002, ‚What is the Saudi peace initivative?': *Natürlich ist Ariel Scharon absolut gegen eine Rückkehr zu den Grenzen von 1967; er ist es immer gewesen.*

145 David G. Roskies, *Memory*, in Arthur A. Cohen und Paul Mendes-Flohr, op. cit. S. 581.

146 Dominick LaCapra, *History and memory after Auschwitz*, Cornell University Press, Ithaca/London, 1998, S. 13f.

147 Gideon Alon, ‚Angry Peres slams Government, says PM has no policy', *Ha'aretz*, 30. September 2002.

148 Avirama Golan, ‚Brothers, the village is burning', *Ha'aretz*, 19. November 2002.

149 Friedrich Nietzsche, *Unzeitgemäße Betrachtungen II*, op. cit. S. 135.

150 Uri Avnery, ‚The night after', *Gush Shalom's weekly essay*, 9. April 2003. Zu der gefährlichen Kombination amerikanischer christlicher Fundamentalisten und neokonservativer Juden vgl. auch den 9. Abschnitt dieses Kapitels.

151 Joachim Meynert, op. cit. S. 153.

152 Yitzhak Frankenthal, ‚Compromise for Peace', *Tikkun* 18, Nr. 4, Juli/August 2003, S. 17; ders., ‚An open letter to the Right Wing', *Tikkun* 18, Nr. 5, September/Oktober 2003, S. 24.

153 Michael Ben-Yair, op. cit. (Anm. 41).

154 Simcha Flapan, op. cit. S. 61.

155 Benjamin Beit-Hallahmi, ‚Explaining the Resistance to Colonialism in West Asia', Privatdruck, Januar 2003.

156 Ari Shavit, ‚Between Two Worlds', *Ha'aretz Magazine*, 2. Februar 2002.

157 Yair Sheleg, ‚Ya'alon: Palestinian Threat is Cancerous', *Ha'aretz*, 26. August 2002; Ari Shavit, ‚The enemy within', *Ha'aretz*, 2. September 2002.

158 Aluf Benn, ‚Sharon backs Ya'alon remarks on „cancerous Palestinian threat"', *Ha'aretz*, 30. August 2002.

159 Alain Finkielkraut, *Der eingebildete Jude*, Hanser, München/Wien, 1980, S. 7-9.

160 Emil L. Fackenheim, *To Mend the World*, Schocken Books, New York, 1982, S. 9.

161 Maurice Friedman, *Abraham Joshua Heschel & Elie Wiesel*, Farrar, Straus, Giroux, New York, 1987, S. 94f.

162 Ebd. S. 95.

163 Gie van den Berghe, *De uitbuiting van de holocaust*, Anthos, Amsterdam, 2001, S. 147.

164 Emil L. Fackenheim, *God's Presence in History*, Harper & Row, New York, 1972, S. 84.

165 Geoffrey Wigoder (Hrsg.), *Israel Pocket Library*, Keter Publishing House, Jerusalem, 1974, Bd. 14, S. 3. Dieses berühmte Zitat, das im Talmud (Schabbat 31a) Hillel zugeschrieben wird, ist meiner Ansicht nach die Quintessenz des Judentums; es ist eine praktikablere Vorschrift, als diejenige, einander zu lieben.

166 Avraham Burg, ‚The end of Zionism? A failed Israeli society is collapsing', *International Herald Tribune*, 6. September 2003.

167 Martin Gilbert, op. cit. S. 569.

168 Hirsh Goodman, ‚Silence that kills', *The Jerusalem Report*, 9. September 2002.

169 Amos Harel, ‚Analysis: Officially, we never accepted the hudna', *Ha'aretz*, 10. August 2003; Amira Barkat, ‚WJC president Bronfman urged Bush to oppose fence', *Ha'aretz*, 6. August 2003; AP, AFP, Reuters, BBC, ‚Geweld in Israel laait opnieuw op', *NRC Handelsblad*, 22. August 2003; Oscar Garschagen, ‚Dood Hamasoprichter zal worden gewroken, met liquidatie van Hamasleider Aboe Sjanab wordt cirkel van geweld gesloten', *NRC Handelsblad*, 22. August 2003; Yossi Sarid, ‚Why Bush likes tall tales', *Ha'aretz*, 6. August 2003; Arnon Regular, ‚U.S.: Arafat is „part of the problem"', *Ha'aretz*, 28. August 2003.

170 Baruch Kimmerling, Joel S. Migdal, *The Palestinian People, A History*, Harvard University Press, Cambridge, Mass./ London, 2003, S. 356.

171 Göran Rosenberg, op. cit. S. 91.

172 Zitiert nach: Tom Segev, op. cit. S. 110.

173 Oscar Garschagen, ‚Angst en wantrouwen nog niet overwonnen, Stappenplan nog geen vredesplan', *NRC Handelsblad*, 30. Juli 2003.

174 *Ha'aretz* Service and Agencies, ‚U.S. on Gaza tender: settlement „freeze is a freeze"', 1. August 2003.

175 ‚Kritiek Bush op bouwen muur Israel', *NRC Handelsblad*, 26./27. Juli 2003.

176 Bernard Wasserstein, op. cit. S. 280f.

177 Yair Sheleg, ‚Intermarriage, low birth rates threaten Diaspora Jewry', *Ha'aretz*, 13. Februar 2002.

178 Samuel P. Huntington, *The Clash of Civilization*, Simon & Schuster, New York, 1997, S. 96.

179 George Weigel, ‚Religion and Peace: An Argument Complexified', *Washington Quarterly* 14, 1991.

180 Emil L. Fackenheim, op. cit. S. 10.

181 Meron Benvenisti, ‚The true test of the imperial pretension', *Ha'aretz*, 10. April 2003.

182 Michael Dobbs, ‚Condoleezza's right-hand man', *The Jerusalem Post*, 30. Mai 2003.

183 Yoel Marcus, ‚Unmasking the real Sharon', *Ha'aretz*, 15. April 2003.

184 Immanuel Kant, Werke, Bd.6, *Der Streit der Fakultäten und kleinere Abhandlungen*, Könemann Verlagsgesellschaft, Köln 1995, p. 162.

185 Ebd., p. 169.

186 Friedrich Nietzsche, Jenseits von Gut und Böse, Fünftes Hauptstück, Zur Naturgeschichte der Moral, Paragraph 195.

187 Rüdiger Safranski, *Das Böse, oder das Drama der Freiheit*, Fischer Taschenbuch Verlag, Frankfurt am Main, 5. Auflage 2003, S. 309.

188 Jewish Values, Keter Publishing House Jerusalem, 1974, S. 96. Hier wird verwiesen nach dem apokryphen Buch ‚Weisheit Sirachs' (Ecclesiasticus), wie auch nach den Talmud Stellen Gen.R. 1:4; Pes. 54a, et.al.

189 Hannah Arendt, *Eichmann in Jerusalem, Ein Bericht von der Banalität des Bösen*, Piper, München, 12. Auflage 2003.

190 Hannah Arendt, Eichmann, op. cit. S 56.

191 op. cit. S. 246.

192 Fritz Stern, Gold und Eisen, Rowohlt Taschenbuch Verlag, Reinbeck bei Hamburg, Juni 1988, S. 703.

193 Hannah Arendt, Elemente und Ursprünge totaler Herrschaft, Piper Verlag, München, 9. Auflage, März 2003, p.941.

194 Ari Shavit, Interview mit General Ya'Alon: The enemy from within, *Ha'aretz*, 2.9.2002.

195 Hannah Arendt, *Das Urteilen, Texte zu Kants politischer Philosophie*, Piper Verlag, München 1985, S.147.

196 Hans Jansen, *Christliche Theologie nach Auschwitz, die theologischen und kirchlichen Wurzeln des Antisemitismus*, Uitgeverij Boekencentrum, Den Haag, 1982.

197 Rüdiger Safranski, op. cit. S. 290.

198 Rüdiger Safranski, op. cit. S. 267.

199 Arthur Schopenhauer, *Die Welt als Wille und Vorstellung*, Viertes Buch, Welt als Wille, Paragraph 65.

200 Hannah Arendt, *Elemente und Ursprünge*, op. cit. S. 736.

201 Michael A. Meyer, *Response to Modernity, A History of the Reform Movement in Judaism*, Wayne State University Press, Detroit 1995, S. 5.

Namensregister

Abrams, Elliott 276
Alexander III 224f.
Aloni, Shulamit 72, 138, 151, 318, 320
Arendt, Hannah 283, 285, 291ff., 297f., 301f., 305, 307ff., 328f.
Avnery, Uri 124, 182, 277, 326

Baeck, Leo 120, 219, 320, 324
Barak, Ehud 66, 81, 126, 151, 241, 255, 321
Ben Gurion, David 148, 248
Ben Zakkai, Jochanan 165, 197
Ben-Jehuda, Eliezer 228
Ben-Yair, Michael 124, 143, 175, 253, 254, 320, 326
Bernadotte, Graf 235

Chamberlain, Houston Stewart 101, 319
Cheney, Dick 91
Clermont-Tonnère, Graf 223
Cohen, Hermann 196, 218, 323

Dreyfus, Alfred 141, 173, 214, 224
Duisenberg, Gretta 179, 181

Eldad, Professor Arjeh 128
Evron, Boaz 265

Fackenheim, Emil 259f., 274, 299, 326, 328
Fontane, Theodor 212
Fouché, Joseph 249
Friedländer, David 208, 215

Gerstein, Kurt 295
Gingrich, Newt 275
Goldstein, Baruch 264, 319
Göring, Hermann 299
Gumpertz, Aaron Salomon 206
Gur, Schlomo 155f., 180

Haam, Achad 227
Herz, Henriette 207, 323
Marcus 207f.
Herzl, Theodor 141, 145, 148, 224, 227, 229ff., 268, 321
Hitler 129f., 130, 148, 171, 173, 233, 237, 239, 250, 252, 274, 293, 300, 303, 318f., 322

Itzig, Isaac 208

Jabotinsky, Ze'ev 135ff., 234
Jona, Hans 301

Kant, Immanuel 126, 205, 207f., 216, 287f., 297f., 328f.
Keilson, Hans 242ff.
Kisch, Abraham 206
Kristol, William und Irving 277

Lazarus, Moritz 218
Lessing, Gotthold Ephraim 206f.
Lessing, Theodor 113

Lilienblum, Moses Lev 225, 227
Lueger, Karl 228

Meir, Golda 150f.
Mendelssohn, Moses 158, 192, 197, 206ff., 215, 324
Moyne, Lord 236

Napoleon 100, 133, 210ff., 222
Nietzsche, Friedrich 111f., 115, 242, 245, 289, 319, 326, 328

Peres, Schimon 154ff., 180, 184, 243, 321, 325
Perle, Richard 276f.
Powell, Colin 275

Ranke, Leopold 34
Rothschild, Baron Edmond 227

Safranski, Rüdiger 290, 303, 305, 328f.
Schacht, Hjalmar 103, 105
Schamir, Jitzhak 136, 235
Scharon, Ariel 33, 66, 74f., 91, 123f., 126f., 131, 155, 184, 195, 240, 243, 249, 256f., 265, 269ff., 275f., 325
Schindler, Oskar 294f.
Scholl, Geschwister 84
Schopenhauer, Arthur 307, 317, 329
Sharansky, Natan 180, 184, 322
Stalin, Josef 84
Steinheim, Solomon Ludwig 216
Stöcker, Adolf 101, 228, 294
Stroop, Jürgen 73

Treitschke, Heinrich von 101f., 228, 294

Weizmann, Chaim 142, 227, 229f., 234, 236, 254, 320, 325
Wiesel, Elie 175, 259f., 322, 326
Wolfowitz, Paul 277

Ya'alon, Mosche 86f., 151, 256, 300

Zewi, Sabbataj 204
Zunz, Leopold 216